U0905415

82卷 第1辑（2016年3月）
Volume 82 Number 1 March 2016

International Review of Administrative Sciences

国际行政科学评论

国际行政科学学会
中国人事科学研究院
编

中国人事出版社

图书在版编目(CIP)数据

国际行政科学评论. 第82卷. 第1辑/国际行政科学学会，中国人事科学研究院编. —北京：中国人事出版社，2016

ISBN 978-7-5129-1139-0

Ⅰ.①国… Ⅱ.①国… ②中… Ⅲ.①行政学-文集 Ⅳ.①D035-53

中国版本图书馆CIP数据核字(2016)第323455号

中国人事出版社出版发行

（北京市惠新东街1号 邮政编码：100029）

*

保定市中画美凯印刷有限公司印刷装订 新华书店经销

787毫米×1092毫米 16开本 14.5印张 260千字

2016年12月第1版 2016年12月第1次印刷

定价：45.00元

读者服务部电话：(010) 64929211/64921644/84626437

营销部电话：(010) 64961894

出版社网址：http://www.class.com.cn

《国际行政科学评论（中文版）》学术委员会

International Review of Administrative Sciences (IRAS) is published in three different language editions – English, French and Chinese.

IRAS first appeared in 1927. It is the oldest public administration journal specifically focused on comparative and international topics. It is the official journal of the International Institute of Administrative Sciences (IIAS), the European Group of Public Administration (EGPA), the International Association of Schools and Institutes of Administration (IASIA).

Editorial Address: Books for review, should be submitted to the Managing Editor, Catherine Humblet, IIAS, rue Defacqz 1, Box 11, B-1000 Brussels, Belgium. (email:catherine. humblet@gmail.com). The opinions expressed in the Review are those of the individual author or authors, and not necessarily those of the International Institute of Administrative Sciences. French edition (same contents as the English edition) published by the IIAS, rue Defacqz 1, Box 11, B-1000 Brussels, Belgium. All queries about subscriptions to the French edition should be addressed to the IIAS. For manuscript submission information see htttp://iras.sagepub.com

The English edition of *International Review of Administrative Sciences* (ISSN 0020 8523; 1461 7226 [online]) is published by SAGE Publications, Los Angeles, London, New Delhi and Singapore, quarterly in March, June, September and December. Annual subscription (2016): Individual Rate (print only) £78/US$144; Combined Institutional Rate (print and electronic) £795/US$1473; Electronic only and print only subscriptions are available for institutions at a discounted rate. Note VAT is applicable at the appropriate local rate. Visit http://iras.sagepub.com for more details. Abstracts, table of contents and contents alerts are available on this site free of charge for all. SAGE Publications is a member of CrossRef. Student discounts, single issue rates are available from SAGE Publications, [email: subscription@sagepub.co.uk]; and in North America from SAGE Publications, 2455 Teller Road, Thousand Oaks, CA 91359, USA. Advertising rates may be obtained from advertising@sagepub.co.uk. Periodicals postage is paid at Rahway, NJ. POSTMASTER, send address corrections to *International Review of Administrative Sciences*, c/o Mercury Airfreight International Ltd, 365 Blair Road, Avenel, New Jersey 07001, USA.
Printed by Page Bros (Norwich) Ltd.

 C O P E COMMITTEE ON PUBLICATION ETHICS

Abstracting and Indexing: Please visit http://iras.sagepub.com and click on the Abstracting/Indexing link to view a full list of databases in which this journal is indexed.

目　　录

IRAS

Volume 82, Number 1 (March 2016)

导言:公共服务合作生产特刊 1

Introduction: Special issue on the coproduction of public services

特鲁·斯蒂恩

Trui Steen

蒂娜·那巴茨

Tina Nabatchi

德克·布兰德

Dirk Brand

翻译:高　丹　　审校:孙春晖　曹海军

多层治理背景下的公共服务管理和合作生产 7

Public services management and co-production in multi-level governance settings

玛利亚弗兰西丝卡·西西莉亚

Mariafrancesca Sicilia

恩里科·加里尼

Enrico Guarini

亚力山德罗·桑契罗

Alessandro Sancino

马蒂诺·安德里亚尼

Martino Andreani

雷纳托·鲁菲尼

Renato Ruffini

翻译:刘　星　　审校:孙春晖　吕守军

为什么参与公共服务的合作生产？理论与经验证据的结合 26

Why engage in co-production of public services? Mixing theory and empirical evidence

卡罗拉·范·艾克
Carola Van Eijk
特鲁·斯蒂恩
Trui Steen
翻译:崔 玲 审校:杨 柳 张 毅

激活公共服务的集体合作生产:英国影响公民参与复杂治理的机制 45

Activating collective co-production of public services: influencing citizens to participate in complex governance mechanisms in the UK

托尼·博维尔德
Tony Bovaird
格里·斯托克
Gerry Stoker
特里西亚·琼斯
Tricia Jones
艾尔克·莱夫勒
Elke Loeffler
莫妮卡·皮尼利亚·罗开西欧
Monica Pinilla Roncancio
翻译:孙春晖 审校:张锐昕 范 围

再就业促进服务合作生产的动因:动机和信任的必要性——一项对荷兰某市再就业促进项目中选择偏倚的调查 66

Why people co-produce within activation services: the necessity of motivation and trust - an investigation of selection biases in a municipal activation programme in the Netherlands

约斯特·弗雷德里斯
Joost Fledderus
马利斯·霍宁
Marlies Honingh
翻译:张 敏 审校:陈叶盛 崔 玲

你是谁/住在哪里:居住小区的特征能解释合作生产吗? 86

Who you are/where you live: do neighbourhood characteristics explain co-production?

彼得·蒂森

Peter Thijssen

沃特·范·多伦

Wouter Van Dooren

翻译:王冬芳 审校:曹海军 王欣红

校园安保服务合作生产:佐治亚大学案例研究 108

The co-production of campus safety and security: a case study at the University of Georgia

布莱恩·N. 威廉姆斯

Brian N. Williams

梅根·勒佩雷·史洛普

Megan LePere-Schloop

P. 丹尼尔·丝尔克

P. Daniel Silk

亚历山德拉·希伯伦

Alexandra Hebdon

翻译:奉 莹 审校:陈 光 马永堂

合作生产对一线问责的影响:调解服务的案例 128

The impact of co-production on frontline accountability: the case of the conciliation service

桑娜·图拉斯

Sanna Tuurnas

塔丽·斯滕瓦尔

Jari Stenvall

帕斯·海基·兰尼斯托

Pasi-Heikki Rannisto

翻译:孙宏伟 审校:杨 阳

医疗保健中的合作生产:说辞与实践 145

Co-production in healthcare: rhetoric and practice

芬姆克·D.威尼克
Femke D. Vennik
赫斯特·M.范·德·博文坎普
Hester M. van de Bovenkamp
基姆·普特斯
Kim Putters
科尔·J.格瑞特
Kor J. Grit
翻译:闫佳馨　　审校:杨　柳

乌干达公务员对公共服务供给中公民角色的认知 163

Civil servants' perspectives on the role of citizens in public service delivery in Uganda

玛丽·特奥皮斯塔·温纳
Mary Theopista Wenene
特鲁·斯蒂恩
Trui Steen
马克·R.罗格斯
Mark R. Rutgers
翻译:孙彩红　　审校:孙春晖　曹海军

高级公务员的管理转型:法国地方福利体制的便利神话? 184

The managerial conversion of senior civil servants: a convenient myth for the French local welfare state?

让·罗伯特·阿尔卡拉斯
Jean-Robert Alcaras
纪尧姆·马雷尔
Guillaume Marrel
克里斯蒂·马尔昌
Christèle Marchand
马加利·乔恩
Magali Nonjon
翻译:李学明　　审校:杨　阳

测量公共服务感知质量混合模型的构建与验证 201
Construction and validation of a hybrid model to measure perceived public service quality (PSQ)

马塞尔·盖农
Marcel Guenoun
凯纳·古达兹
Kiane Goudarzi
让·路易斯·尚东
Jean-Louis Chandon
翻译:耿小平 审校:崔 玲 陈叶盛

国际行政科学评论

导言:公共服务合作生产特刊

特鲁·斯蒂恩[①] 蒂娜·那巴茨 德克·布兰德
Trui Steen Tina Nabatchi Dirk Brand
翻译:高 丹 审校:孙春晖 曹海军

这篇介绍性文章讨论了合作生产(coproduction)的主题并对特刊进行了概括。我们特别解释了一些对合作生产概念的不同用法,将合作生产的焦点概括为公共服务代理机构与市民用户在提供公共服务上的合作,并结合背景理解合作生产,特别关注合作生产发生的法律背景。然后,我们谈到了已经在国际行政科学学会公共服务合作生产研究小组内部建立的国际合作。接下来,我们逐一介绍本刊包含的文章,并就合作生产议题解释这些文章让我们学到了什么,还必须学习什么。

一、公共服务合作生产

合作生产指公民和公共部门专业人员双方都参与到公共服务的提供中。虽然各个国家在提供公共服务中所发挥作用的程度不同,但是合作生产的观念正在全世界普及。金融危机、公共财政紧缩以及对公共部门和市场合法性日益增长的质疑,已经驱使很多政府与公民及民间组织合作来提供公共服务。然而,尽管学者对公共服务合作生产方面的兴趣日益浓厚,

① 通信作者:
Trui Steen,Leiden University,The Netherlands.
E-mail:t. p. s. steen@cdh. leidenuniv. nl

但是实践仍然在引领着理论和研究,需要不断地把理论见解和经验数据结合起来,以便更好地理解公共服务合作生产。本期《国际行政科学评论》专题的目的就是清晰地阐明合作生产的现有理论、研究和实践。具体地说,本专题检验了关于政府作用的理论立场和常规立场,这些立场观点引发了对合作生产的争论;同时开展了非常必要的实证研究,探讨合作生产的参与者和影响。本专题不仅概览了合作生产发生的环境背景(西方的和非西方的)和政策部门,而且讨论了一些关键性问题,涉及专业人员和合作生产者的角色转变、问责制以及合作生产对个人和参与的组织所产生的影响等。

我们可以对合作生产作如下界定:

公共服务代理机构和公民双方用于促成公共服务提供的活动结合。前者是作为专业人员,或"正规生产商"参与其中;后者是基于个人和团体的自愿努力去提高他们使用的服务的质量。(Brandsen et al.,2012:1;基于 Parks et al.,1981)

这个定义的关键在于在合作生产中公民和政府都参与进来,从而将合作生产与没有积极的公民参与的政府服务和公民自组织之间相区别。然而,学者对合作生产的概念界定各执一词。例如,在使用严格定义将合作生产限制在服务交付阶段或者适用于服务用户作为服务计划、交付、监控和评估的一部分方面,学者们就意见相左。在本专题中,我们遵循后者,开放合作生产的观点,包括公共服务提供的不同阶段,提供公共服务的公共服务代理机构和公民用户之间的各种合作形式。

二、国际协作

这期特刊中所展现的文章都源于国际行政科学学会公共服务合作生产研究小组的国际协作。在学会的赞助下,本文作者发起了研究小组,旨在搭建一个理论和实证研究的平台,以研究合作生产及其对公共服务组织与管理的影响。研究小组的第一次会议于 2013 年在荷兰海牙的莱顿大学举行,汇集了来自美国、欧洲和非洲的学者,主题是探索公共服务供给方面的创新,包括使公民参与到公共服务生产中。本专题所有文章都在"海牙会议"上提供并讨论。

三、这期特刊的贡献

这期特刊分为三部分。第一部分,"为合作生产搭建平台",由本导言和第一篇文章构成,后者由玛利亚弗兰西丝卡·西西莉亚(Mariafrancesca

Sicilia)、恩里科·加里尼(Enrico Guarini)、亚历山德罗·桑契罗(Alessandro Sancino)、马蒂诺·安德里亚尼(Martino Andreani)、雷纳托·鲁菲尼(Renato Ruffini)共同撰写。在这篇文章中,作者们建立了合作生产的研究背景。它概述了在过去几十年间,公共服务供给是如何改革的,并且促使更多政府将合作生产看作是一种公共服务供给工具。理论探讨通过关于意大利伦巴第区域自闭症儿童服务合作生产的研究作为例证来分析合作生产现象,对照服务周期的各个阶段,并探讨其多层次的治理环境。

专题的第二部分聚焦于我们知识中的一个明确和重要的缺口:什么驱使公民参与合作生产?虽然我们都知道公民的动机可以帮助我们更好地理解谁参与或不参与合作生产及其原因,但是这个问题很少有实证性研究。因而,该项研究能帮助我们改进招募公民合作生产者的流程。这部分包括四篇文章,分别探讨个人属性、群体行为和邻里特征。

卡罗拉·范·艾克(Carola Van Eijk)和特鲁·斯蒂恩(Trui Steen)结合了在合作生产公共服务的公民动机研究中的理论见解和实证证据。他们的文章汇集了文献中的不同流派去发展理论框架,来解释公民的特性和能力如何影响他们参与合作生产的动机。与其他专注于协作网络、流程和组织的研究不同,这篇文章认为,公民的个人特征可能显著影响他们参与合作生产的过程。文章实证检验了来源于四个不同案例的关注小组讨论的数据模块,包括荷兰和比利时的医疗卫生、教育和邻里守望。

托尼·博维尔德(Tony Bovaird)、格里·斯托克(Gerry Stoker)、特里西亚·琼斯(Tricia Jones)、艾尔克·莱夫勒(Elke Loeffler)、莫妮卡·皮尼利亚·罗开西欧(Monica Pinilla Roncancio)的文章指出前期的研究暗示了一种悖论,最终对公民参与合作生产是个重要的障碍。当所涉及的行为是相对容易的、可以个体而不是群体进行的时候,公民更有可能介入合作生产。然而,合作生产的许多潜在收益来自群体基础,而不是个体活动。这篇文章从理论上探究了集体合作生产的根源:正面的激励和负面的障碍。文章利用调查数据和实验方法来探索多种促进集体合作行为的干预策略,讨论了地方治理机制如何能够影响公民走向更多的集体合作生产。

接下来,约斯特· 弗雷德里斯(Joost Fledderus)和马利斯·霍宁(Marlies Honingh)研究了合作生产者对就业计划的参与。失业者不再是被动的公共服务受益者;相反地,人们期望他们在将来的工作中发挥积极作用。因此,许多劳动政策要求失业者承担责任,并参与再就业计划。然而,这样的项目已经被怀疑是"优选的"参与者有最大的可能性迅速重新进入劳动力市场。文章实证检验了荷兰工作启动计划中的选择偏差问题。具体地说,文章增加了对合作生产动机的讨论,因为它剖析了参与者的动机、信任和感知控制,并且特别比较了参与者和非参与者的特征来判定这些优选是否发生。它强调在激励合作生产中信任的重要性。

相对于研究个体特征或群体行为,彼得·蒂森(Peter Thijssen)和沃特·范·多伦(Wouter Van Dooren)在解释公民参与公共服务合作生产中检验了邻里变量的作用。具体来说,文章假设一个人居住地的特征决定了社区中合作生产的水平。彼得·蒂森和沃特·范·多伦利用来自比利时安特卫普这一当地首创性运动的数据集检验了这个假设,当地市民将公共工程问题报告给地方政府。他们在一个多层次、多变量分析中检验了个体和邻域两个变量的嵌套结构。结果表明当地的合作生产,某种程度上说,在空间、结构和社会人口变量之间是一个复杂交互的相互作用。

本专题第三部分包含四个案例研究,探讨不同的政策背景和国家的合作生产,包括:美国的校园安全、芬兰的受害人一罪犯调解、荷兰的医疗卫生保健、乌干达的医疗卫生和教育。

布莱恩·N. 威廉姆斯(Brian N. Williams)、梅根·勒佩雷-史洛普(Megan LePere-Schloop)、P. 丹尼尔·丝尔克(P. Daniel Silk)和亚历山德拉·希伯伦(Alexandra Hebdon)提供了一个佐治亚大学校园安全防护合作生产的个案研究。美国最近的校园安全事件已经将大学安全提升到突出地位,然而很少有人知道校园安全防护合作生产的努力和困难。这篇文章探讨了合作生产对校园安全专业人员的挑战,以及学生参与校园安全合作生产的能力和意愿。具体来说,作者研究了警察如何想方设法与学生、全体教工和工作人员有意义地互相配合,并对在校园安全和防护合作生产方面更积极的学生与那些不太积极的服务对象进行了区别分析。

桑娜·图拉斯(Sanna Tuurnas)、塔丽·斯滕瓦尔(Jari Stenvall)和帕斯-海基·兰尼斯托(Pasi-Heikki Rannisto)提供了一个关于芬兰在恢复性司法服务方面使用合作生产的案例研究。具体地说,他们研究调解的使用(也被称为受害者一罪犯调解),这个过程中,志愿调解员在不经过法院诉讼程序的情况下,为刑事罪犯和受害者决定补偿或赔偿的程度。该案例探明,合作生产如何改变专业人员和市民所起作用,如何改变公共服务行业的工作文化。它特别探讨了街道一级的责任和问责问题。

最近的研究表明,患者和工作人员在医疗卫生服务方面的参与改善了护理的质量。芬姆克·D. 威尼克(Femke D. Vennik)、赫斯特·M. 范·德·博文坎普(Hester M. Van de Bovenkamp)、基姆·普特斯(Kim Putters)以及科尔·J. 格瑞特(Kor J. Grit)的文章为让医疗卫生服务对象参与其中的机制提供更多见解,通过一个定性的案例分析,研究荷兰的五所医院如何在医疗卫生服务中使用合作生产。具体来说,文章使用来自文献分析、观察、访谈的资料,研究合作生产过程的动机和经验,评估合作生产对质量改进和患者认可的影响。

第三部分最后一篇文章的作者是玛丽·特奥皮斯塔·温纳(Mary Theopista Wenene)、特鲁·斯蒂恩(Trui Steen)和马克·R. 罗格斯(Mark R. Rutgers),他们考察了乌干达医疗卫生和教育部门中的合作生产,重点关注公务员对公共服务对象所起作用的看法。文章通过访谈和调查数据分析认为,除非被理解成一种能够支持国家各级能力建设(包括社区和个人接受者层面)的文化,否则更有效的服务并不能扎根。然而,由于在乌干达关于公民角色的一些矛盾认识,服务对象尚未充分参与到优质公共服务的需求和提供中。

四、结束语

这期特刊印证了国际行政科学学会公共服务合作生产研究小组研究成果间的相关性,但也强调了需要在一系列问题上进一步研究,例如:合作生产的概念和定义问题;合作生产和主流公共管理文献、其他学科文献(多学科问题)之间的联系;不同领域合作生产的比较研究;为了理解和实施合作生产而进行的框架、理论和模型的进一步发展;合作生产在服务链和政策周期中的位置;合作生产服务的设计和公共治理微观、中观和宏观层面结果之间的关系。学科的特性要求清晰关注理论与实践的结合。

作者简介

特鲁·斯蒂恩(Trui Steen),比利时鲁汶大学公共治理研究所和荷兰莱顿大学公共行政学院副教授。

蒂娜·那巴茨(Tina Nabatchi),美国雪城大学麦斯威尔公民与公共事务学院公共管理和国际事务学院副教授。

德克·布兰德(Dirk Brand),南非斯坦陵布什大学改革领导学院高级讲师。

参考文献

Brandsen T, Pestoff V and Verschuere B (2012) Co-production as a maturing concept. In: Pestoff V, Brandsen T and Verschuere B (eds) *New Public Governance, the Third Sector and Co-production*. New York and London: Routledge, pp. 1–9.

Parks RB, Baker PC, Kiser L, et al. (1981) Consumers as co-producers of public services. Some institutional and economic considerations. *Policy Studies Journal* 9(7): 1001–1011.

Introduction: Special issue on the coproduction of public services

Trui Steen
Leiden University, The Netherlands and KU Leuven, Belgium

Tina Nabatchi
Syracuse University, USA

Dirk Brand
University of Stellenbosch, South Africa

国际行政科学评论

多层治理背景下的公共服务管理和合作生产

玛利亚弗兰西丝卡·西西莉亚 Mariafrancesca Sicilia
恩里科·加里尼[①] Enrico Guarini
亚力山德罗·桑契罗 Alessandro Sancino
马蒂诺·安德里亚尼 Martino Andreani
雷纳托·鲁菲尼 Renato Ruffini
翻译：刘 星　　审校：孙春晖　吕守军

【摘　要】 从规范性角度讲，公共服务周期的各个阶段都提倡合作生产。然而，此前的实证研究忽略了一个问题，即合作生产是如何发生的。而且，几乎没有人关注合作生产如何在多层治理背景下出现。撰写本文的目的就是填补这一空白，辨识那些在多层治理背景下支持合作生产的动因和组织管理问题。我们的实证分析基于对自闭症儿童服务的案例研究。研究发现，合作生产出现于组织之间的安排，当事人之间信任的建立在合作生产方式的培育中发挥了关键作用。

对实践工作者的启示

从组织角度讲，我们的案例研究表明，为了促进多层治理背景下的合

① **通信作者：**
Enrico Guarini, University of Milano-Bicocca, Department of Business Administration, Finance, Management and Law, Via R. Bicocca degli Acrimboldi, 8, 20126 Milan, Italy.
E-mail: enrico. guarini@unimib. it

作生产,公共服务周期的所有环节都应秉持并遵守同一逻辑。从管理角度讲,强调合作生产的实施需要新的管理技能和工具。公共管理者需要倾听社区团体和个人的呼声,动员集体资源和知识,发挥元治理的作用。最后,我们的发现表明,为了促成服务的合作生产,需要换个角度考虑民间组织和政府在满足公共利益中的作用。

【关键词】 合作生产;组织间合作;管理技能;多层治理;公共服务管理

一、引言

在过去的数十年里,公共服务供给领域发生了广泛的改革。我们至少可以确定三波改革。第一波是为了提高公共组织的效率而赋予管理者更大的自主权。第二波改革则基于这样的认知,即竞争会带来更高的效率和对用户需求更密切的关注,因此通过私有化和合同外包,在公共服务中推行市场化。第三波改革是针对当前的金融危机和财政紧缩,服务用户和社区成员在公共服务生产中的合作与参与成为了焦点。这一公共服务供给的新模式被称为合作生产,具有公共服务供给中民众参与的特点(Pestoff et al.,2012)。

合作生产的发展基于以下几个原因:试图通过引入用户经验和他们的社交网络,提高公共服务质量;需要提供面向用户针对性更强、更有回应性的公共服务;尽可能通过合作生产来削减成本;政府和民间组织的协作配合会给社会资本带来积极影响(Brudney and England,1983;Ostrom,1996;Pestoff,2009;Seligman,1997)。

由于在克服公共服务供给效率的各种阻碍因素方面富有潜能,合作生产得到了越来越多的关注并增加了关联性。事实上,正如马歇尔(Marshall,2004:232)指出的,“根本之处在于,离开了公民的参与活动,政府提供公共产品和服务的能力将会大受损害”。合作生产在当前国家成本削减的情形下获得了发展契机,因为“公共支出被削减,在老龄化社会中,有长期健康状况的老龄人的人数正在不断增长,对个性化高质量服务的公共预期也在增加,面对这些严峻的挑战,合作生产在公共服务的变革上具有潜能,它们能更好地解决这些问题,并满足当前的挑战”(Boyle et al.,2010:3)。

正如奥斯本(Osborne,2010)指出的在21世纪的多元化环境中,由于复杂的组织间关系和多主体决策过程,公共服务的提供需要协商,而合作生产能够领悟公共服务提供中的复杂性。然而,此前研究所分析的案例主要聚焦于合作生产在公共服务周期的某个阶段所发挥的作用,或是合作生产的组织内部要素。公共服务的周期超出了单个组织的范围,更准确地说，公共服务的供给该由不同机构层面的交叉性组织来负责。在这一背景下，有关服务的决策（规划、设计、提供和评估）应由纵向和横向交织的组织来合作承担。

明确这些要点后，我们的论文关注了以下研究问题：在多层治理环境中合作生产是如何发生的？为此，本文提供并讨论了相关研究案例，分析了在多层级和多主体治理背景下合作生产得以扩张的条件，包括公共服务周期中的所有参与主体、政府层级、组织机构和发展阶段。我们特别分析了为支持多级政府间的合作生产，不同主体的作用、动因、组织和管理问题。

本文结构如下，首先，对合作生产的相关文献进行回顾。其次，论文介绍了研究策略和方法。再次，对研究案例进行描述和讨论。最后，提出研究结论。

二、从传统公共行政到合作生产

（一）公共行政的主要模式和合作生产

公共服务的供给可以基于公共行政的三种主要模式来进行分析，这些模式在许多方面都存在差异性（见表 1）。每种模式都与一种特定的范式相匹配，基于不同的组织理念，赋予公众、公务员和政治官员不同的作用。如贝宁顿和哈特利（Benington and Hartley，2001）、哈特利（Hartley，2005）指出，这些模式作为政治官员和管理者的现实层面而共存，因此可以看作是竞争性的，在特定的环境或背景下，需要基于不同的治理和服务交付理念，来做出相应的行动和决定。

表 1　　公共服务供给主要模型的演进

公共服务供给	传统公共行政模式	新公共管理模式	新治理模式
组织价值观	层级制、控制与官僚制	市场导向、聚焦于绩效、承包/外包	网络、组织间关系与多主体决策
公众的作用	委托人	消费者	合作生产者
公务员的作用	提供者	专员	负责人和协调人
政治官员的作用	控制者	监督者	推动者

资料来源：Adapted from Hartley（2005）.

第一个模式可以被称为传统公共行政模式。它建立在控制、清晰的规则、层级结构和官僚制基础上。在这种情况下，权力的路径是垂直的，通过公务员，从政治官员抵达公众。政治官员负责制定政策，而公务员则是纯粹中立的政治任务的执行者。如哈特利（Hartlcy，2005）所言，这一模式假定公众是“相当同质化的”,他们的角色就是委托人。阿尔福特(Alford,2009)将委托人界定为接受服务的人,他们在交换关系中是一种被动角色,而公共组织是主动的参与者。特别是公务员,他们就是专业准则,提供标准化服务,但很大程度上忽略了公众的需求。

新公共管理模式革新了传统公共行政模式。新公共管理模式提倡政府应像企业一样运营(Ferlie et al.,1996)。新公共管理模式鼓励一种市场导向、聚焦于绩效、服务承包和外包的新模式,并把公众看作是公共服务的消费者而不仅是委托者(Hood,1995)。这种模式秉持顾客中心观,顾客并不纳入公共服务管理的任何环节,但如果他们的需求没有被完全满足,他们可以行使选择权而放弃某一提供者。因此,在公共组织(承包)和公众、私人组织和非营利组织(外包)间存在公开竞争的情况下,公务员应寻找最合适的公共服务交付方式。公务员应该从单纯的职业行政人员转变为完全职业化的管理者。在这种情况下,政治官员主要发挥监督者的作用。

第三种模式被称为新治理模式(Bingham et al.,2005)。这种模式强调公众、公务员和其他参与主体(如非营利组织)之间的关系,组织形态具有网络化、组织间关系和多主体决策的特征(Agranoff and McGuire,2003;Huxham and Vangen,2005)。在这种新治理模式下,公务员发挥负责人和协调人的作用。换句话说,为进行合作生产,他们需要掌握整体战略思维和战略形成方法(Bovaird,2005,2008),并处理不同主体间的相互关系(Sancino,2010)。政治官员是组织与参与主体间互动的推动者(Hansen,2001:121)。公众是合作生产者的角色,他们所拥有的知识、资源、财产和能力,可以被用于公共价值的创造(Moore,1995)。

(二)合作生产的根源:理论背景

合作生产的概念并不新鲜。20 世纪 80 年代,它第一次出现在公共政策和公共行政研究中。例如,帕克斯等在 1981 年提出,产品或服务的生产功能融合了从常规生产者到顾客生产者的投入(Parks et al.,1981)。这一观点同样是服务管理研究的基础(Normann,1991),它的基本理念是,服务不可避免会产生服务人员和用户的合作生产。

此外,在经济研究中,合作生产的概念也以规范性的方式被使用,合作生产被描述为一种可供选择的制度安排,不同类型的组织都可以通过这种安排而对公共服务的交付做出贡献。这一模式与新治理模式很接近,都建立在政府不应作为公共服务的独家供应商这一前提上。

公共行政学者用不同方式解读合作生产,它可以被看作是“一个异质性的广泛概念”(Verschuere et al.,2012:1094)。不同的定义对“合作”和“生产”两个概念的理解都有差别。“合作”一词关注谁是合作生产者。在这一点上,文献中存在两种不同的观点。有些学者强调合作生产的个人维度,认为当委托人/消费者/顾客[1](取决于不同研究者使用的标签)为自己生产服务时,至少是部分地,合作生产就出现了。派斯托夫等(Pestoff et al.,2006)提出了这一观点,他主要关注公共服务供给中第三部门的作用,并扩展出以下三个标签:合作治理、合作管理、合作生产。在这一分类中,合作生产是指服务用户参与了服务的生产与交付,这和组织间的互动是有区别的。其他学者(Alford,2014;Bovaird,2007)则支持另一观点,即合作生产并不局限在服务用户范围,也可涵盖其他人群,例如居民、志愿者或非政府的伙伴。基于合作生产的集体和个人视角,阿尔福特(Alford,2014)根据他们在生产过程中的作用,对不同类型的合作生产者提出了一种新的分类。他区分了三类合作生产者:消费者、供给者和合作者。消费者处于服务交付过程的终端,是合作生产者中的从属者,而供给者和合作者则发挥主要作用。

合作生产概念中的"生产"一词同样富有争议。有些学者使用"生产"概念来指代服务交付阶段(Alford,2009)。而其他学者(Bovaird,2005;Bovaird and Loeffler,2012)对"生产"的解读更为宽泛,不仅指服务交付阶段,还包括公共服务整个周期,从规划、设计、管理、交付、监督,到最后的评估活动。与这种观点相一致,博维尔德(Bovaird,2007)认为,只有当个人和社区在调试和交付功能中高度参与,完全的合作生产才会发生。"合作生产"一词的使用,就意味着"生产"并非"交付"的同义词,而是更类似于合作。本文采用了这一更全面的观点。因为我们都知道,像阿尔福特(Alford,2013)说的那样,这一概念的运用"相当松散",并会在文字上产生混淆,因此我们会谨慎说明集体参与和个人参与在公共服务周期的每个特定阶段,以及在各级政府中是如何发生的[范伊杰克和斯汀(Eijk and Steen,2014)在其研究中明确宣称,他们主要聚焦于合作生产的特定类型,即合作决策]。

最后,针对公共服务合作生产的实证分析强调了:合作生产的优势(Bovaird,2007;Cahn and Gray,2012;Jakobsen,2013;OECD,2011;Ostrom,1996)和劣势(Bovaird,2007;Bovaird and Downe,2008);公民或社区进行合作生产的动因(Alford,2009;Jakobsen,2013;Pestoff,2012;van Eijk and Steen,2014);公共组织推动合作生产的动因(Bovaird,2007;Joshi and Moore,2004;OECD,2011)。

有些学者(Bovaird,2007;Boyle et al.,2010;Vershuere et al.,2012)还强调了合作生产行动的不同类型,由于地方政府更贴近居民,因而在尝试合作生产上更为合适。此外,其他研究还强调了某些特定服务(如健康、安全、环境等)是如何更适用于合作生产的。

合作生产拥有深刻和漫长的历史根源,因而它的现代运用格外复杂。在我们研讨自闭症儿童服务供给的案例前,我们首先要分解概念,并形成一个合适的分析框架。

(三)公共服务的合作生产:寻求分析框架

合作生产可以看作是一个成长中的概念(Verschuere et al.,2012)。实际上,围绕这一主题的研究,存在大量的开放性问题。我们在这里主要关注以下具体分析内容:合作生产行动的动因、组织和管理的主要问题,以及使用的参与工具。

杰西和莫瑞(Joshi and Moore,2004)区分了合作生产的两种组织动因或推动机制:治理驱动,即对地方或联邦层面治理能力下降的回应;物流驱动,即由于环境的复杂性或多变性以及高昂的成本,某些服务无法有效交付给最终接受者。按照博维尔德(Bovaird,2007)的理论,治理驱动很有可能会带来合作规划和合作设计,而物流驱动有可能带来合作交付。这两种类型的驱动有助于区分合作生产是一种"真正的"解决方法(Bovaird,2007:855)还是被视为"事半功倍的手段"(Thomas,2013:788)。对此,经合组织(OECD,2011)针对公共组织与公民和民间组织的合作动机进行了一项调查,结果显示,在大多数情况下合作生产被作为一种提高用户参与度的方式;只有29%的案例强调了成本的削减。这一结果并不出人意料,因为那些组织并不想承认他们采用合作生产的动机就是节约成本。

在组织问题上,阿尔福特(Alford,2009)强调,合作生产需要设计合适的组织结构和组织文化。杰沃斯基和库赫利(Jaworski and Kohli,1993)认为,这种结构应该具有较低的集权化和较高的关联性。除结构外,由于提高了对服务用户和其他社区成员的关注度,因此也应重塑组织文化。奥斯特洛姆(Ostrom,1996)指出,为了保证合作生产的成功,组织需要满足某些条件:能够定义资源和用户群体的边界;根据地方环境,调整有关使用和供给的规则;合作生产者能够直接或间接参与决策制定;通过阻止外部权力的干涉来保护自组织的社区权利;建立(社会)基本框架来解决主体间冲突。值得注意的是,这些考虑并非与合作生产的每个阶段都相关。

在促进合作生产的管理技能上,有研究文献主要假定了一个规范性的立场(Cahn and Gray,2012)。实际上文献强调了对新的专业技能的需求,例如,能够界定并利用民众的价值;为民众的自我发展提供空间;能够使用多种工具与民众合作而非独自解决(Pollitt et al.,2006)。为此,阿尔福特(Alford,2009)指出理解委托人需求的能力的必要性,培养这些技能就意味着要改变对专业人员培训、招聘、发展和管理的方式。

为吸引民众并培养他们的能力,合作生产还需要开发一些有效工具。

为此，在公共服务周期的不同阶段，可以使用公开会议、顾问委员会、小组座谈和调查的方式来获取更多信息，分享决策权力，同时/或合作交付更好的公共服务。

最后，我们认为这些文献至少存在三方面的不足。首先，研究忽略了对公共服务全周期和公共政策结果的分析。其次，这些研究主要假定，传统的公共行政观是单一组织中的公务员/专业人士和公众间的互动，但事实上这与当代现实并不相符，公共服务的供给越来越需要跨政府层级的、私人和非营利部门的多元主体参与。最后，这些研究并没有分析在合作生产的不同阶段公共管理者的作用和技能。本文试图填补以上空白。

三、研究方法

本研究主要关注有关自闭症儿童公共服务的合作生产经历。我们使用了一个具有探索性的案例研究方法（Yin，1994），由于新近出现的一些显著变化，我们需要定性地来评价这些现象，分析并确认行动及其影响因素间的相关模式。在这个案例中，服务的供给包括不同层级政府中的公共组织、非营利组织、服务用户和社区组织。之所以选择这一案例，因为它是与我们理论构建目标完全一致的理论抽样（Eisenhardt，1989）。特别是该案例为我们提供了一个机会来研究跨机构层级和公共服务周期不同阶段的合作生产。

（一）案例描述

这一实证研究以意大利的伦巴第区域为背景。[2]基于两点原因，该背景下的自闭症儿童护理比较复杂。首先，由于该服务管理是在一个分散化的环境中进行的，因为它需要来自三个区域政府部门的协作：医疗卫生部门、社会福利部门和教育部门。其次，它具有多层治理背景的特点，因为有关健康、社会和教育服务的供给责任分布在不同层级的政府中（中央政府、区域政府和地方政府）（见图 1）。

这些服务组织在历史上是由中央政府通过国家医疗立法来进行管制的。在地方层面，各种自治的公共机构——卫生组织、医院、市政府、学校——提供多功能服务，例如对儿童的早期诊断、治疗和家庭支持，与其他在校儿童的融合、协商、家庭补贴。非营利组织和社区组织都参与到服务的供给中。区域政府负责决策、协调、为医疗卫生和社会福利服务提供资金，以及其他活动，并且在国家法律范围内拥有立法和财政权。

除了采用中央政府设定的最低服务标准，伦巴第区域对自闭症儿童供给的服务传统上是分散化的，家庭在整合儿科医生、社会援助、教师和教育工作者的功能上发挥了关键作用。为解决该问题及自闭症儿童家庭的其他投诉，伦巴第区域政府启动了一个特别项目，在图 2 中我们进行了具体描述。

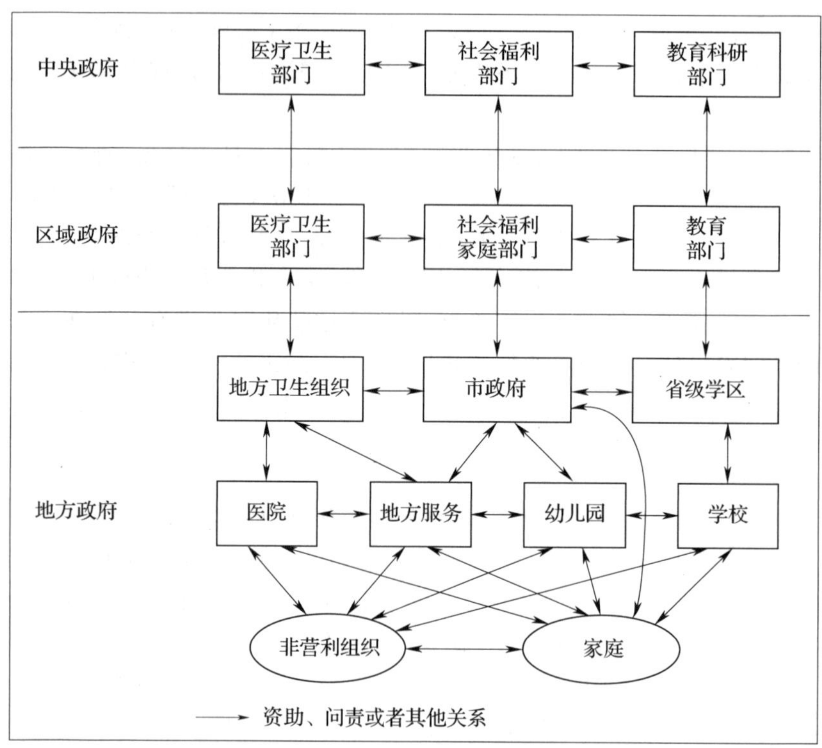

图1 意大利自闭症儿童的服务供给系统

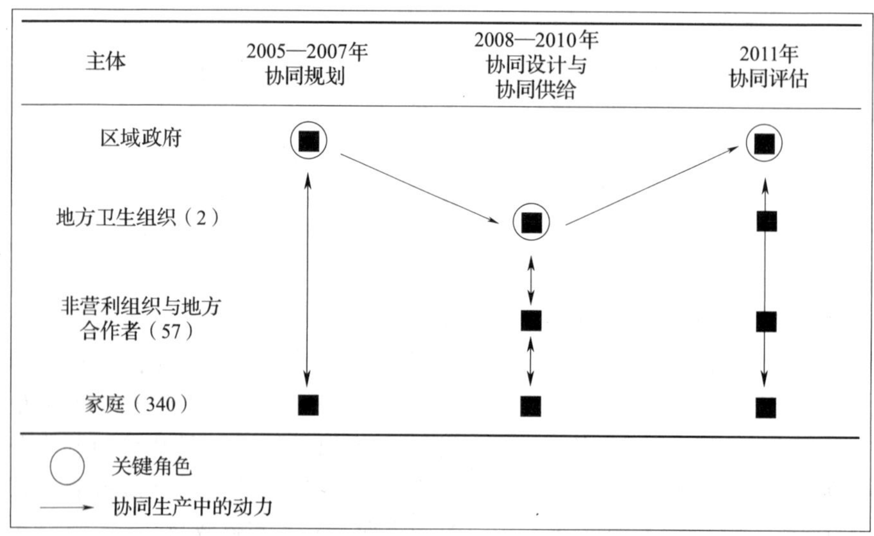

图2 伦巴第区域案例:政策周期、合作生产和参与主体

• 2005年年初,伦巴第区域的社会保障署提出一项创议,倡导家庭及社团与该领域的专家和地方卫生部门一起参与服务的规划。这一参与过程使区域政府能够更好地解决自闭症儿童服务提供中的关键问题。

• 2008 年 3 月，区域政府为了在地方层面为合作项目提供资金而组织了一次招标。鼓励每个地方卫生部门和其他主体（家庭、公共组织和非营利组织等）按照招标规则进行合作。

• 伦巴第区域的地方卫生部门为提高辖区内的自闭症服务水平，加强政府、非营利组织和家庭间的合作，共提交了 15 个项目。我们的研究兴趣在其中 2 个项目上，它们竞标成功并在公共服务的全周期中采用了合作生产的方式。这两个项目分别由蒙扎－布里安扎和克雷莫纳的地方卫生部门领导。[3]

• 在随后的两年中，这两个被赞助的地方卫生部门与当地的合作伙伴合作提供服务。每个伙伴关系都在服务提供和组织安排上展现出鲜明的特点。

• 在服务提供中，区域政府和部分受益家庭、地方卫生部门的专业人士、非营利组织一起，开始评估地方项目。合作评估到 2011 年 1 月共持续了两年。

（二）数据收集和分析

我们通过不同来源收集数据，基于观察和解释的可重复性（Stake，1995）来保证实证经验的互证和内部效度。同时还运用了文献分析和半结构化访谈。

首先，为了收集有关服务合作生产背景的初步信息，理解其显著特征，我们分析了由服务规划和供给参与主体提供的一手资料。

其次，我们与三个负责整体项目的区域政府管理者进行了访谈，包括来自家庭部门的首席执行官和两个部门管理者，以及负责克雷莫纳和蒙扎－布里安扎地方卫生部门的项目管理者。我们向所有访谈者提出同样的开放式问题，并记录了每个受访者的答案。我们强调了两个主题：①在自闭症服务周期（规划、设计、交付和评估）的每个阶段，家庭和社区组织是怎样参与的；②组织安排和管理技能如何以及在多大程度上适用于新兴的合作工作方式。17 个项目参与家庭接受了由区域政府委托的独立审计员的访谈，提供了一个更全面的关于合作生产经验的视角。尽管由于隐私原因，我们不允许直接接触这些家庭，但由于我们有全部的研究结果，我们认为研究中考虑到了来自家庭的声音。

我们通过三个步骤分析了定性数据：数据储存、管理和处理（Miles and Huberman，1984）。为确保定性分析的可靠性，我们首先确定数据来源，然后使用研究者的测量结果，并组织会议与同事和受访者对数据进行讨论。

四、案例研究分析

本部分将总结我们的调查结果。本部分分为 4 小部分，从主体、动因、组织问题、管理技能和实施工具等方面,依次关注合作规划、合作设计、合作交付、合作评估这四个阶段(见表 2)。

表 2　　伦巴第区域案例中合作生产的特性

	合作规划	合作设计	合作交付	合作评估
主体	区域政府 家庭	地方卫生部门 非营利组织 家庭 学校、医院、市政府	地方卫生部门 非营利组织 家庭 学校、医院、市政府	区域政府 地方卫生部门 家庭
动因	政治愿景 治理与逻辑驱动	公开招标和新资金的可能性	逻辑驱动 信任	创建可操作的知识
组织问题	跨部门执行团队	地方卫生部门人员 高度连通网络 跨部门团队	地方卫生部门人员 跨部门团队	外部审计 多层级 政府团队
管理技能	倾听与推广能力	强化地方主体意识 合作技巧 能力建设态度	用户授权 态度	倾听与推广能力
实施工具	焦点小组 调查 一对一访谈	项目管理	培训	焦点小组 调查 一对一访谈

资料来源:Catherine Humblet 网站,网址:ras. sagepub. com. 下载日期:2016 年 3 月 14 日。

(一)合作规划

在自闭症服务的供给中促进合作生产的主要动因(Joshi and More, 2004),是应对自闭症儿童家庭对于服务改善需求的意愿。事实上,2004 年下半年,一个有自闭症孩子的家庭唤起了国家对自闭症服务发展水平的时刻关注。该家庭要求区域家庭部的首席执行官实施一种新的治疗方案。由此区域部门开始反思对自闭症人群的服务以及回应政治愿景的能力,包括确认家庭核心地位并满足其需求。因此,通过与该家庭的互动,首席执行官和团队意识到在伦巴第卫生体制中采用碎片化的特殊服务和治疗,以及与服务供给相关的各种治理问题。这一知识缺口的发现,促使他们安排了一个特别的研究项目,以便能更好地理解家庭需求。

在经验丰富的地方教育基金和社会组织援助下,以及区域政府研究机构的科学支持下,本研究得以推展。这些合作者通过一组自闭症儿童家庭和一家私人民意调查公司而结合在一起。研究者调查了300个样本家庭，他们都有年龄在3～19岁的自闭症孩子(约占伦巴第区域自闭症人群的21%)。而且，研究者进行了一对一的访谈，并重点对40个家庭成员进行了小组座谈，这40个家庭中都有3～25岁的自闭症患者。该研究使地区管理者首次有机会与自闭症家庭会面并获取有关其需求的第一手信息。正如一位区域管理者所记录的，“我们已经了解了我们辖区内自闭症儿童的数量，但我们并不了解他们的家庭”。根据他们的理解，这是“一种非常新颖的政策制定方法”。他们认为自身管理技能中最关键的就是他们的推广能力。如一位区域管理者所言，“这需要与用户间的情感共鸣”。

从家庭角度看，该研究对于他们也是一个对服务供给发表意见、表达需求并寻求服务改善的机会。

根据研究成果，为寻求地方层面新的服务安排，2008年3月政府在伦巴第区域进行了公开招标。

在地方卫生部门领导下，招标号召跨部门合作，地方卫生部门需要在项目中至少分担20%以上的财务支出。需要指出的是，招标的创新意义在于它将组织内的安排作为一种基本先决条件涵盖在内。其目标在于革新服务交付体系，避免碎片化，改善护理管理中的延续性和全面性。同样值得注意的是，在这一阶段，公开招标是将合作生产从政策制定层面(区域政府)推广到服务交付层面(地方卫生部门)的工具。所有的地方卫生部门都要提交旨在构建与家庭、非营利组织、学校和市政府之间合作关系的项目计划，从而参与到公开招标中。

这一过程允许区域政府和家庭一起，就地方层面上需要供给的服务及其地方管理方式进行合作规划。实际上，招标准则就是与家庭一同起草的，正如一位区域政府管理者所表述的，其主旨就在于“改善政府的服务供给体系而不是仅仅增加新的服务”。

(二)合作设计

在区域政府颁布公开招标之后，克雷莫纳省、蒙扎一布雷安扎省的地方卫生部门从2008年到2010年的服务合作设计中发挥了关键作用。合作设计阶段的一个重要成果，是建立了公共机构(如医院、学校、市政府)、家庭与地方非营利组织之间的相互信任。在两个案例中，最初的设计阶段都是为了提出投标计划，一旦投标被接受，设计将进一步细化。整个过程都由现有的地方卫生部门成员进行管理，并通过项目管理工具来支持合作者的参与。

家庭及其协会的支持在投标设计阶段并不强大，但在后续阶段有所加强。如一位地方卫生部门专家指出的,“在设计的初始阶段,许多家庭和非营利组织是作为阻挠者参会的。但最初的会议结束后,所有的参与者变得合作起来,他们意识到这是为服务设计做贡献的真正机会”。而且,如另一位地方卫生部门专家所描述的,“家庭的参与使得我们的团队可以坚守以孩子为优先”。一位地方卫生部门管理者这样表达他对地区政府合作设计优势的强烈喜好,“永远不要忽视服务设计中与协会和家庭的合作”。在服务设计阶段建立的信任会给后面交付阶段的合作奠定基础。

在两个案例中,家庭、非营利组织和其他地方合作者(即医院、学校、市政府)的参与是通过跨部门团队的价值诉求、公共部门专家和民间组织间的互动促进、创建共享成果等方式加以推动的。根据地方卫生部门执行主管的说法,这些团队安排建立在对地方参与主体及彼此间高度联系网络的强烈认知上。这一过程同样需要公共管理者提高合作技能,强化能力建设。

然而,基于地方卫生部门在管理过程中所发挥的作用,这两种合作关系有所不同(见表 3)。克雷莫纳省是以地理位置为基础,促成了一种以责任、任务和权力在三个不同团队中公平分配为特征的合作关系。这些团队在地方服务供给系统中自主工作。而蒙扎一布雷安扎省的合作关系模型则是以地方卫生部门发挥关键作用为特征。事实上,它将特定任务分散到四个团队,自己则对其间的紧密合作进行引导。

表 3　　合作设计与合作交付阶段:备选模式

事项	克雷莫纳省 地方卫生部门	蒙扎一布雷安扎省 地方卫生部门
治理(权力)	移交	去中心化
参与合作设计的地方合作者	22(最初为 17)	22(最初为 19)
——公共部门组织	7	10
——家庭与非营利组织	10	9
合作资助,区域政府 55%, 地方卫生部门 45%	324 000 欧元	411 000 欧元
新的合作设计与合作交付服务	父母培训 家庭互助 增强儿童自理能力 的日托中心	家庭互助 周末服务 志愿者培训课程

(三)合作交付

在交付阶段采用了合作生产的方式。两个案例的逻辑动机是相同的,服务设计阶段建立的信任成为了合作交付的驱动力。实际上,自闭症服务的一个独有特征就是家庭积极介入到对孩童的关爱服务供给中。他们的作用对于服务效率非常关键。因此,两个地方卫生部门对家庭进行了培训,使其能成为更好的服务合作生产者(见表 3)。举例来说,克雷莫纳省的一个日托中心向家庭开放,家庭可以在那里会面并交流经验。

蒙扎一布雷安扎省的地方卫生部门合作交付了互助服务和特殊周末服务,服务由家庭协会管理,并得到了经过培训的志愿者的大力支持。蒙扎一布雷安扎省地方卫生部门的执行主管认识到,强化地方专家和家庭的知识与能力,对有效的服务交付至关重要。因此,向家庭、学校教师、儿科医生以及全科医生提供了院内的自闭症培训课程。基于公共管理者对用户权益的关注,培训终端用户和地方合作专业人士,似乎已经成为一种改善服务合作交付的有效管理工具。

(四)合作评估

服务的评估同样也是以合作生产的方式得以实施的。2011 年在区域政府领导下,联合地方卫生部门进行了合作评估(见图 2)。这一阶段的主要动因似乎是为政策制定创造可操作性知识。正如一位区域政府官员所指出的,“在政策实施阶段,我们认识到,在这一服务案例中所采用的方法,作为一种范式,已经成为整个福利服务政策变革的标杆”。

在这一阶段,专业的外部审计人员需要设计可共享的可靠指标,对网络运营和家庭的满意度进行评估。通过与家庭协会的焦点小组以及 17 个家庭的深度访谈,收集这些项目中的数据,并组织会议来对结果进行讨论和联合评估。

区域执行主管指出,与合作规划阶段一样,他们热衷于与家庭协会和地方合作者分享信息、减少质疑。而且,外部审计也肯定了家庭对于其协会领导作用的认可。一些家庭还着重强调了作为为子女服务的合作生产者,特别是父母培训的重要性(“……家庭应该参与到服务供给中,否则他们永远只会期望政府来解决他们的问题……”),以及本地公共—私有网络的价值(“……家庭在自闭症患者服务中发挥关键作用,但我们无法独自完成全部工作”)。

结果证明,家庭主要诟病的问题是,区域政府为了项目的问责而产生的行政支出和报告制度。不管怎样,合作评估凸显了较高的家庭满意度,以及对家庭和非营利组织的大量授权。

五、结论

21 世纪的公共部门越来越具有高度复杂化的特点,部分源于多层治理背景的存在,不同类型的组织会分管公共政策和服务周期中的不同阶段。该案例让我们得以探索合作生产是如何在复杂环境中发生的,这超越了文献中的各种传统方式。在大多数现有研究所使用的案例中,合作生产只覆盖了公共服务周期中的一个阶段,或者只关注合作生产的组织内因素,而我们的研究涵盖了多层结构中合作生产的整个服务周期,这使得我们可以从组织和管理两个角度发现一些重要问题。

从组织角度看,我们首先注意到,在我们的案例中,合作生产本质上是组织间的协作。任何一个组织单独工作都不足以交付像样的产出。实际上,案例研究显示,合作生产是如何在服务周期的不同阶段间传播的,包括不同类型的组织和不同层级的政府。在最初的规划阶段,合作生产的方式是由区域政府促成的。这使得家庭直接参与到对自闭症儿童服务的规划中,同时也向服务周期不同阶段中的其他参与组织推广了协作的价值。也就是说,为了在多层治理环境中推动合作生产,公共服务周期中的所有阶段都应遵循同样的逻辑。

为发展合作生产,在自闭症服务和政策的整个系统所涉及的参与主体间进行资金分配,这是保证项目顺利开展的重要因素,这证明合作生产是物有所值的,但离开资金支持,它也不会产生价值(Bovaird and Loeffler,2012)。

另外一个项目开展的重要因素来自服务用户的需求。伴随着时间产生并巩固的信任,可能是保证家庭与非营利组织协作最关键的因素。当这些主体的参与贯穿政策和服务周期的每个阶段,而非仅存在于服务交付阶段时,信任才能由此建立。因此,家庭和非营利组织并不会认为合作生产是政府试图将难题抛给他们,而认为这是改善服务的大好时机。研究结果也表明,只要交给他们合适的工具,所有的父母都能够也愿意支持他们的自闭症子女。

从管理角度看,我们的案例研究证明,合作生产的实施需要新型的管理技能和工具。特别是公共管理者为满足公众利益,需要聆听用户和社区组织的需求,调动集体资源和知识,并发挥元治理的作用,公共部门是系统的,并以最终结果为导向。除此之外,保障能力建设和合作生产可持续性的主要因素包括,公共管理者处理合作生产疲劳、培育合作生产行为、在公共资金中止情况下维持合作生产的能力。

这些发现指出了一些可供深入研究的方向。第一,我们的研究表明,公共管理者是在还没有清楚认识到合作生产这一概念的情况下促成了合作生产的实践。在这一角度中,针对合作生产理论和实践的概念与运行,我们需要一个更清晰的理论框架。出于这种考虑，在对公共管理者的管理教育中，公共服务的合作生产是有待加强的内容。第二，未来的研究可以关注，在政策与服务周期的不同阶段，合作生产的开创过程在参与、代表、成果以及效率方面的不同情况。其实在我们的案例研究中，在合作规划的最初阶段，用户和社区组织的参与对整个周期中信任的建立至关重要。第三，未来可以调研合作生产对问责模式，以及专业人士与用户间权力结构的影响。实际上，接受合作生产，就意味着政府乐意与用户分享权力。第四，我们的案例研究证明，在整个合作生产周期中，参与主体及彼此间的互动产生了新的价值。因此，未来的研究应该关注建立合适的框架，评估公共服务中合作生产的绩效，并检测绩效中各种有形或无形的要素。因此，若进一步分析合作生产的成败是否取决于服务种类或政府层级的不同，也会是非常有趣的课题。

最后，我们的发现强调，为了实现从“服务主导”路径（Osborne et al.，2013）向“公民能力”路径（Sen，1993）的转变，公共组织有必要反思其在公共服务供给中的作用。我们认为，这种转变不是渐进的，而是面向新思潮的变革。在思考民间组织和政府在满足公共利益中的作用时，需要我们换一种思路。因此，未来应深入研究合作生产的现实经验是否只是公共部门中的一种风尚，一种服务管理重组的方式，抑或是公共组织及工作人员所面临的一种全新思潮。

注释

[1]我们参考了众多学者所使用的不同词汇来指称那些接受服务并在公共服务周期中发挥积极作用的人，比如委托人、消费者和顾客，但后面我们将使用“用户”或者“服务用户”这种说法。

[2]伦巴第区域居住人口大约为 1 000 万人。意大利政府包括四个层级：中央政府、区域政府（20 个区域）、省政府（110 个省）和市政府（8 102 个市政府）。区域和省在服务生产中发挥的作用受限，主要负责监管以及将资源二次分配到市政府和其他公共部门以及非营利组织。

[3]蒙扎－布雷安扎省与克雷莫纳省是伦巴第区域的两个省。

作者简介

玛利亚弗兰西丝卡·西西莉亚（Mariafrancesca Sicilia），意大利贝尔加莫大学管理、经济与量化方法系助理教授。她的主要研究方向为：公共部门预算与审计、政府绩效管理、公共服务的供给模式。

恩里科·加里尼（Enrico Guarini），意大利米兰博科尼大学商业管理、金融、管理与法律系助理教授。他同时还是公共管理国际研究协会地方治理专项研究组的联席主席。他的主要研究方向为：公共财政管理与审计、地方政府与合作治理。

亚力山德罗 · 桑契罗(Alessandro Sancino),英国公开大学商学院公共领导与社会企业系讲师。他的主要研究方向为:比较地方政府、公共网络绩效、公共组织中的政治一行政关系。

马蒂诺 · 安德里亚尼(Martino Andreani),意大利卡罗 · 卡塔内奥大学经济和管理学院博士研究生。他的主要研究方向为:公共服务合作生产、公共部门绩效管理。

雷纳托 · 鲁菲尼(Renato Ruffini),意大利卡罗 · 卡塔内奥大学经济和管理学院助理教授,公共行政研究中心主任。他的主要研究方向为:公共部门管理中的治理与组织问题。

参考文献

Agranoff R and McGuire M (2003) Inside the matrix: Integrating the paradigms of intergovernmental and network management. *International Journal of Public Administration* 26(12): 1401–1422.

Alford J (2009) *Engaging Public Sector Clients: From Service-delivery to Co-production*. Basingstoke: Palgrave Macmillan.

Alford J (2013) Engaging citizens in co-producing service outcomes. In: Lindquist EA, Vincent S and Wanna H (eds) *Putting Citizens First*. Canberra: The Australian National University, ch. 6.

Alford J (2014) The multiple facets of co-production: Building on the work of Elinor Ostrom. *Public Management Review* 16(3): 299–316.

Benington J and Hartley J (2001) Pilots, paradigms and paradoxes: Changes in public sector governance and management in the UK. International Research Symposium on Public Sector Management, Barcelona.

Bingham LB, Nabatchi T and O'Leary R (2005) The new governance: Practices and processes for stakeholder and citizen participation in the work of government. *Public Administration Review* 65(5): 547–558.

Bovaird T (2005) Public governance: Balancing stakeholder power in a network society. *International Review of Administrative Sciences* 71(2): 217–228.

Bovaird T (2007) Beyond engagement and participation: User and community coproduction of public services. *Public Administration Review* 67(5): 846–860.

Bovaird T (2008) Emergent strategic management and planning mechanisms in complex adaptive systems: The case of the UK best value initiative. *Public Management Review* 10(3): 319–340.

Bovaird T and Downe J (2008) Innovation in public engagement and co-production of services. Policy Paper for Department of Communities and Local Government, 39.

Bovaird T and Loeffler E (2012) From engagement to co-production: The contribution of users and communities to outcomes and public value. *Voluntas: International Journal of Voluntary and Nonprofit Organizations* 23(4): 1119–1138.

Boyle D, Coote A, Sherwood C and Slay J (2010) *Right Here, Right Now: Taking Co-production into the Mainstream*. London: National Endowment for Science, Technology and the Art.

Brudney JL and England RE (1983) Toward a definition of the coproduction concept. *Public Administration Review* 43(1): 59–65.

Cahn E and Gray C (2012) Co-production from a normative perspective. In: Pestoff V, Brandsen T and Verschuere B (eds) *New Public Governance, the Third Sector and Co-production*. New York: Routledge USA, ch. 7.

Eisenhardt KM (1989) Building theories from case study research. *Academy of Management Review* 14(4): 532–550.

Ferlie E, Fitzgerald L, Pettigrew A and Ferlie E (1996) *The New Public Management in Action*. New York: Oxford University Press.

Hansen K (2001) Local councillors: Between local government and local governance. *Public Administration* 79(1): 105–123.

Hartley J (2005) Innovation in governance and public services: Past and present. *Public Money and Management* 25(1): 27–34.

Hood C (1995) The 'New Public Management' in the 1980s: Variations on a theme. *Accounting, Organizations and Society* 20(2): 93–109.

Huxham C and Vangen S (2005) *Managing to Collaborate: The Theory and Practice of Collaborative Advantage*. London: Routledge.

Jakobsen M (2013) Can government initiatives increase citizen coproduction? Results of a randomized field experiment. *Journal of Public Administration Research and Theory* 23(1): 27–54.

Jaworski BJ and Kohli AK (1993) Market orientation: Antecedents and consequences. *Journal of Marketing* 57: 53–70.

Joshi A and Moore M (2004) Institutionalized co-production: Unorthodox public service delivery in challenging environments. *Journal of Development Studies* 40(4): 31–49.

Marshall MJ (2004) Citizen participation and the neighborhood context: A new look at the coproduction of local public goods. *Political Research Quarterly* 57(2): 231–244.

Miles MB and Huberman M (1984) *Qualitative Data Analysis: A Sourcebook of New Methods*. Beverly Hills, CA: Sage Publications.

Moore MH (1995) *Creating Public Value: Strategic Management in Government*. Cambridge, MA: Harvard University Press.

Normann R (1991) *Service Management-strategy and Leadership in Service Business*, 2nd edn. Chichester: John Wiley & Sons.

OECD (2011) *Innovation in Public Service Delivery: Context, Solutions and Challenges*. Public Governance and Territorial Development Directorate, Public Governance Committee. Paris: OECD.

Osborne SP (2010) Delivering public services: Time for a new theory? *Public Management Review* 12(1): 1–10.

Osborne SP, Radnor Z and Nasi G (2013) A new theory of public service management: Towards a (public) service-dominant approach. *American Review of Public Administration* 43(2): 135–158.

Ostrom E (1996) Crossing the great divide: Coproduction, synergy, and development. *World Development* 24(6): 1073–1087.

Parks RB, Baker PC, Kiser L, Oakerson R, Ostrom E, Ostrom V, Percy SL, Vandivort MB, Whitaker GP and Wilson R (1981) Consumers as coproducers of public services: Some economic and institutional considerations. *Policy Studies Journal* 9(7): 1001–1011.

Pestoff V (2009) Towards a paradigm of democratic participation: Citizen participation and co-production of personal social services in Sweden. *Annals of Public and Cooperative Economics* 80(2): 197–224.

Pestoff V (2012) Co-production and third sector social services in Europe: Some concepts and evidence. *Voluntas: International Journal of Voluntary and Nonprofit Organizations* 23(4): 1102–1118.

Pestoff V, Osborne SP and Brandsen T (2006) Patterns of co-production in public services: Some concluding thoughts. *Public Management Review* 8(4): 591–595.

Pestoff V, Brandsen T and Verschuere B (2012) *New Public Governance, the Third Sector and Co-production*. New York: Routledge USA.

Pollitt C, Bouckaert G and Löffler E (2006) Making Quality Sustainable: Co-design, Co-decide, Co-produce, Co-evaluate. Report by the Scientific Rapporteurs of the 4th Quality Conference, Ministry of Finance, Finland.

Sancino A (2010) Community governance as a response to economic crisis. *Public Money & Management* 30(2): 117–118.

Seligman AB (1997) *The Problem of Trust*. Princeton, NJ: Princeton University Press.
Sen AK (1993) Capability and well-being. In: Nussbaum MC and Sen AK (eds) *The Quality of Life*. Oxford: Clarendon Press, pp. 30–53.
Stake RE (1995) *The Art of Case Study Research*. Thousand Oaks, CA: Sage Publications.
Thomas JC (2013) Citizen, customer, partner: Rethinking the place of the public in public management. *Public Administration Review* 73(6): 786–796.
van Eijk CJA and Steen TPS (2014) Why people co-produce: Analyzing citizens' perceptions on co-planning engagement in health care services. *Public Management Review* 16(3): 358–382.
Verschuere B, Brandsen T and Pestoff V (2012) Co-production: The state of the art in research and the future agenda. *Voluntas: International Journal of Voluntary and Nonprofit Organizations* 23(4): 1083–1101.
Yin RK (1994) *Case Study Research: Design and Methods*. Thousand Oaks, CA: Sage Publications.

Public services management and co-production in multi-level governance settings

Mariafrancesca Sicilia
University of Bergamo, Italy

Enrico Guarini
University of Milano-Bicocca, Italy

Alessandro Sancino
Open University Business School, UK

Martino Andreani
Cattaneo LIUC University, Italy

Renato Ruffini
Cattaneo LIUC University, Italy

Abstract
From a normative stance, co-production has been recommended at all stages of the public service cycle. However, previous empirical studies on co-production have neglected the question of how to make this happen. Moreover, little attention has been paid to how co-production might occur in multi-level governance settings. The aim of this article is to fill these gaps, identifying triggers and organizational and managerial issues that could support the adoption of co-production in multi-level governance settings. The empirical analysis is based on a case study of services for autistic children. The findings highlight that co-production was prompted by inter-organizational arrangements and that trust-building among the actors played a pivotal role in nurturing a co-production approach.

Points for practitioners

From an organizational perspective, our case study shows that, in order to foster co-production in multi-level governance settings, all stages of the public service cycle should be aligned and inspired by the same logic. From a managerial perspective it highlights that the implementation of co-production requires new managerial skills and tools. Public managers are asked to listen to community groups and individuals, to mobilize collective resources and knowledge, and exercise a meta-governance role. Finally, in order to have co-produced services, our findings point to the need to start thinking differently about the roles of civil society and government in satisfying the common good.

Keywords
co-production, inter-organizational collaboration, managerial skills, multi-level governance, public service management

国际行政科学评论

为什么参与公共服务的合作生产？理论与经验证据的结合

卡罗拉·范·艾克[①]　　特鲁·斯蒂恩
Carola Van Eijk　　Trui Steen

翻译：崔　玲　　审校：杨　柳　张　毅

【摘　要】 在合作生产过程中，公民与提供公共服务的公共机构进行合作。尽管已经有研究关注合作生产，但是人们对这个问题的认识仍然存在着一些重大分歧。其中的一个疑问是，公民为什么要参与合作生产这一过程。本文提出的理论模型将人的因素纳入对合作生产的研究中来。该模型从以下几个方面解释了公民对合作生产的参与，即公民对合作生产任务的认知、公民对自身在公共服务提供过程中做出贡献的能力的认知、公民的个人特性以及他们在私利和为社区着想方面的动机。为了证明该模型的适用性，本文使用的经验证据来自荷兰与比利时的四个合作生产案例。本文还讨论了该研究结果的理论与实践意义，并就进一步的研究提出了建议。

对实践工作者的启示

政府总是想方设法谋求广大公民的参与，尤其是在政府倡议公民参与而响应者有限的情况下。对于公民参与的了解在以下四个案例中得到了

① 通信作者：
Carola Van Eijk, Leiden University, PO Box 13228, The Hague, 2501 EE, The Netherlands.
E-mail: c. j. a. van. eijk@cdh. leidenuniv. nl

检验，它们是：老年人卫生保健组织中的用户委员会、残障人士组织中的用户委员会、小学中的代表顾问委员会以及邻里守望组织。实践工作者从中可以更多地了解到是什么原因驱使公民参与到合作生产中来。这有助于他们改进招募参与者的方法。

【关键词】 公民动机；公共服务的合作生产；卫生保健；邻里守望组织；小学

一、引言

无论是在实践领域还是在学术界，人们都越来越关注合作生产（Alford，2009；Pestoff et al.，2012）。在提供服务的过程中，公民与公共部门的专业人员（正式的服务提供者）进行合作，目的是为了使服务供给的质量有所提高（Parks et al.，1981）。他们也许是应政府之邀而参与，或者是主动地参与。虽然政府总是在谋求让更广泛的公民参与进来，但是响应这些号召的公民只是一小部分（WRR，2012）。为何有些公民愿意积极参与公共服务的合作生产而其他人不愿意，知晓其原因，会有助于改进招募参与者的方法和合作生产的设计。虽然关于合作生产的研究越来越多，但是对驱动公民参与合作生产的原因却所知甚少。本文旨在回答：公民为什么会参与到公共服务的合作生产中来？[1] 从而缩小理论知识与实践经验之间的差距。

由于在研究合作生产的文献中有关公民动机的了解十分有限，我们博采各方研究文献中的见解，在此基础上提出了一个理论框架。随后，我们给出了定性数据，这些数据有 3 个来自荷兰的案例，即老年人卫生保健组织中的用户委员会、小学中的代表顾问委员会、邻里守望组织，以及 1 个来自比利时的案例——残障人士卫生保健组织中的用户委员会。这些数据被用来进一步论证我们提出的理论模型。

二、关于公民参与公共服务合作生产的理论解释

合作生产这一术语的定义众说纷纭。我们的观点和博维尔德、莱夫勒（Bovaird and Löffler，2012：39）一致，认为此概念表达了许多不同的活动（如共同规划、共同设定优先次序、共同管理、共同执行以及共同评估），这些活动的共同指向是专业人员与公民在委托和提供公共服务过程中的参与。

尽管在该领域已有许多项研究，但是我们对于个人参与合作生产的动因还是知之甚少。当前文献所关注的焦点就反映了这种矛盾现象，这些文献通常是描述组织（之间）层面的互动情况，对于公民参与合作生产的动

机,仅在理论上有所讨论,在实证研究方面甚少;然而,学者需要更好地理解合作生产的过程,政府需要接触更加广泛的(潜在的)合作者,对这个课题进行更多深入的了解是必不可少的。本文力求在这个课题的研究攻关中做出贡献。

由于没有一个简洁的理论可用来进行经验检验,因此我们不仅诉诸合作生产方面的文献,还参考了诸如政治参与和志愿服务等相关课题领域的观点。在将这些文献整合到一个模型的过程中(图 1),我们区分出三组因素,认为这些因素对于个人参与合作生产的意愿起到了重要作用。它们是:①对合作生产任务的认知以及对在公共服务提供过程中做出贡献的能力的认知;②个人特性;③私利和为社区着想方面的动机。在接下来的部分中,我们要逐一讨论这些不同的因素。之后我们会给出对该理论模型进行初步经验检验的结果。这些结果为进一步研究奠定了基础,唯其如此,才能促进有关公民参与合作生产的动机的理论建设。

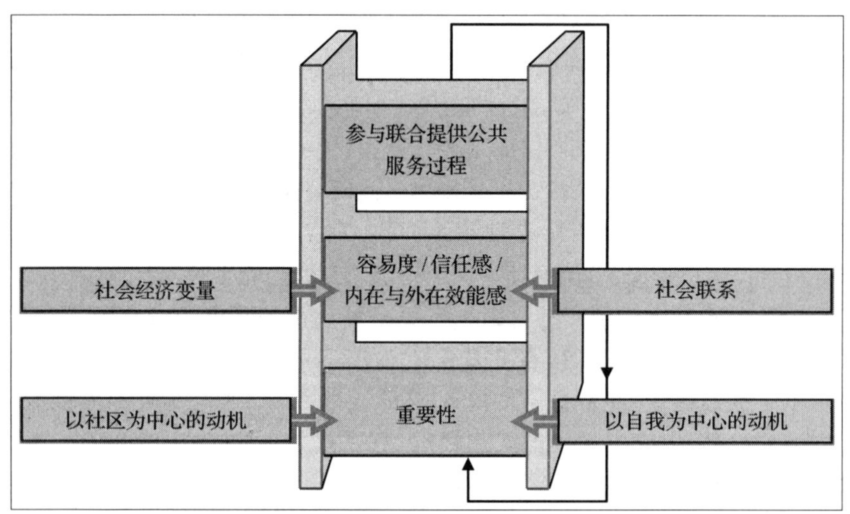

图 1　解释公民参与合作生产动机的理论模型

(一)影响参与的社会心理因素

公民做出是否参与合作生产的决定,可以视为在一个"决策阶梯"上的不同步骤。人们不可能注意到参与的每一个话题和每一种可能的方法,而通常是以某种特定方式进行参与。例如,有关公民参与的研究发现,政治参与取决于某个特定的问题,并且参与的时间有限(Verhoeven,2009),因此,在"决策阶梯"上的第一步与问题的重要性有关。重要性指的是公民意识到某个话题重要到值得考虑积极参与并权衡投入的努力。"个人重要性"取决于个体对服务如何影响他/她本人、家庭或者朋友的认知(Pestoff,2012)。"社会重要性"指的是人们认识到问题对于邻里、社区甚至是整个社会的重要性。重要性有助于解释人们对于合作生产某些一般性、长期性社会服务项目的兴趣，例如，那些涉及幼托、教育或者预防医护和长期卫生保健等方面的项目（Pestoff，2012）。

第二步涉及对参与所需付出的努力以及对参与效果的考虑。经过权衡利弊，有四个不同的——但是却相互关联的——考虑因素是显而易见的，即容易度、内在效能感、外在效能感、信任感。容易度指的是积极参与所需要付出的努力。如果需要付出更多的努力，则参与的可能性就会降低。这与诸如服务提供者的距离等问题有关（Pestoff，2012）。除了交易成本，容易度还指对任务难易程度的认知。

与容易度相关的是内在效能感，这是个在政治学文献中用于理解投票和其他政治行为的概念。它指的是“人们相信自身有理解和有效地参与政治的能力”（Craig et al.，1990：290）。在合作生产的研究中，内在效能感就指的是公民对于自身能力的感受，即理解和有效参与身边的服务提供活动的能力。

公民不仅会考虑他们的个人能力，还会考虑他们参与的可能结果。另一个政治学术语“外在政治效能感”，指的是“相信政府和机构会回应公民的要求”（Craig et al.，1990：290）。所以，在合作生产的研究中，第三步要考虑到外在效能感这一因素，“政府，作为正规的公共服务提供者，会为我的参与提供空间吗？如果会，那么我的参与对他们的决策制定和服务提供过程重要吗？”

对于这些问题的回答很可能是以个人经验为基础的，情况类似于根据划算与否来判断是否支持（民主）制度（Ariely，2013）。在本文中，一个至关重要的因素是官僚制的质量，因为人们面对行政机构代表的机会要多于参与政治活动的机会。因此，这种对于官僚制质量的判断也会影响到对公共部门或政府的信任感（Ariely，2013：752）。我们认为，公民信任政府的程度[2]，尤其是他们感受政府负责任的程度，将会影响到他们参与合作生产的意愿。

简言之，我们认为公民对于重要性、内在效能以及外在效能的判断，是解释他们参与合作生产的重要因素，如图 1 所示。这些认知与任务的表面容易度和对正规服务提供者的信任度相关联。在模型中的这个反馈环表明了我们的观点，即人们一旦参与了合作生产，个体就会对他们的行动做出评估，并且这种评估会影响到进一步的参与。

（二）社会经济变量与社会联系

在政治学领域，人们发现社会经济变量是公民行为的重要解释变量。投票率的差异可以从公民个体在性别、种族、收入以及受教育程度等方面的差异来解释（Timpone，1998）。公民主动接触公务员，要受到诸如收入和教育等社会经济变量的影响(Sharp,1984),而收入水平、教育以及专业地位有助于解释志愿者行为(Dekker and Halman,2003)。然而,我们应该考虑到,公共服务合作生产者的典型形象可能不同于从事政治参与或志愿者活动的积极公民。例如,博维尔德等(Bovaird et al.,2012)发现,女性参与个体的合作生产活动要比男性多,虽然这种性别效果并没出现在集体形式的合作生产活动中。

一个人的住处可能也会关系到其参与合作生产的决定。人们发现,住在社会经济成分单一的社区中的公民不是很积极(Oliver,2001)。同样,社区倡议的数量也有助于解释谁会参与合作生产(Thijssen and Van Dooren,2016)。这指的是社会联系——你所生活的环境与你所融入的社会关系网的重要意义。例如,人们发现,去教堂的情况、加入社团的情况以及婚姻状况都会影响个人作出的决策(Amnå,2010;Timpone,1998)和社会资本发展的程度(Putnam,1993)。社会关系网可能是参与行为的一个限制因素——例如当需要在家庭、工作与社会之间做出平衡时——然而,社会关系网也为人们提供了参与的机会。诸如被要求做志愿者这样的社会环境机会,在参与中扮演了重要的角色(Steen,2006)。矛盾的是,研究表明,人们越忙,就越能接触到做志愿者的机会并且积极响应这些机会(Brown,1999)。最后,还应该考虑社会关系网与信任感之间的相互作用。为了有效地发挥作用,社会关系网需要其成员之间具有高度的信任感。然而,成员之间的关系越密切,他们之间的信任感就越高,也就越有可能出现不信任社会关系网以外的其他人的风险(Fledderus et al.,2014:436)。这可能会制约参与其他社会关系网和社会活动。

如图 1 所示,包括社会经济变量和社会联系在内,我们认为个人特征会对前述变量(即内在和外在效能感、容易度和信任感)产生影响。换言之,认知变量在某种程度上是以诸如教育和融入社会关系网这些更具"客观性"的因素为基础的。

(三)私利动机与公利动机

出于同情其他公民和认同于公众的目的,能够鼓励公民的自组织行为(Alford,2012)。探讨个人致力于政治参与、志愿者行为或者自组织集体行动的文献把这种情况称为利他或公利动机。人们发现,志愿者精神中包含着个人有责任为公益尽一份力这样的信念(Reed and Selbee,2003)。我们认为,有更高社会取向的人可能更加重视参与合作生产过程并且会考虑参与的机会。

研究公共服务动机的文献增加得十分迅速,为我们提供了有关公利动机动力学的更为深刻的见解(Perry and Hondeghem,2008;Perry and

Wise,1990)。其中的一个流派把公共服务动机，即一种公共利益取向，与在职场内外(从事公共服务)的雇员所表现出来的“公民行为”联系了起来。公共服务动机水平高的雇员不仅看重他们在组织内的角色，还会在接触组织之外的他人时，强调他们作为公民的责任与义务(Houston,2008;Organ,1988)。用潘迪等人(Pandey et al.,2008:91－92;着重强调之处)的话来说，“公共服务动机表示的是一种在任何情况下都会做利他或者亲社会行为的个人素质”。因此，我们认为更高水平的公共服务动机会增强公民承担其公共责任、参与合作生产的意愿。

然而，研究志愿服务的文献却指出，公共参与可能并不是基于纯粹的利他主义：在为他人做好事的时候，公民可以得到个人回报，比如像增长新本领、建立社会联系或者获得个人满足感等。公共服务的合作生产者通常是服务的用户或者另行受益于这种服务(Verschuere et al.,2012)。因此，难怪在研究合作生产的文献中，人们会区分出不同类型的利己性诱因：物质性诱因(金钱、物质或服务)、纽带性诱因(与他人建立联系的回报，如社团的会员资格)、表达性诱因(为完成某项有意义的事业出过力的满足感)、内在性回报(个人的效能感增强)以及履行法定义务(Alford,2002)。

本质上，这些利己性动机不应该被看作是负面的。参与合作生产并不仅仅限于直接的服务受益者，如，在社会服务中，家庭成员、亲属、朋友或者邻居都会帮助他们身边的人们获得更好的服务。同理，当人们看到了共同利益所在时，追求私利也可以是集体行为，特别是在集体行动中，大家的私利要通过完成公共目标来实现，而无组织的个人是不可能完成共同目标的(Pestoff,2012)。

总之，如图1所示，利他与利己动机都有助于解释个人参与合作生产的原因。我们认为，动机在解释公民是否关注合作生产活动时格外重要，因为动机决定着人们实现其目标的意愿如何，也决定了什么对他们而言是最重要的(Latham,2007;Locke and Latham,2002)，还决定着在具体条件下应该做出何种决策(Tasdoven and Kapucu,2013)。

总而言之，我们的模型假定，社会—心理因素(即重要性认知、容易度、内在效能感、外在效能感以及信任感)、社会经济变量和社会联系以及私利与公利动机，会共同影响个人参与合作生产的决策。在本文接下来的部分，我们会把这个模型与经验数据进行比较。首先，让我们来详述研究方法。

三、定性数据的收集

我们使用来自4个不同案例的经验证据，对我们提出的模型进行了初步检验。在荷兰，我们调查了公民在卫生保健组织中的用户委员会、小学中的代表顾问委员会以及邻里守望组织中的参与情况。在比利时，我们研究了残障人士卫生保健组织中的用户委员会。这四个案例使我们不仅能够做出跨国比较,还能够进行国内案例比较。卫生保健与小学的案例在(公共服务的)合作生产的任务和职责方面具有相似性。然而,这些案例与邻里守望组织的案例在许多方面都大为不同,例如,在所提供服务的性质方面("硬性的"服务——较为"软性的"服务),在政府与社会在提供公共服务过程中的作用方面(单独由公共组织所提供的服务——传统上包括半公共组织与社会组织在内所提供的服务),在(公共服务的)合作生产进程的发起主体方面(公民自下而上发起——依法自上而下发起),以及在合作生产的目的方面(实实在在的服务提供——通过管理投入来提高服务质量)。在描述这些案例和数据之前,我们先简要介绍所使用的方法。

研究合作生产的文献仅讨论公民的动机,缺少经验证据,因此,在这个阶段问卷调查并不是检验我们模型的合适方法。对于问卷调查法,研究人员需要事先穷尽所有的变量,排除发现其他相关变量的可能性。有鉴于此,我们找到了一种方法,让公共服务的合作生产方表达他们自己的看法。焦点小组访谈法的优点是既能够深入洞悉公民的个人动机、态度和认知,同时又使讨论尽可能地接近受访者的认知和语言。而且,得到取悦社会型回答的"风险"也最小。然而,由于样本量小,无法得出一般性结论(Morgan,1998;Vandenabeele,2008;Vaughn et al.,1996)。

根据焦点小组受访者的数量,我们对每个案例都组织了2个或3个焦点小组(见表1)。在学校的代表顾问委员会案例中,学生家长和专业人士都参加了焦点小组。[3]由于我们主要对身为家长的委员会成员感兴趣,所以该案例中受访者总人数比其他案例多。在比利时的客户委员会案例中,因为很难与残障(智障)居民进行沟通和需要另行收集数据,所以受访者的总人数也很多。

表1　　焦点小组与受访者概况

案例	数量		受访者的类型
	焦点小组	受访者	
荷兰			
卫生保健用户委员会	2	6	委员会成员:(前)志愿护理者、居民、居民家属
小学的代表顾问委员会	3	20	委员会成员:家长成员、雇员成员、校董事会成员
邻里守望组织	2	10	现役巡逻队成员、电话组织者、一位主席、一位警察
比利时			
卫生保健用户委员会	3	19	委员会成员:残障人士的家长、居民

这个研究设计可以深入了解公民的看法。受访者受邀谈论他们的参与以及他们具体参与合作生产活动的动机。在一种放松和自然的氛围中，受访者谈论了相关的问题。由于我们所感兴趣的是他们的意见，因此我们没有使用综合性问题列表，而是以一个一般性问题开始："你参与这个活动的动机是什么？"当讨论无法持续下去时，我们会使用更具体的问题，诸如"（合作生产过程中）职责是什么？"以及"（对于某个受访者前面提到的事情）你的看法是什么？"我们会给这些讨论录音并逐字记录整理出来。为了分析这些数据，我们对这些记录中的陈述进行过滤和编码。

四、给合作生产者发言权

对于每个案例，我们的做法都是，先进行简单的案例描述，然后给出有关任务、效能感、重要性、动机、以往经验（反馈环）的调研结果以及焦点小组参与者所提出的其他问题。使用焦点小组讨论中的原话陈述，我们得以对受访者所关注的问题有一个总体认识。在接下来的部分里，我们要讨论这些调研结果并把它们与理论模型联系起来。

（一）荷兰卫生保健组织中的用户委员会

自 1996 年开始，荷兰卫生保健组织必须设立用户委员会。委员会中包括病患、配偶或其他家属、志愿护理者甚至还有邻居。该委员会评议卫生保健组织的管理与所提供护理的质量。用户委员会依法具有知情权、协商权、批准权以及调查权（Overheid. nl，2012a；Rijksoverheid，2011）。

人们对于这些任务和相关的能力存在不同的认识。有些受访者认为，虽然他们对用户委员会或卫生保健的一般情况并不熟悉，但是对此并不感到担忧，因为"在担任委员的过程中，知识与经验都会增长"。其他受访者则认为，知识、经验和技能都很重要，"人们不应该小瞧担任委员职务"。卫生保健领域的从业经验和卫生保健知识被提到的次数最多，其次是善于领会政策文件和使用计算机。其中一位受访者谈及她的工作时说道，"我对开会很熟悉"。在别的志愿者组织中很活跃这一点也被视为有助于担任（公共服务的）合作生产者这一角色。通过这种经历，受访者学会了助人或者获得了管理经验。

许多受访者谈道，以前他们既不知晓用户委员会的存在，也不知道其任务与职责。当某个家属成为该组织的居民或者用户委员会的成员告知他们此事之后，他们才想知道得更多，开始感兴趣，随后决定加入其中。有了成员资格后，他们希望能够代表居民的利益，并且觉得有义务"做些对该组织有益的事"。他们想要解决问题并改善服务质量。一位受访居民说，她不仅需要得到照料,还需要做出回报:"我不但要住在这儿,还要做些有益的事。"

然而,承担该组织的义务几乎完全是基于本人或者其家属是这里的居民。如果家属去世了,通常义务也就逐渐消失了。有位受访者现在仍是该委员会的成员,虽然他的亲属已经去世了。"对于目前的情况如何我得到的信息越来越少,由于我不再承担义务了,我感到没有必要待在委员会里了。"这通常意味着委员们会辞职,如果委员会不能够招纳(足够的)新成员,这可能会危害到信息传播。

(二)比利时残障人士卫生保健组织中的用户委员会

在比利时,用户自1990年就开始依法参与残障人士卫生保健组织的管理。在用户委员会这个平台,主要是家属(监护人),也包括居民本人在参与。委员会成员经选举产生,任期四年。他们的职责是代表所有的用户,提出质询,并给出建议。有些决策,没有该委员会的认可,管理人员做不了主。然而事实上,委员会所处理的大多数问题似乎都属于实用性质的(如需要置换的材料),而不涉及组织管理或政策中的重大问题(GRIP,2009;VAPH,2009;Vlaanderen. be,1990)。

虽然并不令人感到惊讶,但是居民与家长之间的差异还是值得关注的。一方面,参与我们焦点小组的智障居民,无法恰当地认识用户委员会的任务与职责。它(委员会)更多地是一种与人结识并建立友谊的机会,"因为它是那么地令人感到亲切,所以我喜欢它"。另一方面,家长发现,把用户的利益和意见在该组织中整合起来很重要。既然他们的孩子不能完全独立地参与,他们就"以其孩子的名义"作为监护人参与到委员会中来。这一点也反映在被视为必要的参与技能方面。虽然残障居民不考虑这点,但是家长却毫不隐讳地这么做。对家长而言,用户委员会是一次学习和运用他们从别处得来的经验与能力的机会。他们在工作中所获得的技能,加上他们作为用户的利益以及其他邻人的高见,使得他们能够掌握"管理人员所不能掌握的"主动权。

参加用户委员会的家长似乎毫不怀疑他们的参与。"你就是要这样做;这很正常。"他们把参与视为履行其对孩子的责任,并且是他们家长角色的一部分。委员会成员身份使他们有机会会见"处于困境中的家长"。他们还通过委员会获知有关诸如财政问题的信息。此外,他们希望改善居民与管理人员之间以及居民之间的关系。当考虑到与管理人员之间的关系时,只有少数人注意到了一种较为消极的气氛。这也是公共服务合作生产方的责任:"如果你开始批评他们,他们会不高兴的。"大多数受访者感到他们的参与是有益的,并且发现这种参与很重要,因为"如果你能改善整体,你的孩子也会做得很好”。为他们孩子的福利着想与服务于普遍利益之间，在很大程度上是相互依赖的。然而，家长并不打算仅仅代表他们孩子的利益。“个人不应该只考虑自己孩子的利益；个人应该考虑普遍利益和拥有宽广的胸怀。”

(三)荷兰小学的代表顾问委员会

荷兰小学的代表顾问委员会成立于1981年，由雇员自己选出的成员和家长/监护人组成。其主要任务是与校董事会一起商讨所有的重要问题，包括财务、(自发性)家长捐助、教学方法、课程表以及教育改革。委员会依法拥有知情权、建议权和审批权(Ministerie van OC&W，2011；Overheid. nl，2012b)。

受访者对他们的任务与职责有明确的认识。他们希望能控制学校的政策与管理，并能够在其中做出关键决断，他们把委员会看作是支持校董会所做决策的工具，也是使这些决策合法化的工具。委员会具有广泛的社会责任，不仅局限于教育方面，“它应该在本地社区中的不同群体之间建立起一座桥梁”。受访者希望改善家长之间、家长与学校之间的联系。一位受访者发现，通常家长对学校来说是至关重要的，但是他们却“并不想参与学校事务或为学校做些事情”。激发家长对学校有更为积极的态度应该是委员会的任务。其他家长之所以不够积极，按照这位受访者的观点，乃是因为：没有时间、没有胜任感、文化背景上有差异，以及不擅长参与活动。

胜任感需要我们思考。一位受访者认为，应该由专业人士来决策，“因为我不具备必要的知识和经验”。其他人则不同意这种观点。(认为)他们是因为(感到)有能力所以才会参与。“因为他们要寻找有经验的人，所以我才会成为一名委员”“在潜意识中，某些能力是那些成为委员会成员的人所共同具备的”。人所公认的必要能力包括法规知识、读懂(财务性)政策文件的能力以及用更长远的眼光思考政策问题的能力。

有位受访者认为，发挥影响力不是他参加委员会的原因，“我只是想帮助这所学校”。然而，其他受访者并不认同这个观点，“我成为一名委员为的是要有发言权”。然而，受访者意识到，实际的影响力是很小的。从“我希望校董会能采用我们的建议”到“是董事长说了算”以及“我认为这份工作吃力不讨好”，受访者的认知很不一致。

然而，受访者喜欢他们作为(公共服务)合作生产者的角色，他们感到“自豪”并认为肩负重任。有些受访者认为这种责任直接关系到他们自己的孩子：他们参加委员会就是为了确保他们的孩子尽可能受到最好的教育。其他人认为，“如果你只是为了自己的孩子才担任委员，那你就做错了”“你是社区中的一员，受惠于社区，也应该为改进教育和社会做出努力”。

(四)荷兰的邻里守望组织

邻里守望组织合作生产的是成果(安全与宜居的小区),而不是计划共同采取行动或共同进行管理。它们与警察和市政府合作,是在当地自发组织起来的,并无(国家层面的)法律依据。通常情况下,该组织是由公民主动发起的,其任务从参加电话圈到定期在小区内巡逻不等。市政府在这方面是支持公民的,例如,会提供指导培训。

受访者对他们的责任和任务有着不同的看法。有些人认为他们"只是在尽义务维持一个宜居社区而已",而其他人则视自己为"警察的眼睛和耳朵",或者认为邻里守望组织是增强社区凝聚力的工具。受访者一致认为,工作或者个人背景远不及具有沟通、判断人品以及变得勇敢的技巧重要。

提高这些技巧是某些受访者的一个重要动机。有了市政府支持的这类课程,这一目标就有可能实现。另一个共同动机与社会因素有关。受访者看重与其他成员和普通民众之间的联系,"我是邻里守望组织的一员,他们才认得我,此后我们见面时他们就会与我搭话"。另一些人则关注那些游逛街头的青年。受访者喜欢听他们的故事,激励他们。有些受访者在合作生产的过程中找到了自信,"老年人特别认可我是在为社区做好事"。穿上巡逻队制服,人们更加认识到他们是在做重要的事情。

其他受访者参加邻里守望组织是出于对现状不满。他们想要一个安全的环境,想让他们的孩子在晚上能够安全地出去玩。附近发生的一次夜盗,可能就是参加邻里守望组织的直接原因。有些受访者是出于对警察不满而参与邻里守望组织的,他们不相信警察能够及时而恰当地出警。另一些受访者更加善解人意:因为公共财政紧缩,所以警察与公民必须合作。"政府的压力越来越大,那么,你就要承担起属于你的责任""对于维护你自己的环境安全,你自己也负有责任"。

合作生产者与市政府和警察进行了密切合作。如一位受访者所言:"警察离不开邻里守望组织,邻里守望组织也不能没有警察。"他们互通信息,公民在巡逻中遇到麻烦时需要警察的保护。然而,受访者强调他们的独立性,因为这简化了与青年人的联系。人们对与警察合作的看法不同。有些成员的看法是正面的,"合作很好,市政府很高兴我们这么做"。另一些人认为,要是能更多地了解到警察是如何处理来自邻里守望组织的信息的话,那么合作可能会有所提高。几乎所有的受访者都认为他们的"工作"是有用的:"我们取得了成果""我们发挥了作用"。恰如一位受访者所言:"如果不再出事的话,我为什么还要继续做这个组织的成员呢?"

五、讨论：把经验数据与理论联系起来

把理论与经验数据联系起来，我们就会有趣地发现，在那些源自跨学科研究路径的变量中，有哪些变量被案例证实，又有什么新因素冒出来，没有包含在理论模型中。

基于这些经验数据，重要性的确可以被视为公民考虑是否参与的一个起点。重要性没有被明确提到的案例只有一个，那就是小学里的代表顾问委员会。似乎是家长们大体上已经知道了委员会的存在。在荷兰卫生保健组织的案例中，几位受访者解释道，最初他们并不清楚用户委员会的存在，但是在了解之后，他们就开始考虑参与了。他们被吸引而考虑成为合作生产者的途径各不相同，不过，通常都是通过家庭或委员会/邻里守望组织成员这样的途径。

内在效能感与外在效能感、信任感与容易度，被放到了我们模型的第二层级上。容易度在四个案例中都没有被明确提到。来自用户委员会和顾问委员会的受访者提到有足够的时间很重要。这可以视为一种“交易成本”，但是会使容易度这一概念的定义有些狭义。相比于理论模型中涉及个人特征或认知的其他变量，容易度更多地是涉及开展合作生产的领域的特征。除了邻里守望组织的案例之外，在其他所研究的案例中，公民的参与都有法可依。这可能意味着合作生产的过程已经实现了制度化和便利化，容易度已经不成问题了。四个案例都提到了内在效能感。作为代表顾问委员会成员的受访者认为，许多家长不参与可能是因为感到没有能力。合作生产的参与者认为他们当然需要某些参与技能。这在两个卫生保健案例中都十分明显。公共服务的合作生产者提到他们在有偿工作或志愿者活动中练就的技能，并且认为通过委员会他们才可以运用这些知识和技能，为的是做些有益的事情和改善提高卫生保健质量。

外在效能感在所有的案例中也都被提到了。受访者认为，委员会使他们有机会改变组织和控制管理。通过委员会，他们在组织中有了发言权。在邻里守望组织中，受访者感觉到他们有机会与警察合作解决问题并为社区做出贡献。居于模型第二层级的最后一个变量是信任感，具体化为人们在决定是否参与时对所感知到的“体系”的信任。然而，这没有被案例所证实。没有一位受访者提到过对组织和专业人员的信任是他们决定参与的原因之一。然而，一旦他们变成了公共服务的合作生产者，他们就的确会提到他们有信任感。所有四个案例都提到了与专业人员（即管理人员或警察）的关系。而且，恰如模型所预期的，这与对外部效能感的考虑密切相关。在两个卫生保健案例中，受访者发现，管理人员态度开放并愿意倾听

他们的想法与忧虑很重要。在代表顾问委员会中,情况也是如此,虽然此处的公共服务合作生产者的态度更具有“与生俱来的”批评性。对于邻里守望组织,信任感主要指的是共享信息。

根据这个理论模型,我们预料个人特性(即社会经济变量和社会联系)会影响内在与外在效能感、信任感以及容易度。卫生保健案例和顾问委员会都提到了社会经济变量。受访者提到,他们利用了在其他志愿者活动或有偿工作中练就的技能。基于这三个案例,我们或许可以得出结论,社会经济变量只与内在效能感相关:由于有这种过去习得的技能,受访者觉得他们能胜任公共服务的合作生产方。社会经济变量与外部效能感、信任感以及容易度的关系没有被提到。社会联系在荷兰用户委员会和代表顾问委员会案例中被提到。然而,它与模型的第二阶层上的变量没有联系。相反地,受访者谈到了他们的社会关系网(家庭、已成为公共服务合作生产者的人、他们在学校其他活动中见到的人)如何使他们知晓参与的可能性,或者如何激起他们对这些组织及其管理的兴趣。被要求是参与的一个重要诱因。这意味着社会联系可能与重要性相关。根据我们的模型,我们发现社会关系网也可能是制约性因素,例如没有足够的时间。或者如一位邻里守望组织的参与者所言,“我周围的人对我做这件事的原因表示怀疑”。

按照我们提出的模型,动机会影响重要性。代表顾问委员会案例、邻里守望组织案例以及用户委员会案例,都提到了利己动机。然而,人们并不是以消极的方式提到利己动机。他们指的是诸如通过课程发掘自己、体验被认可的感觉或者会见他人(在用户委员会中是指有同样处境的人)这些方面的利己动机。后者与这三个案例中某些人所提到的“舒适性”有关联。像代表自身利益或某个家庭的利益这样的利己动机几乎被所有受访者否认。你对该组织所承担的责任可能是基于某位家庭成员,但是你一旦成了公共服务的合作生产方,你就应当考虑普遍利益。

所有案例都提到了利公动机。公共服务的合作生产者发现,倾听全体用户的利益、提高质量、让社区拥有更高质量的生活以及在财政紧缩时期他们能有所帮助,这些都很重要。社区的定义是狭义的:合作生产方所生活的组织与身边环境。合作生产方想要提高具体某所学校的教育或者改善他们自己小区的生活质量。如果常住于某个卫生保健组织的家属去世了,义务就会消失,继续当委员的动机也会消失。因此,虽然受访者认为他们想要承担起“作为一位公民”的责任,但是他们实际的参与似乎更多地与较低层面的具体利益相关。根据这些数据,我们不能确定这两种动机是否的确会影响重要性。然而,这些动机在服务供给方的参与行为中是起到一定作用的。

有趣的是,我们发现还有其他四个因素在影响重要性。首先,原来人际关系网是很重要的：在两个卫生保健案例中，通常是通过家庭成员或已是委员会成员的人，受访者才得知了参与的可能性，感受到了责任并且认识到了委员会的重要性。其次，除了代表顾问委员会之外，实际问题会起作用。公民看到了错事或者他们自己遇到了麻烦（如入室盗窃），从而意识到他们能够为这些问题的解决尽一份力。再次，与前者相关，除了用户委员会，受访者都是出于“想要知道组织在干什么”才参与进来的。公共服务合作生产者的角色可以有机会直接从管理人员那里获得信息。最后，在邻里守望组织的案例中，当人们开始关注参与的可能方式时，会提到焦虑感。受访者感到不满意，因而断定邻里守望组织是消除这种不满意感觉的一种办法，“你不应该抱怨，而是要做点什么和帮助警察”。

最后，我们预计会出现一个反馈环。受访者决定继续参与实际上是受到了其经验的影响。他们会反思他们的意见和要求是如何被采纳的，反思与管理人员以及合作生产者同事之间的关系状况，反思他们是否仍然觉得要对组织承担责任。当他们的家属不再是组织中的居民或学生时，通常这种责任感会下降。

六、结论

在整合了三个不同研究领域的见解基础上，我们假定有三组因素对公民决定参与公共服务的合作生产产生影响，它们是：①对合作生产的任务和为公共服务供给过程做出贡献的能力的认知；②在社会经济方面与社会联系方面的个人特征；③私利与公利动机。从四个合作生产案例的焦点小组讨论中得出的见解，在很大程度上证实了我们的理论预期。然而，我们也发现受访者对有些变量的解释是不同的。某些新因素可以被添加到模型中来，合作生产的类型之间存在差异。

公民参与邻里守望组织的原因不同于参与我们所研究的其他组织案例。特别是在“信任感”方面存在着差异，这可能是正规的服务提供者与邻里守望组织成员之间存在的依赖所导致的。此外，这个案例指出了一个新因素：不满也是参与的一个动因。反馈还在邻里守望组织这个案例中似乎表现得更加明显。这些受访者显然都关注所提供的公共服务结果，而这对于参与委员会的受访者来说似乎不重要。原因可能是公共服务的合作生产方在委员会中的参与不像是一种选择：作为家长或亲属，你必须得做点什么。

案例之间在公民的看法、期望以及他们认为合作生产可以发挥潜力的条件方面都存在着差异，这些差异也可以追溯到合作生产的设计与公共政策自身的特征方面。根据博维尔德和莱夫勒（Bovaird and Löffler，2012）的观点,我们使用了广义的合作生产定义。可是,这意味着公民的参与在各个案例中是不同的。邻里守望组织与我们的其他案例之间的差别就相当大。尽管邻里守望组织必然导致以公民为主进行合作生产,但是卫生保健领域和小学里的委员会却是制度化的联合规划与联合管理的典范。

在焦点小组讨论过程中,我们详述了公民参与的动机与诱因。这种方法使我们保持了开放性思维并且使讨论尽可能地接近公民的认知。可是,由于受规模所限,这种方法并不能代表较大的公共服务合作生产者群体。因此,对于全面深入地探讨变量(例如社会经济特征)或者变量关系而言,这种方法的帮助不大。在更有条件采用调查材料的情况下,下一步的研究必须在更广的范围内检验模型。本研究对于公民参与合作生产的动机提出了有用的见解。这丰富了现阶段的研究文献,因为实证研究最近才开始起步(例如,Van Eijk and Steen,2014)。本文能够为进一步的研究起到抛砖引玉的作用。

最后,考虑到人们对合作生产越来越感兴趣——这与公共财政紧缩以及当前在公共部门和市场中都存在的合法性危机有关,本研究还具有现实意义。(公众)就公民参与合作生产展开辩论,主要是受意识形态立场的驱动——关于政府与民间组织的作用的意识形态,较少是出于对合作生产的参与动机的(经验性)理解。更好地理解公民参与,对于摸索如何培养公民作为公共服务合作生产者的责任感以及促成公民与专业人员的合作,是至关重要的。

致谢

感谢瑞娜·布拉伊(Rhina Boelai)、米莱拉·夫里德曼(Mirella Flinterman)、沃特·施特格(Wounter Steeg)以及玛丽·鲁佩尔(Marie Rupol)帮助我们搜集资料,感谢蒂娜·那巴茨(Tina Nabatchi)、玛丽·温纳(Mary Wenene)以及匿名评审人提出的宝贵意见。

注释

[1]本研究得到了阿斯帕西娅(Aspasia)项目"要做积极公民"和研究天才项目"基层合作生产的动力"、荷兰科学研究组织的资助。本文是特鲁·斯蒂恩(Trui Steen)、蒂娜·那巴茨(Tina Nabatchi)以及德克·布兰德(Dirk Brand)主编的《公民合作生产》特刊的一部分。

[2]杨(Yang,2005)从相反的方向表明了这种关系的重要性:公务员对公民的信任感有助于解释公民的参与努力。

[3]一项更大的有关公民动机的基础研究项目的一部分。该研究项目也研究专业人员对于合作生产的认知。因此,在对小学的案例研究中,家长和专业人员都包括在焦点小组中。

作者简介

卡罗拉·范·艾克(Carola Van Eijk)，莱顿大学公共行政学院博士生。她的研究兴趣包括公共服务的合作生产和公民参与。在她的博士研究中，她就公民如何被激励参与合作生产活动、专业人员如何看待这些过程以及公民与专业人员如何互动进行了调研。

特鲁·斯蒂恩(Trui Steen)，莱顿大学公共行政学院副教授、天主教鲁汶大学公共管理学院副教授。她对公共部门管理中的组织问题和其中的个人作用感兴趣。她最近的研究涉及高级公务员、公共部门职业化、公共服务动机、要求迥异环境下的决策制定以及合作生产过程中的公民—专业人员互动。

参考文献

Alford J (2002) Why do public-sector clients coproduce? Toward a contingency theory. *Administration & Society* 34(1): 32–56.

Alford J (2009) *Engaging Public Sector Clients: From Service-delivery to Co-production*. Basingstoke: Palgrave Macmillan.

Alford J (2012) The multiple facets of co-production: Building on the work of Elinor Ostrom. Paper prepared for the seminar on "Co-production: The State of the Art", Budapest.

Amnå E (2010) Active, passive, or stand-by citizens? Latent and manifest political participation. In: Amnå E (ed.) *New Forms of Citizen Participation: Normative Implications*. Nomos: Baden-Baden, pp. 191–203.

Ariely G (2013) Public administration and citizen satisfaction with democracy: Cross-national evidence. *International Review of Administrative Sciences* 79(4): 747–766.

Bovaird T and Löffler E (2012) From engagement to co-production: How users and communities contribute to public services. In: Pestoff V, Brandsen T and Verschuere B (eds) *New Public Governance, the Third Sector and Co-production*. New York and London: Routledge, pp. 35–60.

Bovaird T, Van Ryzin G, Loeffler E and Parrado S (2012) Influences on collective co-production of public services: Which citizens most participate in complex governance mechanisms? Paper prepared for the seminar on "Co-production: The State of the Art", Budapest.

Brown E (1999) The scope of volunteer activity and public service. *Law and Contemporary Problems* 62(4): 17–42.

Craig SC, Niemi RG and Silver GE (1990) Political efficacy and trust: A report on the NES pilot study items. *Political Behavior* 12(3): 289–314.

Dekker P and Halman L (2003) Volunteering and values: An introduction. In: Dekker P and Halman L (eds) *The Values of Volunteering: Cross-cultural Perspectives*. New York: Kluwer Academic/Plenum Publishers, pp. 1–17.

Fledderus J, Brandsen T and Honingh M (2014) Restoring trust through the co-production of public services: A theoretical elaboration. *Public Management Review* 16(3): 424–443.

GRIP (2009) *Ervaringsdeskundigheid van personen met een handicap. Niets over ons zonder ons! Hoe participeren waar maken?* Brussels: GRIP.

Houston DJ (2008) Behavior in the public square. In: Perry JL and Hondeghem A (eds) *Motivation in Public Management: The Call of Public Service*. Oxford: Oxford University Press, pp. 177–199.

Latham GP (2007) *Work Motivation: History, Theory, Research, and Practice*. Thousand

Oaks, CA: Sage Publications.
Locke EA and Latham GP (2002) Building a practically useful theory of goal setting and task motivation. *American Psychologist* 57(9): 705–717.
Ministerie van OC&W (Ministry of Education, Culture and Science) (2011) Basisonderwijs 2011–2012. Gids voor ouders en verzorgers. Den Haag: Ministerie van Onderwijs, Cultuur en Wetenschap.
Morgan DL (1998) *The Focus Group Guidebook*. Thousand Oaks, CA: Sage.
Oliver JE (2001) *Democracy in Suburbia*. Princeton, NJ: Princeton University Press.
Organ DW (1988) *Organizational Citizenship Behavior: The Good Soldier Syndrome*. Lexington, MA: Lexington Books.
Overheid.nl (2012a) *Wet medezeggenschap cliënten zorginstellingen*. Available at: www.wetten.overheid.nl/BWBR0007920/ (accessed March 2012).
Overheid.nl (2012b) *Wet- en regelgeving: Wet medezeggenschap op scholen*. Available at: www.wetten.overheid.nl/BWBR0020685/ (accessed March 2012).
Pandey SK, Wright BE and Moynihan DP (2008) Public service motivation and interpersonal citizenship behavior in public organizations: Testing a preliminary model. *International Public Management Journal* 11(1): 89–108.
Parks RB, Baker PC, Kiser L, Oakerson R, Ostrom E, Ostrom V, Percy SL, Vandivort MB, Whitaker GP and Wilson R (1981) Consumers as co-producers of public services: Some institutional and economic considerations. *Policy Studies Journal* 9(7): 1001–1011.
Perry JL and Hondeghem A (eds) (2008) *Motivation in Public Management: The Call of Public Service*. Oxford: Oxford University Press.
Perry JL and Wise LR (1990) The motivational bases of public service. *Public Administration Review* 50(3): 367–373.
Pestoff V (2012) Co-production and third sector social services in Europe. In: Pestoff V, Brandsen T and Verschuere B (eds) *New Public Governance, the Third Sector and Co-production*. New York and London: Routledge, pp. 13–34.
Pestoff V, Brandsen T and Verschuere B (2012) *New Public Governance, the Third Sector and Co-production*. New York and London: Routledge.
Putnam RD (1993) *Making Democracy Work: Civic Traditions in Modern Italy*. Princeton, NJ: Princeton University Press.
Reed P and Selbee LK (2003) Do people who volunteer have a distinctive ethos? A Canadian study. In: Dekker P and Halman L (eds) *The Values of Volunteering: Cross-cultural Perspectives*. New York: Kluwer Academic/Plenum Publishers, pp. 91–109.
Rijksoverheid (2011) *Wat zijn de bevoegdheden van een cliëntenraad in een zorginstelling?* Available at: http://www.rijksoverheid.nl/onderwerpen/goed-bestuur-in-de-zorg/vraag-en-antwoord/wat-zijn-de-bevoegdheden-van-een-clientenraad-in-een-zorginstelling.html (accessed October 2011).
Sharp EB (1984) Citizen demand-making in the urban context. *American Journal of Political Science* 28(4): 654–670.
Steen T (2006) Public sector motivation: Is there something to learn from the study of volunteerism? *Public Policy and Administration* 21(1): 49–62.
Tasdoven H and Kapucu N (2013) Personal perceptions and organizational factors influencing police discretion: Evidence from the Turkish national police. *International Review of Administrative Sciences* 79(3): 523–543.
Van Dooren W and Thijssen P (2016) Who you are/where you live: Does neighborhood matter for coproduction? *International Review of Administrative Sciences* 82(1): 88–109.
Timpone RJ (1998) Structure, behavior, and voter turnout in the United States. *American Political Science Review* 92(1): 145–158.
Vandenabeele W (2008) *Toward a Public Administration Theory of Public Service Motivation*. Leuven: K.U. Leuven.
Van Eijk CJA and Steen TPS (2014) Why people co-produce: Analysing citizens' perceptions on co-planning engagement in health care services. *Public Management Review* 16(3): 358–382.

VAPH (Vlaams Agentschap voor personen met een handicap) (2009) *Rechten & plichten van de gebruiker van een voorziening voor personen met een handicap*. Brussel: VAPH.

Vaughn S, Schumm J and Sinagub J (1996) *Focus Group Interviews in Education and Psychology*. Thousand Oaks, CA: Sage.

Verhoeven I (2009) *Burgers tegen beleid. Een analyse van dynamiek in politieke betrokkenheid.* Amsterdam: Aksant.

Verschuere B, Brandsen T and Pestoff V (2012) Co-production: The state of the art in research and the future agenda. *VOLUNTAS: International Journal of Voluntary and Nonprofit Organizations* 20(1): 1–19.

Vlaanderen.be (1990) *Besluit van de Vlaamse Regering houdende de vaststelling van de erkenningsvoorwaarden, de werkings- en subsidiëringsmodaliteiten voor diensten voor zelfstandig wonen van gehandicapte personen*. Available at: http://codex.vlaanderen.be/ (accessed December 2013).

WRR (Wetenschappelijke Raad voor het Regeringsbeleid [Scientific Council for Government Policy]) (2012) *Vertrouwen in burgers*. Den Haag and Amsterdam: WRR / Amsterdam University Press.

Yang K (2005) Public administrators' trust in citizens: A missing link in citizen involvement efforts. *Public Administration Review* 65(3): 262–275.

Why engage in co-production of public services? Mixing theory and empirical evidence

Carola Van Eijk and Trui Steen
Leiden University, The Netherlands

Abstract

Through processes of co-production, citizens collaborate with public service agents in the provision of public services. Despite the research attention given to co-production, some major gaps in our knowledge remain. One of these concerns the question why citizens engage in processes of co-production of public services. In this article, a theoretical model is built that brings the human factor into the study of co-production. The model explains citizens' engagement in co-production referring to citizens' perceptions of the co-production task and of their competency to contribute to the public service delivery process, citizens' individual characteristics, and their self-interested and community-focused motivations. Empirical evidence from four co-production cases in the Netherlands and Belgium is used to demonstrate the model's usefulness. The academic and practical relevance of the findings and suggestions for further research are discussed.

Points for practitioners

Governments seek ways to engage a broad range of citizens, especially as only a limited number of citizens respond to government's initiatives to involve citizens. Insights about citizens' engagement are tested in four cases: Client councils in health care organizations for elderly persons and in organizations for disabled people, representative advisory councils at primary schools, and neighborhood watches. Practitioners can learn more about what drives citizens to engage in co-production. This enables them to improve their methods of participant recruitment.

Keywords
citizens' motivations, co-production of public services, health care, neighborhood watches, primary schools

国际行政科学评论

激活公共服务的集体合作生产:英国影响公民参与复杂治理的机制

托尼·博维尔德[①] 格里·斯托克 特里西亚·琼斯
Tony Bovaird Gerry Stoker Tricia Jones
艾尔克·莱夫勒 莫妮卡·皮尼利亚·罗开西欧
Elke Loeffler Monica Pinilla Roncancio
翻译:孙春晖 审校:张锐昕 范 围

【摘 要】 既有研究认为,公民参与公共服务合作生产的可能时机是,所涉及的行动比较容易,而且能以个体而非群体的形式实施。本文探讨这一论点是否符合英格兰和威尔士的地方实际,研究哪些人最有可能参与个体和集体合作生产,通过参与更多的集体活动,人们如何受到影响而扩展其合作生产的范围。我们利用地方政府组织的公民调查,采集了五个地方的数据。研究结果表明,个体和集体合作生产具有十分不同的特征和相关者,根据政策目的对二者进行区分十分重要。特别地,当公民明显意识到人们可以做出改变(政治上的自我效能)时,集体合作生产可能与任一既定议题高度相关。"干预策略"对于鼓励合作生产只具有弱效应。

① 通信作者:
Tony Bovaird, INLOGOV, Room 437, 9th floor, Muirhead Tower, University of Birmingham, Edgbaston, Birmingham B15 2TT, UK.
E-mail: T. Bovaird@bham. ac. uk

对实践工作者的启示

合作生产的大部分潜在收益可能来自群体活动,因此激发公民从个体合作生产转向集体合作生产,可能是一个重要的政策议题。本文表明,要激发更多的集体合作生产存在明显的范围限制,因为人们参与集体合作生产的水平可能受到公共政策变量的影响,不能通过其环境因素进行准确预测。“干预策略”可以帮助促进更多的集体合作生产,但是它们需要达到相当的程度才有可能成功。

【关键词】 公民激发;社区合作生产;合作生产相关关系;个体合作生产;影响策略;干预策略

一、引言

在 20 世纪 70 年代末,当服务使用者合作提供公共服务第一次成为私营部门的重要议题(Zeleny,1978)时,它基本上被看作是一个个别现象。然而,到了 20 世纪 80 年代初,当人们对合作生产的兴趣扩展至公共部门(Brudney and England,1983;Parkset al.,1981;Sharp,1980;Whitaker,1980)时,文献很快表明了不仅使用者和社区合作生产早已广泛推行,例如在公民民兵组织、陪审团系统、职工教育协会、志愿消防员等之中,而且合作生产通常是一种集体现象,以群体和社区的形式进行,而非简单的个体行为。很快,人们就普遍接受了这样一种观点,即服务不仅需要专业人员的重要投入,而且需要服务使用者的投入(Normann,1984;Ramírez,1999),尽管在过去 20 年中人们一直坚信公共部门在公共服务和产出上的作用。

然而,在最近几年里,对使用者和社区合作生产的兴趣被再次激发,人们认识到,公众期望的结果可能十分依赖多个利益相关者的贡献,其中的使用者及其生活的社区至关重要。因此,合作生产再度成为时尚,不仅表现在理论研究上(Alford,2002,2009;Bovaird and Loeffler,2012;Durose et al.,2013;Osborne et al.,2013;Ostrom,1996;Pestoff,2012),而且表现在案例研究中(Alford,2009;Bovaird,2007;Jones,2013;Loeffler et al.,2012;Needham and Carr,2009;Ostrom,1996)。此外,自 2008 年以来,很多政府在财政压力下更有可能进行合作生产,现在,合作生产成为了很多国家公共管理的一个议题(Pestoff et al.,2012)。

尽管人们对合作生产这一议题的兴趣持续高涨,但是,都很少有关于公民合作生产的定量实证研究。因此,本文的两位作者帮助欧盟轮值主席国共同设计了一项大样本调查，并在英国、法国、德国、丹麦和捷克共和国实施，他们根据这一独特的数据集，报告了合作生产的总体行为和态度(Loeffler et al.，2008)，以及公民对于个体合作生产活动的行为和态度与公民特征具有怎样的相互关联(Parrado et al.，2013)。本研究的一个主要发现是，集体合作生产与个体合作生产相比，在性质和水平上存在着明显差异。公民与公共机构一起参与公共服务和社会产出的合作生产的可能时机是，所涉及的行动相对容易，而且能够以个体而非群体的形式实施(Loeffler et al.，2008；Parrado et al.，2013)。由于无论是对公共部门还是对公民而言，合作生产的大部分潜在收益可能都来自集体活动而非个体行动(Pestoff，2012)，因此这有可能会降低合作生产方式对于公共服务的价值。

本研究旨在深入探讨英国集体合作生产的水平，影响不同人群合作生产的变量，以及在参与更为复杂的治理活动之后，某些特定的公共政策措施是否会影响个体向集体行动中拓展其合作生产活动。

本文报告了这些研究结果，证实在公共产出的四个领域个体合作生产的水平要大大高于集体合作生产，证明集体合作生产的相关者非常不同于个体合作生产的相关者，并认为个体和集体合作生产中的一项关键因素是人们坚信能够做出改变(政治上的自我效能)。本文表明，“干预策略”对于集体合作生产可能有一些效应，尽管相当不稳定。文章的结尾对政策启示进行了一些反思，并对未来研究提出了一些建议。

二、个体和集体合作生产

基于文森特·奥斯特罗姆和埃莉诺·奥斯特罗姆(Ostrom V and Ostrom E，1977)的开创性工作，合作生产的早期典型定义是，服务使用者和提供者贡献资源以提高产品或服务的数量或质量，或在某种情况下他们共同确保某种服务能够被提供(Brudney，1983)。在本文的研究中，我们采用了更近的一个定义，该定义是早期定义的一个变体，由治理国际提出：合作生产是指“专业人员和公民充分利用各自的财产、资源和贡献以达到更好的结果或更高的效率”(www.govint.org，2014 年 7 月 16 日)。

该定义的主要优势是允许我们区分什么是和什么不是“合作生产”。除非公民和专业人员都做出重要贡献，否则我们不会认为某一活动是“合作生产的”。因此，根据这一定义，人们使用服务的纯粹“自助”行为和社区的纯粹“自组织”行为都不符合合作生产的要求。而且，只有当公民在咨询活动中作用显著时，咨询活动才能称作“合作生产”，否则不能，例如，如果咨询只是向公民传递信息而并不允许他们影响决策，就不能称作“合作生产”。

这一定义也有助于强调合作生产的交互属性——利益相关者充分利

用相互的资源——以及合作生产中可能的集体行动。而有些作者(Ostrom,1996;Ramírez,1999)认为,合作生产主要是个体行动,另一些作者(Joshi and Moore,2004)认为,合作生产意味着国家机关与有组织的公民群体之间的长期关系(制度化安排)。

在文献中,划分个体和集体合作生产有两种不同的标准:①产出是否由集体共享;②投入是否由集体供给。当然在实践中很多合作生产活动既可由个体提供也可由群体提供,其收益既可由那些直接参与者共享,也可在更大范围内共享,这样就产生了混合的类别。

布鲁德尼和英格兰(Brudney and England,1983:63-64)是这一争论的早期贡献者,他们划分了个体、群体和集体合作生产:

- 个体合作生产——也称"捕获性合作生产",公民几乎没有选择权,只能参与到这种"自上而下"的服务(如社会服务使用者接受咨询支持)中,或者公民在其消费过程中采取积极的、自主的行为(如上缴有缺陷的火警器)。这里,无论是公民所做的贡献还是所得的收益都在个体层面。

- 群体合作生产——一些公民自主地、积极地参与,在服务代理人与公民群体之间可能有正式的协调机制(如邻里协会,个体加入以提高所消费服务的数量或质量)。这里,公民的投入是集体的,但是收益大部分由个体分享。

- 集体合作生产——合作生产活动产生集体产品,其收益可能由整个社区分享。这里,收益是集体的,但是公民的投入可能是个体的或集体的。

阿尔福特(Alford,2002)曾分析公民在与政府互动中的作用,在这一颇具影响力的分析中,他对合作生产按承担者进行了区分:使用者——客户、志愿者和社区成员。这种划分非常类似于布鲁德尼(Brudney)和英格兰(England)的分类,除了视公民为社区成员这一点以外。阿尔福特(Alford)认为,社区成员在提供公共产品或服务上常常不积极,但是愿意参与更广泛的活动(诸如影响政策或让政治人物负责),这些活动就是为了让其他人(有时也包括他们自己)受益。

按照合作生产的上述定义,本研究聚焦于作为合作生产者的公民的贡献(投入)。因此,我们将集体合作生产定义为公民为了支持公共服务和达到预期结果而采取的联合行动,而个体合作生产则是指那些没有联合实施的行动。这样,我们将布鲁德尼(Brudney)和英格兰(England)界定的"群体合作生产"和"集体合作生产"(以及相应的阿尔福特的分类),都归为"集体合作生产",因为这两类都涉及公民共同工作以合作产出成果和福利。因此,在本研究中,集体合作生产可以来自个体自我兴趣(如服务客户、志愿者或其他相关公民的自我兴趣),也可以来自不太自私的动机,以获得集体分享的利益。

集体合作生产对公共政策来说十分重要，这是因为它有能力放大个体贡献的价值。正如佩斯托夫（Pestoff，2012：28）所言，“集体行动，更有甚者，集体性互动能够将自我利益诉求转变成大于个体自我利益之和的成果”，特别是能够促进“社会资本、互利共生和礼尚往来的发展”（Pestoff，2012：30）。类似地，福克斯（Fox，1997：132）强调了集体合作生产和社会资本的双向关系，“合作生产过程具有累积效应，因为每一周期之后都提高了利用下一次机会的社会能力”。

而且，集体合作生产有可能蓄积社会运动的能量。巴尼斯（Barnes，2009：232）分析了公民作为消费者的作用，她在结论中指出：“服务使用者一起形成关于残疾、心理疾病和关怀的多种理解方式，一起主张构建其自我身份的权利，一起担忧社会关系方面的想当然假设，这些社会关系不仅包括福利服务提供时提供者和使用者之间的关系，而且包括社会政策协商过程中的社会关系。”这些都是有影响力的活动，只有集体行动才能引发。即使服务使用者没有形成社会活动，但是，只要他们相互之间紧密联系并形成一个复杂的自适应系统，他们的集体行动就有可能显著提升其共同努力的效果（Bovaird，2007）。

因此，集体合作生产是利用既有的社会资本以获得有价值的结果，同时，通过活动又可以构建进一步的社会资本。合作生产与社会资本之间的关系如图 1 所示。涉及货币兑换的交易位于图 1 的中心，构成了国内生产

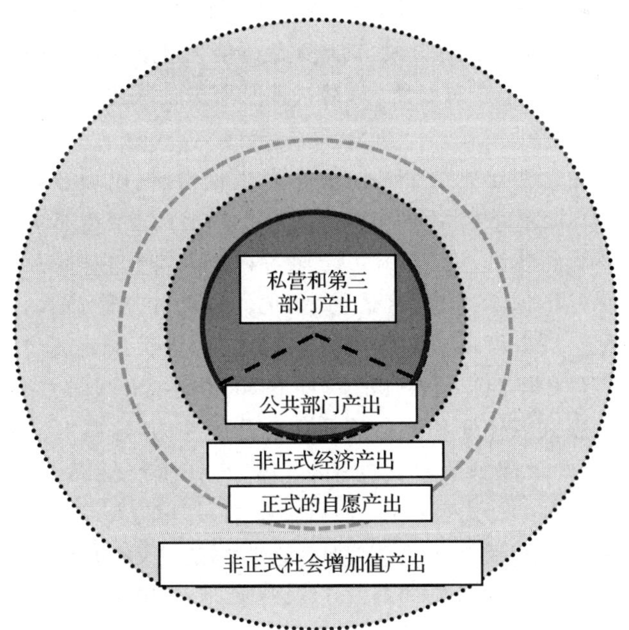

图 1　社会中的经济产出和社会增加值产出

总值,包括所有私营部门组织和第三部门组织的营业额,以及公共部门的产出(还包括非正式经济的产出,非正式经济中没有货币交易记录)。然而,我们社会中的很多增值活动并没有包含在国内生产总值中。正式的自愿活动和非正式的社会活动(外面两个环)对社会总体增加值的贡献并没有被准确地测量,但是很可能十分可观。而且,货币化经济(在图 1 的中心)与社会(外面的各环)之间的联系很可能十分重要——在社会领域,人们可以为相互之间的生活增加更多的价值,前提是从货币化经济中获得工作、收入、技能、沟通等,使得他们能够共同出资从事家庭活动和社会活动。类似地,货币化经济中的组织(在所有部门)可能更有生产效率,前提是其服务使用者(以及全体员工)在社会中获得有价值的个人和社会关系,这些关系增加了他们的自尊和自信,充分激发了他们在服务过程中的潜能。合作生产在宏观层面和微观层面都很重要。

服务使用者的很多贡献都表现为个体合作生产的形式(可以在货币化经济中很好地测量,例如,通过服务组织的效率或有效性的提高)。然而,外部各环与内环中公共部门产出之间的连接也包括公共服务和产出的社区合作生产。这里包括了自愿行为,例如,通过邻里守望组织在夜间巡视邻里区域,通过父母小组为中小学生开设早餐俱乐部,或者使用公共体育中心成立俱乐部以增进年轻人的健康和交往。而可能更为重要的是,在这种连接中,社会非正式增值活动能够提升公共服务产出,例如,通过公开支持的结对网络减少毒品的使用,或者为出不了门的或孤独的当地人建立帮助计划,或者提出本地举措鼓励邻居留意可能发生的虐童或家暴事件等。如巴尼斯(Barnes,2009:232)所言,某些涉及服务使用者的社会活动也在这一连接上操作。

集体合作生产对于创造公共价值有多么重要,可以通过以下例子来说明。在英国,有大约 35 万名学校治理人在帮助管理学校;有大约 560 万人在帮助运行体育俱乐部;有 75 万名志愿者在协助学校教师;英国国民医疗保健服务系统(NHS)有 17 万名志愿者,他们帮助和劝慰病人,运送病人去医院,筹集资金,开办商店和咖啡馆等。2008 年,全英国有超过 109 家时间银行在运行,其中有 60 万小时的时间在相互交换(Ryan-Collins et al.,2008)。然而,家庭内保健和社会关爱活动是例外的,这些“集体”活动的参与人数很少,与之形成鲜明对比的是“个体”合作生产活动,有 180 万的定期血液捐赠者,有 800 万人签订了器官捐赠书,邻里守望计划中有 1 000 万人留意潜在的犯罪和反社会行为,所有这些都是更为“孤独的”活动,但是这些活动更适合人们的日常安排(当然,尽管他们也有一个“群组”,例如,偶尔参加本地的邻里守望会议)。然而,关于集体合作生产的水平或其驱动因素,目前还很少有系统的实证研究,本研究试图填补这一空白。

三、研究假设

在以前的研究（Loeffler et al.，2008；Parrado et al.，2013）中，我们设定了关于合作生产水平和驱动因素的假设。本研究基于对欧盟 5 国 5 000 名公民的调查，强烈表明虽然合作生产总体上很多，但是只有一小部分公民希望常规性地参与某种形式的集体合作生产。在当前研究中，我们关于个体和集体合作生产的假设是，个体合作生产在规模上明显高于集体合作生产。

由于缺乏以前的实证研究参考，我们关于合作生产驱动因素的假设主要从文献发现中进行推断，这些文献涉及服务使用者和社区参与公共部门，而不是对合作生产本身的研究。从这些文献中，我们假设合作生产受到以下因素的影响：

- 条件：公民认为是否存在严重问题需要解决；
- 公共绩效：公民认为公共部门处理这一问题的好坏程度；
- 公共参与措施：公民认为公共部门让公民参与处理问题或改进服务的好坏程度；
- 自我效能：公民认为通过参与服务或议题“人们能否做出改变”；
- 个人特征：年龄、性别、受教育水平、地域、种族背景。

这些关于合作生产总体水平的假设都来自以前的研究（Loeffler et al.，2008；Parrado et al.，2013）。更进一步地，为建立一个解释集体合作生产方式不同于个体合作生产方式的模型，我们假设这些相同类型的变量很可能对这两种合作生产都有影响，但是程度不同。

四、方法

公民调查在 5 个研究区域内进行，以探究个体和集体合作生产的水平和相关者。研究区域的选择反映了英格兰和威尔士不同类型的地方行政区：伦敦特区（巴尼特）、大型自治市（布里斯托尔）、农村地区（德贝郡戴尔斯）、中型自治市（斯旺西）和大都市城市（伍尔弗汉普顿）。更具体的细节见表 1。选择某一地区的条件是，该地区必须具有一个有代表性的公民委员会，可以将调查问卷寄到该委员会。这样可以保证有较高的回应，同时将调查费用控制到很低。回应的水平自然随着公民委员会的大小而变化。此外，有些议会比另一些议会的回应率要高。最后获得回应的数字是：巴尼特430；布里斯托尔市 953；德贝郡戴尔斯 496；斯旺西 706；伍尔弗汉普顿 547。

表1　研究区域的特征

区域	国家	人口	特征
巴尼特	英格兰	357 500 (2011年)	外伦敦特区,单一地方政府。保守党控制议会(但有很强的工党代表性)
布里斯托尔	英格兰	437 500 (2013年)	大型自治市,单一地方政府,英格兰西南地区传统的行政中心,以"绿"城著名,当前由工党控制议会(但是最近也受自由民主党控制)
德贝郡戴尔斯	英格兰	71 100 (2011年)	低层级的议会(德贝郡议会下的区议会),主要是农村地区,大都处于旅游胜地,保守党牢固控制着议会
斯旺西	威尔士	239 000 (2011年)	自治市,有吸引游人的海岸线和内陆,单一地方政府,当前由工党控制(但是自由民主党最近领导着少数派政府)
伍尔弗汉普顿	英格兰	249 900 (2011年)	中西部地区集合城市中单一大都市特区议会,当前由工党控制,明显的制造业导向

由于以前的研究表明,合作生产活动在服务地域和议题上差异很大,因此本研究深度关注了以下主题:

- 地方环境改善
- 社区安全
- 社会福利
- 健康

主题由地方政府选择,以反映其当前政策的优先选项。有一个选择了三个主题(德贝郡戴尔斯区议会),大多数选择了两个主题(伦敦巴尼特特区、布里斯托尔市议会、伍尔弗汉普顿市议会),有一个只选择了一个主题(斯旺西市议会)。

五个区域之间的核心调查问题是一样的,但是这五个地方政府的调查问卷还是有一些变化,以反映不同的地方优先选项。调查的核心问题聚焦于受访者参与每一主题下一系列合作生产活动的水平。这些问题部分来自文献,部分来自作者的过往研究,部分来自各地方政府有关相关服务的讨论。还有一些题目用以探讨可能的驱动因素,这些在上面的方法部分已经列出,涵盖了与每个主题、公共绩效、公共参与措施、自我效能和个人特征相关的当地条件。

对于四个主题中的每一个主题,我们为每一位受访者构建了一个个体合作生产指标,在每一个主题中,我们计算受访者正向回答关于个体合作生产活动的题目的比例,使用集体合作生产指标来表示他们愿意与其他人一起加入群体,以期对各主题进行改进。

最后,该项目还包括探究干预策略的实验方法。干预策略可能影响公民和群体的集体合作生产行为。我们设计这一实验方法,就是要让研究者能够识别哪种影响策略对行为改变最有效(John et al.,2009;Stoker and Moseley,2010)。干预策略设计要与三个参与的地方区域有关(因为在五个区域中,有两个不希望检验干预策略),而且要能够适应那四个主题。本研究检验了这些干预策略对个体合作生产和集体合作生产活动反应的影响程度。我们运用了两种干预策略:第一种干预策略是在问卷中包含了一个简短的介绍,强调有很多其他当地人已经在参与类似的活动;第二种干预策略强调这种参与十分容易,不会占用很多时间。有些受访者接受两种干预策略,有些接受其中的一种,有些没有接受。

五、发现

这里我们报告本次调查分析的发现,除非专门说明,只关注显著的统计发现。

(一)个体合作生产的水平

个体合作生产的指标值(见表2)差别很大,从40%(巴尼特的福利)到68%(斯旺西的环境)。

表2　　个体合作生产和集体合作生产的水平

	个体合作生产指标(%)	集体合作生产——参与到群体(%)	愿意每月至少花费几个小时(%)
巴尼特			
社区安全	44	13	—
福利	40	13	—
布里斯托尔			
环境	67	90	44
社区安全	57	28	36
德贝郡戴尔斯			
环境	55	32	32
社区安全	49	30	27
健康	46	16	23
斯旺西			
环境	68	36	52
伍尔弗汉普顿			
环境	52	22	32
社区安全	44	25	34

在进行配对比较时,个体合作生产在环境方面要明显高于社区安全。健康和福利的合作生产水平在量表中是最低的,甚至低于社区安全。再看看地区,两个大都市地区(伍尔弗汉普顿和巴尼特)个体合作生产的水平显著低于自治性城市的布里斯托尔和斯旺西以及农村地区的德贝郡戴尔斯。

(二)集体合作生产的水平

这一指标再次呈现出很大差异,从低至13%(巴尼特的社区安全和福利)到高至90%(布里斯托尔的环境)。地区模式也再次出现,集体合作生产的水平在两个大都市地区显著低于自治性城市和农村地区。

然而,很明显,个体合作生产的水平在四个主题上都比集体合作生产的水平高很多,这正如我们所假设的。

唯一例外的是布里斯托尔的环境主题,90%的受访者说他们参与了集体合作生产,但是平均只有67%(当然,仍然很高)的人正向回答了个体合作生产活动。甚至更为突出的是,72%的受访者说他们"经常"参与到群组,剩余的18%的受访者说"有时"参与。布里斯托尔在英国确实具有显赫的"绿"城声誉,不仅指其公共政策,而且指其"绿色的"第三部门组织的数量和密度,尽管如此,这些数字仍出乎意料地高。

(三)在合作生产上花费时间的意愿

我们问受访者,准备花费多长时间与其他人一起参与各种合作生产活动(集体合作生产的一个方面)。受访者准备每月至少花费几个小时的比例差别很大(见表2),从低至23%(德贝郡戴尔斯,健康)到52%(斯旺西,环境)。在布里斯托尔,44%的受访者说,他们愿意在环境合作生产上每月至少花费几个小时,让人意外的是,其中72%的人报告,他们已经在环境议题上经常以群组方式合作。考虑到受访者已经表现出很高的参与水平,如果询问他们是否准备在这些活动上花费更多时间,也许能够解释这一问题。

在伦敦巴尼特案例中,对于社区安全和社会福利方面合作生产的时间花费,我们问了两个稍微不同的问题。第一个问题,"(关于这两个主题)……你当前花费大约多少时间?"只有8%的人说,他们在社区安全的合作生产活动中每月至少花费几个小时,但是,有58%的人对社会福利的合作生产活动这样回答。第二个问题,"(关于这两个主题)……你愿意多花费大约多少时间?"这里,一方面,20%的人回答,他们愿意在社区安全的合作生产中每月至少多花费几个小时,而其中8%的人每月已经花费了这样的时间。另一方面,只有43%的人回答,他们愿意在社会福利的合作生产中每月至少多花费几个小时,而其中58%的人每月已经花费了这样的时间。这表明在合作生产中可能存在一种“尖峰”现象——能够实现的只有一点儿,更多的需求无法实现;但是,如果能够实现得很多,那么对于这类活动的需求就会很少。然而,仍然值得注意的是,虽然巴尼特社会福利的合作生产活动水平很高,但是仍然有很强的更有作为的意愿。

(四)个体合作生产的相关因素

由表 3 中可以看出,在五个地方政府和几个主题之间,合作生产与其他变量之间有 10 个可能的关系集,每一个关系集我们都分别进行了分析(注意:在表 3 和表 4 中,统计相关的计算时并没有考虑那些对问题回答“不知道”的受访者)。

与个体合作生产指标关联最常见的显著变量是:

- 对“条件”水平(安全水平、环境、健康、福利)的满意度——10 个案例中有 7 个呈负相关(较差的当地条件意味着较高的个体合作生产水平),但是也有 2 个案例呈正相关。
- 对政府绩效的满意度——关于“对该议题中政府回应的满意度”,10 个案例中有 6 个呈负相关,但是也有 3 个呈正相关。
- 对政府互动的满意度——关于“对该议题中政府信息的满意度”,10 个案例中有 5 个呈正相关(但是也有 3 个呈负相关);关于“对该议题中咨询的满意度”,10 个案例中有 6 个呈正相关(但是也有 3 个呈负相关)。
- 对“自我效能”的满意度(人们能否在解决问题中做出改变?)——10 个案例中有 9 个呈高度正相关(但是也有 1 个呈负相关)。
- 社会人口变量——10 个案例中有 5 个在个体合作生产与年龄之间呈负相关,有 4 个案例呈现与性别显著关联,在 4 个案例的种族背景上有 3 个案例检测出显著负相关。

(五)集体合作生产的相关因素

由表 4 中可以看出,与集体合作生产关联最常见的显著变量是:

- 对“条件”水平(安全、环境、健康、福利)的态度——在所观察的条件水平中,10 个案例中有 6 个呈显著负相关。
- 对政府绩效的态度——关于“对该议题政府回应的满意度”,10 个案例中有 6 个呈正相关,3 个呈负相关。
- 对政府互动的态度——关于“对该议题中政府信息的满意度”,10 个案例中有 3 个呈正相关,有 5 个呈负相关;关于“对该议题中咨询的满意度”,10 个案例中有 4 个呈正相关,4 个呈负相关。
- 对“自我效能”的态度(人们能否在解决问题中做出改变?)——10 个案例中有 8 个呈高度正相关。

表 3　个体合产的相关因素

	巴尼特社区安全	巴尼特福利	布里斯托尔环境	布里斯托尔社区安全	德贝郡戴尔斯环境	德贝郡戴尔斯社区安全	德贝郡戴尔斯健康	斯旺西环境	伍尔弗汉普顿环境	伍尔弗汉普顿社区安全
条件	0.162**	—	−0.062	−0.082*	0.030	−0.059	−0.020	−0.098**	−0.042	−0.059
对公共服务反应的满意度	犯罪：0.16** 反社会行为：0.168**	—	−0.060	−0.020	−0.016*	0.021	0.019	−0.046	−0.079	−0.193**
对信息的满意度	犯罪 0.029 反社会行为 0.061	—	0.032	0.117**	0.012	0.138**	自身健康 0.090 他人健康 0.138**	−0.064	−0.081	−0.251**
对咨询的满意度	犯罪：0.054 反社会行为：0.066	—	0.020	0.107**	0.184**	0.246**	自身健康 0.163** 他人健康 0.201**	−0.089*	−0.096*	−0.156**
公民能够改变?	犯罪：0.168** 反社会行为：0.139**	普通公民：0.044 需要帮助的人：0.093 公共机关：0.068	0.144**	0.134**	0.176**	0.105*	自身健康 0.115*	0.045	−0.108*	0.025
性别	−0.050	−0.067	—	—	−0.087	−0.124**	−0.003	—	0.021	0.1*
年龄	0.025	0.046	—	—	−0.175**	−0.051	−0.096*	—	−0.33**	−0.24**
种族	−0.041	−0.044	—	—	—	—		—	0.061	−0.013

注：** 统计在 1%水平上显著；* 统计在 5%水平上显著。

表 4 集体合产的相关因素

	巴尼特社区安全	巴尼特福利	布里斯托尔环境	布里斯托尔社区安全	德贝郡戴尔斯环境	德贝郡戴尔斯社区安全	德贝郡戴尔斯健康	斯旺西环境	伍尔弗汉普顿环境	伍尔弗汉普顿社区安全
条件	—0.130	—	—0.10**	0.004	0.060	—0.064	0.052	—0.056**	—0.195**	—0.65
对公共服务反应的满意度	犯罪:—0.044 反社会行为:—0.052	—	0.121**	犯罪和反社会行为:0.014	0.034	0.178*	0.173*	0.037	—0.171**	—0.185**
对信息的满意度	犯罪:—0.065 反社会行为:—0.006	—	—0.072	0.108***	0.061	0.296**	自身健康:0.028 他人健康:0.031	—0.048	—0.118	—0.091
对咨询的满意度	犯罪:—0.010 反社会行为:0.032	—	0.008	0.138**	0.090	0.300**	自身健康 0.058 他人健康:0.046	—0.073	—0.027*	—0.040*
公民能够改变	犯罪:0.348** 反社会行为:0.327**	普通公民:—0.065 公共机关 0.114*	0.220*	0.263**	0.30	0.768**	自身健康:—0.007 他人健康:—0.058*	0.227**	0.112*	0.292**
性别	—0.056	—0.087	—	—	0.009	0.038	—0.005	—	—0.091**	—0.011
年龄	0.079	0.250**	—	—	0.035	0.076	—0.061	—	0.00	—0.250**
种族	—0.106	—0.032	—	—	—	—	—	—	0.086	0.29

注:** 统计在 1%水平上显著;* 统计在 5%水平上显著。

• 社会人口变量——10个案例中有5个在个体合作生产与高龄之间呈正相关,2个呈负相关,只有2个案例与性别呈正相关,在4个案例的种族背景上我们检测出2个呈正相关,2个呈负相关。

(六)干预策略的效应

通过五个区域中的三个,我们检测到干预策略影响受访者对合作生产的反应程度。经过三个地方政府的事先同意,我们提出了两种干预策略,其表述与当地情境相关。这两种干预策略是:

• 干预策略A:让受访者意识到,相关主题(社区安全、当地环境改善、社会福利)合作生产活动的成功有赖于邻里的个体或群体。

• 干预策略B:让受访者意识到,在相关主题的合作生产活动中,个体(单独行动或以群体方式)一般平均花费多少时间。

这一程序意味着将受访者划分为四组,即接受干预策略A和B、只接受干预策略A、只接受干预策略B、不接受干预策略。接受问卷调查的受访者随机分配到这四个组中。这种设计就是要让研究者识别哪类干预策略在改变集体合作生产的行为上是最可能有成本效益的。

然而,实际上,只有某些干预策略与合作生产水平有统计上的显著关联。见表5,在布里斯托尔,干预策略A在当地环境改善上与个体合作生产和集体合作生产都呈现显著正相关,在社区安全上与个体合作生产的关联要弱很多。在巴尼特,干预策略A在犯罪和反社会行为上只与集体合作生产显著正相关,当两种干预策略同时呈现时,它们在犯罪和反社会行为上与集体合作生产显著正相关(虽然在犯罪情境下关联很弱,但是对于反社会行为,也可能部分源自干预策略B的微弱正效应)。在其他案例中,包括伍尔弗汉普顿的各案例,干预策略与合作生产水平之间没有显著关联。在总共36个案例中,统计显示有8个案例的干预策略显著,其中有6个与集体合作生产相关,这很有趣,但是不能视为结论。

表5　干预策略与合作生产水平的关联(回归系数)

地方政府	主题		个体合作生产	集体合作生产
巴尼特	犯罪	干预策略A	2.7	6.4***
		干预策略B	2.7	4.3
		两种干预策略	2.7	5.6*
	反社会行为	干预策略A	2.1	7.6**
		干预策略B	1.7	5.5*
		两种干预策略	3.1	6.7**

续表

地方政府	主题		个体合作生产	集体合作生产
布里斯托尔	环境	干预策略 A	2.9***	4.0**
		干预策略 B	0.3	−0.6
		两种干预策略	1.1	1.3
	社区安全	干预策略 A	1.2*	3.2
		干预策略 B	0.1	−0.6
		两种干预策略	0.2	−0.2
伍尔弗汉普顿	环境	干预策略 A	−3.4	3.1
		干预策略 B	−3.5	2.4
		两种干预策略	0.3	−1.9
	社区安全	干预策略 A	0.4	−2.6
		干预策略 B	−1.8	−3.6
		两种干预策略	2.5	1.0

注:*** 统计在1%水平上显著;** 统计在5%水平上显著;* 统计在10%水平上显著。

因此,总体看来,我们基于信息的干预策略在改变合作生产效应上能力很弱,虽然鼓励集体合作生产的效应可能高于鼓励个体合作生产的效应。干预策略在促使公民从不参与到参与证明是有效的(John et al.,2011),但是从我们的证据来看,似乎需要稍微强一些的、更为持久的干预策略,才能达到稳定的效应。我们试用的干预策略是适度的,成本很低。干预策略作为一项单独的措施,能够成功的希望似乎有限,但是我们的证据确实表明,干预策略仍然是政策制定者在制定合作生产政策时应该考虑的一个可能"增项",特别是对于更具集体特征的合作生产政策。

六、结论与政策建议

本研究证明个体合作生产和集体合作生产具有相当不同的特征和相关因素,证实我们以前国际研究的发现(Bovaird et al.,2015;Parrado et al.,2013),强调需要根据政策目的对二者进行区分。

个体合作生产总体上比集体合作生产容易,因此个体合作生产明显高于集体合作生产也就不足为奇了。然而,这里揭示的个体合作生产与集体合作生产之间的差距表明,公共服务的一项重要任务将是实现前文提到的集体合作生产的独特效益。

本研究一个非常明确的经验是,当受访者强烈意识到人们能够做出改变(政治上的自我效能)时,无论是个体合作生产还是集体合作生产都倾向于更高,这证实了我们的国际调查所获得的最明显的结果(Parrado et al.,2013)。自我效能概念是公民行为的一个重要决定因素,无论是在个人环境还是政治环境中(Bandura,2001;Gist and Mitchell,1992;Madsen,1987;van Beuningen et al.,2011),但是在公民积极参与公民事务的意愿形成中,自我效能可能被低估为一个潜在的中间变量。

当受访者对公共部门在某一议题上的咨询相对满意时,他们也更有可能报告高水平的个体合作生产和集体合作生产。在更高的合作生产与所提供信息的满意度之间关联比较松散——相对于个体合作生产,这在集体合作生产中更为常见。因此,在这两种情况下,公共机关有潜力影响合作生产的水平,方式是改进咨询和信息过程,确保其真正有效,而不是仅仅做表面文章。

虽然,我们在以前的国际调查中提出,当人们感到条件(如环境状态、犯罪等)不佳、对政府的回应不满意时(Parrado et al.,2013),合作生产更有可能出现,但是这一模式在英国的这些结果中并不明显,尽管这一模式在不佳环境和集体合作生产中证据很弱。但考虑到我们的国际调查提出与其他四个被调查的国家相比,英国的合作生产(特别是个体合作生产)水平特别高,这可能是,在英国合作生产已经高于某一水平,而这一水平正是人们对不佳条件或不满意政府回应的关注而对合作生产的影响水平。

受访者的年龄与个体合作生产倾向于负关联,但是与集体合作生产并不倾向于负关联。这一差别对不同的政策目的来说可能是重要的,表明随着人们逐渐变老,越来越不可能寻求(因此也不应该提供)更为个体的合作生产方法。令人感兴趣的是,这些关于年龄变量的发现与很多"自愿行动"的文献很不一致,后者认为"自愿行动"随着年龄显著增长,而且这些发现与我们以前关于五个欧盟国家的研究也不一致(Parrado et al.,2013),所以我们将在这类研究中继续揭示年龄与其他变量之间的关系。

个体合作生产和集体合作生产的水平并没有随着性别和种族背景等社会经济变量而发生很大变化,这一事实表明,政策制定者关于可以吸引何种类型的人合作生产公共服务和产品的假设通常是错误的。这方面的刻板定式可能具有误导性,因为合作生产与最积极的合作生产者特征之间根本不存在明显的关联模式。用公共政策术语来讲,这既是好消息,也是坏消息:好消息,因为这意味着整个人口与合作生产活动有潜在的关联;坏消息,因为这意味着难以指导如何开展促进活动来吸引更多的合作生产者。

虽然上文确定合作生产的相关因素之间是简单的统计关联,在没有进一步研究前不能称之为“驱动因素”或“原因”,但是这对政策制定来说仍然是有价值的,因为人们认识到它们通常是一起出现的。这意味着制定政策时,应该将它们当作是一个“组合”,而不是完全独立的变量。这表明,一项成功的合作生产策略需要公共服务提供相关的信息和咨询,并且让使用者和社区相信,人们能够做出改变。

七、对未来研究的建议

基于这些结果,我们认为,深入探讨合作生产与其相关者之间的因果关系很有价值。例如,集体合作生产与自我效能间的高度正关联并不必然意味着自我效能驱动着合作生产,政策应聚焦于提高公民对自我效能的感知。加入集体合作生产可以带来正向体验,从而使公民对自我效能产生更加积极的情感,这是具有显著不同的政策含义的。而且,本研究统计发现的许多显著关系与从文献得出的假设是一致的,这在全部案例中并非如此。所以,需要进行更多的定性研究以证实隐藏在因果关系背后的方向。例如,与年龄(可能是非线性关系)和性别(可能有一个显著起作用的干涉变量)的关系。

另外,未来的统计分析应该检验关键变量的阈值——例如条件、政府绩效、政府咨询或信息提供——这很重要,但本研究未做探讨。

未来研究还要深入探讨“自我效能”的元素,特别是通过区分“我相信人们能够做出改变”(政治上的自我效能,本研究对其进行了检验)与“我相信我能够做出改变”(个体自我效能)的概念。也许人们在具有强烈的个体自我效能之前必须具有一定水平政治上的自我效能。

未来研究还可以针对公共服务员工的反应,特别是一线员工、主管和高级管理者对他们意识到的合作生产水平,以及在其服务领域中合作生产发展的各种障碍的反应。我们对国际调查(Loeffler et al.,2008)进行的定性研究表明,公共服务员工通常会低估个体合作生产和集体合作生产的水平,而这本身也成为全面、系统地利用每个公共服务中合作生产机会的障碍。

未来研究还可以探讨,在特定的合作生产活动中,公共服务员工和公民对参与公民的数量及其在合作生产活动中所付出的不同努力的感知程度。

未来探讨集体合作生产者的动机也很有价值——本研究并没有区分集体合作生产者的两类行为:一类行为主要由自利驱动,另一类行为追求更多的集体利益。

最后,干预策略只在少数例子中显著(18 个集体合作生产可能案例中只有 6 例),这一事实可能表示集体合作生产存在深层次驱动因素,简单地对受访者的反应进行正向引导并不能轻易地对抗这些驱动因素(当然,即使受访者的反应受到干预策略的影响,跟踪观察其如何影响实际行为也很有价值)。不过,它可能仅仅是干预策略的力量不够强大以致不能产生稳定的效应。将来再进行这项研究,我们会试验一系列的干预策略,延展应用至对受访者预期反应的强烈暗示。

致谢

笔者感谢人文艺术研究协会联合社区研究项目的支持,这是本论文项目研究的基础。还要感谢 2013 年 5 月荷兰海牙国际行政管理学会公共部门合作生产学习组讨论会和 2013 年 6 月美国麦迪逊第 11 届公共管理研究会的与会者对论文原稿提出的宝贵评论和建议。

作者简介

托尼·博维尔德(Tony Bovaird),伯明翰大学地方政府研究所和第三部门研究中心公共管理与政策专业教授,研究领域包括:公共服务策略、绩效管理、基于结果的任命,以及使用者和社区合作生产公共服务。他是治理国际的主任。

格里·斯托克(Gerry Stoker),南安普顿大学治理学教授,公民、全球化与治理中心主任。研究领域包括:治理、民主政治、地方和区域治理、城市政治、公共参与以及公共服务改革。他是新地方治理网络的首任主席。

特里西亚·琼斯(Tricia Jones),伯明翰大学社会科学学院副研究员。研究领域包括:社区参与结构和过程、授权参与策略、跨部门合作以及网络动态,特别关注政策影响力。

艾尔克·莱夫勒(Elke Loeffler),治理国际执行官。研究领域包括:公共服务改善、公共服务合作生产(公众参与公共服务的委托、设计、交付和评价)、质量与绩效管理、结果评估、开放政府以及地方治理。

莫妮卡·皮尼利亚·罗开西欧(Monica Pinilla Roncancio),伯明翰大学社会科学学院研究人员。她正在伯明翰大学攻读博士学位,研究方向是拉美国家的能力不足与贫穷。

参考文献

Alford J (2002) Why do public-sector clients co-produce? Toward a contingency theory. *Administration & Society* 34(1): 32–56.

Alford J (2009) *Engaging Public Sector Clients: From Service Delivery to Co-production*. London: Palgrave.

Bandura A (2001) Social cognitive theory: An agentic perspective. *Annual Review of Psychology* 52: 1–26.

Barnes M (2009) Authoritative consumers or experts by experience? User groups in health and social care. In: Simmons R, Powell M and Greener I (eds) *The Consumer in Public Services: Choice, Values and Difference*. Bristol: Policy Press, pp. 219–234.

Bovaird T (2007) Beyond engagement and participation: User and community coproduction of public services. *Public Administration Review* 67(5): 846–860.

Bovaird T and Loeffler E (2012) From engagement to co-production: How users and communities contribute to public services. In: Pestoff V, Brandsen T and Verschuere B (eds) *New Public Governance, the Third Sector and Co-production*. New York: Routledge, pp. 35–60.

Bovaird T, van Ryzin G, Loeffler E and Parrado S (2015) Activating citizens to participate in collective co-production of public services. *Journal of Social Policy* 44(1): 1–23.

Brudney JL (1983) The evaluation of coproductive programs. *Policy Studies Journal* 12(2): 376–385.

Brudney JL and England RE (1983) Toward a definition of the coproduction concept. *Public Administration Review* 43: 59–65.

Durose C, Beebeejaun Y, Rees J, Richardson J and Richardson L (2013) *Towards Co-production in Research with Communities*. London: AHRC Connecting Communities.

Fox J (1997) How does civil society thicken? The political construction of social capital in rural Mexico. In: Evans P (ed.) *State–Society Synergy: Government and Social Capital in Development*. Berkeley: University of California in Berkeley, ch. 3.

Gist ME and Mitchell TR (1992) Self-efficacy: A theoretical analysis of its determinants and malleability. *Academy of Management Review* 17: 183–211.

John P, Smith G and Stoker G (2009) Nudge nudge, think think: Two strategies for changing civic behaviour. *Political Quarterly* 80(3): 361–370.

John P, Cotterill S, Moseley A, Richardson L, Smith G, Stoker G, et al. (2011) *Nudge, Nudge, Think, Think: Experimenting with Ways to Change Civic Behaviour*. London: Bloomsbury Academic.

Jones T (2013) Community capital and the role of the state: An empowering approach to personalisation. *People, Place and Policy* 7(3): 153–167.

Joshi A and Moore M (2004) Institutionalised co-production: Unorthodox public service delivery in challenging environments. *Journal of Development Studies* 40(4): 31–49.

Loeffler E, Parrado S, Bovaird T and Van Ryzin G (2008) *'If You Want to Go Fast, Walk Alone: If You Want to Go Far, Walk Together': Citizens and the Co-production of Public Services*. Paris: French Ministry of the Treasury, Public Accounts and Civil Service, on behalf of the Presidency of the EU.

Loeffler E, Taylor-Gooby D, Bovaird T, Hine-Hughes F and Wilkes L (2012) *Making Health and Social Care Personal and Local: From Mass Production to Co-Production*. Birmingham: Governance International.

Madsen D (1987) Political self-efficacy tested. *American Political Science Review* 81(2): 571–582.

Needham C and Carr S (2009) *Co-production: An Emerging Evidence Base for Adult Social Care Transformation*. London: SCIE.

Normann R (1984) *Service Management*. Chichester: Wiley.

Osborne SP, Radnor Z and Nasi G (2013) A new theory for public service management? Toward a (public) service-dominant approach. *American Review of Public Administration* 43: 135–158.

Ostrom E (1996) Crossing the great divide: Coproduction, synergy, and development. *World Development* 24(6): 1073–1087.

Ostrom V and Ostrom E (1977) Public goods and public choices. In: Savas, ES (ed.) *Alternatives for Delivering Public Services: Toward Improved Performance*. Boulder, CO: Westview Press, 7–49.

Parks RB, Baker PC, Kiser LL, Oakerson R, Ostrom E, Ostrom V, Percy SL, Vandivort MB, Whitaker GP and Wilson R (1981) Consumers as coproducers of public services: Some economic and institutional considerations. *Policy Studies Journal* 9: 1001–1011.

Parrado S, van Ryzin G, Bovaird T and Loeffler E (2013) Correlates of co-production: Evidence from a five-nation survey of citizens. *International Public Management Journal* 16(1): 1–28.

Pestoff V (2012) Co-production and third sector social services in Europe: Some crucial conceptual issues. In: Pestoff V, Brandsen T and Verschuere B (eds) *New Public Governance, the Third Sector and Co-production*. London: Routledge, pp. 13–34.

Pestoff V, Brandsen T and Verschuere B (eds) (2012) *New Public Governance, the Third Sector and Co-production*. London: Routledge.

Ramírez R (1999) Value co-production: Intellectual origins and implications for practice and research. *Strategic Management Journal* 20(1): 49–65.

Ryan-Collins J, Stephens L, Coote A and Murphy M (2008) *The New Wealth of Time: How Timebanking Helps People Build Better Public Services*. London: New Economics Foundation.

Sharp E (1980) Towards a new understanding of urban services and citizen participation: The co-production concept. *Midwest Review of Public Administration* 14: 105–118.

Stoker G and Moseley A (2010) *Motivation, Behaviour and the Microfoundations of Public Services*. London: 2020 Public Services Trust.

van Beuningen J, de Ruyter K and Wetzels M (2011) The power of self-efficacy change during service provision: Making your customers feel better about themselves pays off. *Journal of Service Research* 14(1): 108–125.

Whitaker G (1980) Co-production: citizen participation in service delivery. *Public Administration Review* 40: 240–246.

Zeleny M (1978) *Towards Self-service Society*. New York: Columbia University Press.

Activating collective co-production of public services: influencing citizens to participate in complex governance mechanisms in the UK

Tony Bovaird
INLOGOV and TSRC, University of Birmingham

Gerry Stoker
University of Southampton and University of Canberra

Tricia Jones
University of Birmingham

Elke Loeffler
Governance International

Monica Pinilla Roncancio
University of Birmingham

Abstract

Previous research has suggested that citizen co-production of public services is more likely when the actions involved are easy and can be carried out individually rather than in groups. This article explores whether this holds in local areas of England and Wales. It asks which people are most likely to engage in individual and collective co-production and how people can be influenced to extend their co-production efforts by participating in more collective activities. Data were collected in five areas, using citizen panels organized by local authorities. The findings demonstrate that individual and collective co-production have rather different characteristics and correlates and highlight the importance of distinguishing between them for policy purposes. In particular, collective co-production is likely to be high in relation to any given issue when citizens have a strong sense that people can make a difference ('political self-efficacy'). 'Nudges' to encourage increased co-production had only a weak effect.

Points for practitioners

Much of the potential pay-off from co-production is likely to arise from group-based activities, so activating citizens to move from individual to collective co-production may be an important issue for policy. This article shows that there is major scope for activating more collective co-production, since the level of collective co-production in which people engage is not strongly predicted by their background and can be influenced by public policy variables. 'Nudges' may help to encourage more collective co-production but they may need to be quite strong to succeed.

Keywords
citizen activation, community co-production, co-production correlates, individual co-production, influence strategies, nudge

国际行政科学评论

再就业促进服务合作生产的动因:动机和信任的必要性——一项对荷兰某市再就业促进项目中选择偏倚的调查

约斯特・弗雷德里斯[①]　　马利斯・霍宁
Joost Fledderus　　Marlies Honingh

翻译:张　敏　　审校:陈叶盛　崔　玲

【摘　要】 针对求职者再就业的促进服务经常遭受"择优(creaming)"的困扰,即只将那些最优秀的人员遴选出来,重新送入劳动力市场。诸如合作生产这样的新服务提供方式应该可以较少受制于选择机制。为了分析再就业促进服务合作生产项目是否存在选择偏倚,我们将一项地方再就业促进服务合作生产项目的参与者($n=60$)与非参与者($n=18$)进行了比较。参与者总体上更有积极性,并且其一般性的信任感、对市政府的信任感以及对人际关系的信任感都表现出了较高水平。而且,高水平的一般性动机与高水平的信任感和控制感相关。这表明,在再就业促进服务合作生产项目中的确存在选择偏倚。因此,合作生产在处理择优方面是否比常见的服务提供形式更加成功,仍然是不确定的。

① 通信作者:
Joost Fledderus, Institute for Management Research, Radboud University Nijmegen, P0 Box 9108, Nijmegen6500HK, The Netherlands.
E-mail: j. fledderus@fm. ru. nl

对实践工作者的启示

公共服务的提供,例如在就业促进政策领域,日益需要服务对象承担更多责任和付出更大努力。本研究课题表明,这样的要求引发对服务对象的选择问题。从事服务合作生产的专业人员应该清楚,当他们选择客户时,他们可能会遗漏那些弱势的群体。特别是,当内在动机成为重要的选择标准时,那些具有较低信任和控制水平的人将被排除在外。结果是,看起来具有包容性的战略实际上可能会导致排斥。

【关键词】 就业促进;合作生产;动机;控制感;选择偏倚;信任感

一、引言

现今公共服务的使用者受邀积极参与公共服务的提供。合作生产这一概念强调伙伴关系以及合作,并且被认为是在提升公共服务质量、增加服务满意度和公众信任感方面具有发展前景的概念(Verschuere et al.,2012)。人们通常认为合作生产至少可以解决与“传统”公共管理和新公共管理相关的部分问题——在“传统”公共管理中客户是被动的,且忠诚于服务提供者;在新公共管理(NPM)中客户是市场化的消费者,理想的情况下有能力在提供者间进行选择,但是并不主动参与服务的提供(Fledderus et al.,2014a;Torfing and Triantafillou,2013)。

在提供旨在使福利救济受益人重返劳动力市场的就业促进政策过程中,情况也是如此,其中新兴的“新公共治理”框架,“其特征是服务提供者范围广泛、服务提供过程多样化并且更加强调与终端用户合作来共同提供服务”(Lindsay et al.,2014: 4)。尽管如此,最近几十年来,欧洲许多国家就业促进服务的提供却受到了新公共管理运动(NPM)的启发。这些服务的私人提供者之间存在竞争,带来的问题之一就是“择优”,即为了确保高成功率而选择那些已经具备良好资质的人(Bruttel,2005: 401-402)。问题是:就业促进服务通过合作生产就可以避免选择的问题吗?

两种类型的选择可能会出现。择优是组织选择的一种形式,它可能不仅由竞争所激发,还可能受绩效管理的影响。第二种类型的选择与求职者的作用有关。一些福利救济接受者由于各种原因不想或不能进入就业促进计划,因此会试图避免参与。例如,对公共机构的低信任感、缺乏自尊,以往令人失望的服务经历或者较差的(精神)健康状况,都可能是人们参与服务提供的障碍。

就业促进项目可谓是合作生产的一个有趣案例,因为这些项目通常必然包括一个强制性要素,然而,合作生产通常被看作是一种自愿的行为(Brudney and England,1983)。通过(威胁)动用处罚,客户被迫进行合作并参与具体的活动。如果使用处罚手段,那些没有受到激励、缺乏自尊心或者信任感不高的人都可能被触动。这导致了一个附带的问题:强制力的运用对就业促进项目中(可能的)选择偏倚有影响吗?

荷兰奈梅亨市政部门最近采取的就业促进政策将被用作我们的研究案例。这一政策允许组织,即所谓的“就业公司(work corporations)”,向社会救助接受者提供就业学习(work-learning)项目。它们可以被看作是一种特殊类型的“社会就业整合企业”(Davister et al.,2004)。在下一部分里,我们将首先简要介绍就业促进服务与合作生产。其次,解释自我选择与组织选择。再次,描述本文的案例、方法和样本。最后,相应地给出调查研究的结果和本文研究发现的启示。

二、政策背景

就业促进服务是希望促进“那些依赖失业保险金或社会救助的人们(或多或少强制性地)参与再就业”(Van Berkel and Borghi,2008: 332)。就业促进项目有助于最大限度地抑制失业导致的边缘化效应——诸如社会联系、幸福感、活力、控制感以及信任感等的减少与降低(Andersen,2008;Fryer,1997;McKee-Ryan et al.,2005)。在就业促进政策领域,跨部门合作、第三部门参与以及社会创新的空间越来越大(Van Berkel and De Graaf,2011)。各市政府与非营利和/或志愿者组织进行合作更加普遍,其他国家如英国(Lindsay et al.,2008)和丹麦(Lindsay and McQuaid,2009)也出现了这种趋势。人们认为这些合作伙伴关系不那么关注竞争,而是强调服务使用者作为合作生产者的作用。

首先要澄清我们对就业促进合作生产提供的定义。对合作生产至少有两种解释(Porter,2012)。第一种是那些缺少了用户某种程度的参与就无法有效提供的服务。教育和就业促进服务是这种内在需要、无法逃避合作提供的例子(Alford,2009)。在第二种解释中,增加使用者的投入可以提升公共服务的质量和数量。本文中,我们承认合作生产的第一种解释,但我们将运用第二种解释来界定。尽管就业促进项目没有使用者的参与将永远无法运转,但提供这样的服务却有诸多方式。根据我们的观点,当使用者积极地参与就业促进服务的提供时才会有合作生产。在社会就业整合企业(WISEs)中,这种积极参与是必要的,因为使用者必须通过富有成效的活动为其自身的再就业买单。他们通过这些活动来创造收入,这些收入又被用来提供就业促进服务。在这个意义上，使用者成为其自身服务的合作生产者。

一方面是非营利组织的参与；另一方面是就业促进服务提供过程中使用者作为合作生产者的参与，二者都与民主化和社会包容有关，研究者经常将它们与市场化的解决措施进行对比（Pestoff，2009）。尽管如此，问题是使用者参与合作生产的就业促进项目是否确实能够实现更好的社会包容。两种选择机制可能依旧存在：自我选择和组织选择。下文将介绍解释这些机制所必需的概念。

三、理论背景

（一）自我选择

不是每个人都渴望参加就业促进项目——特别当他们需要付出巨大努力和辛苦时，或者当使用者被认为是合作生产者时也可能出现这种情况。明确限制一个人参与的情况是存在的，例如当某人的健康状况不佳或当有生病的孩子需要照顾时。这些因素与人们的能力和资源有关。尽管如此，也存在决定参与与否的其他因素，例如动机、信任感以及控制感（包括自尊、自我效能感以及内部控制），下面将进行具体介绍。

（二）动机

服务合作生产的动机可以是外生的也可以是内生的。如果动机是基于来自第三方的物质奖励或惩罚（如削减救济金）的预期，那么这就是外生动机。内生动机是指人们认识到参与某项活动因为他或她发现活动本身有趣、值得做并且喜欢做（Deci，1972）。

除内生动机和外生动机之外，社会性可能也是参与的动机。社会性是指与他人交往的意愿，“即使人们在钱财上有损失也会去出力，因为他们享受到他人的陪伴、友情和尊重”（Alford，2009：27）。特别是对于失业者，建立社会联系可能是一种重要的驱动力。最后，人们可能出于规范性的考虑而参与，这种因素可能也会与自身物质利益有冲突。阿尔福特（Alford，2009）提到了一个富人出于公平感而支持累进税的例子。同理，当人们接受福利救济金时，他们可能会觉得，做些事情对这种津贴给予回报是恰当的。

鉴于外生动机经常存在于较为简单、交互型的服务中，更加复杂或关系型的服务则需要内生动机。由于再就业促进服务合作生产项目包含着旷日持久且要求较高的活动，因此选择很可能会发生在救济金领取者这一方。仅受奖励（或处罚）激励，而不受找到新工作的渴望激励的那些人，不可能像渴望就业的人那样乐于参与这些项目。

(三)信任感和控制感

信任感被认为是合作的关键条件之一(Yamagishi and Cook,1993)。与具有高度信任感的个体相比,对(地方)政府和/或服务提供方信任感低的人,不太可能相信再就业促进项目的好处。这与对外部效能的认知有关:"这项服务能够帮助我吗?"(Calzada and del Pino,2008)此外,当项目涉及与一群参与者一起工作时,对同伴公民的信任感(普遍信任)可能也是一个重要的前提。

进一步讲,对生活的控制感将增加个体参与的可能性。对自身满意(自尊)、认为自己的行为(如参加再就业促进项目)会有积极的结果(自我效能感),以及认为再就业是努力付出而不是运气的结果(内部控制感)都有助于提升控制感(Skinner,1995)。对成功的预期极大地决定着参与某项特定活动的可能性(Feather,1992)。因此,感觉不能改变其处境的人们将不太愿意去找工作,并且也不会表现出什么找工作的行动(Taris,2002)。或者换句话说:因为具有高度控制感的人们倾向于选择富有挑战性的任务(Bandura,1989),他们更可能参与再就业促进项目。

因此,再就业促进项目可能会因自我选择受到损害。尽管如此,可以想到的是,组织选择也在发挥作用。

(四)组织选择

择优是指选择最具资质的候选者参与以增加项目成功率的做法(Van Berkel,2010:30)。这包括根据所谓的"硬性"特征进行选择,例如教育背景、语言熟练度以及工作经验,但也可能包括"软性"特征,例如社会技能、外貌以及动机。人们普遍认为择优具有风险,尤其当服务外包给私人公司时(Van Berkel and Van der Aa,2005)。隐含着这种现象的过程可以被描述为市场分割。公司会辨别潜在客户的主要人口学和消费心理特征,并根据客户细分情况进行区别对待(Fountain,2001:13)。人们相信如果存在强大的问责措施则会激起择优。再就业促进服务资源方面有效率的支出,日益通过运用绩效目标进行管理(Van Berkel,2010)。因此,再就业促进服务经常根据其增加劳动力市场参与的能力进行评估。效能缺失将导致在投标中处于劣势地位。因此,为了减少不确定性,组织将努力影响其客户的构成。市场分割以及对产出的关注导致了帮助那些最易于服务的客户倾向,进而又导致了选择那些不仅能力和资源较好,而且动机、信任感以及控制感等"软性"特征都具备的个体。

有学者提出,社会网络治理(network governance)将缓解择优的问题(Van Berkel,2010:30)。这一假设似乎与提供再就业促进服务的非营利组织的包容性有关。人们预计这些组织较少专注于个人主义行为、竞争以及产出等方面,而更多关注个人的发展以及促进社会整合的整体措施(Lindsay et al.,2014)。尽管如此,人们忽视了社会网络治理通常对服务对象的要求更高。组织越是依赖其客户的努力——这很难控制——动机就越是重要。此外,在当前实践中,绩效指标以及目标已被广泛应用于监控地方服务提供者的产出——不仅限于市场化的领域(Van Berkel,2010)。结果是,在社会网络治理中也可能会出现选择。

尽管如此,强制性措施似乎可以抵消择优。再就业促进项目经常包含强制性因素(Dingeldey,2007)。使用强制手段意味着每个人都应该尽力做到时刻准备就业,并且几乎少有(或没有)借口可言。不参与工作第一项目或者再就业学习活动的人们,就可以被认为是"不愿意工作",因此就无权享受救济金。(威胁)惩罚的运用有几种理由。当工作负荷高时它可以发挥把关功能(Lipsky,1980)。惩罚也可能用于使客户遵守规则并进行合作以及"控制"客户的动机(Thoren,2005)。通过这种方式,使用强制性义务实际上可能有助于触及那些几乎没有动机、信任感和控制感较低的人。因此,惩罚的威胁和/或因为有人告诉你这样做而受到激励与一般性动机、信任感以及控制感之间存在联系。

总的来说,自我选择和组织选择在合作提供服务中都潜在地发挥作用。结果,再就业促进项目的参与者可能是那些有足够能力和资源、已经受到高度激励,以及具有较高水平信任感和控制感的公民。通过强制可以使那些未被激励、信任感和控制感水平较低的人参与进来。

图 1 列出了四个可能与组织和自我选择有关的变量。为了对模型开展研究,我们以一个荷兰城市的某个具体再就业促进项目作为案例,它适合于对四个概念中的选择偏倚进行分析,也能说明外部动机、一般动机、信任感以及控制感之间的关系。

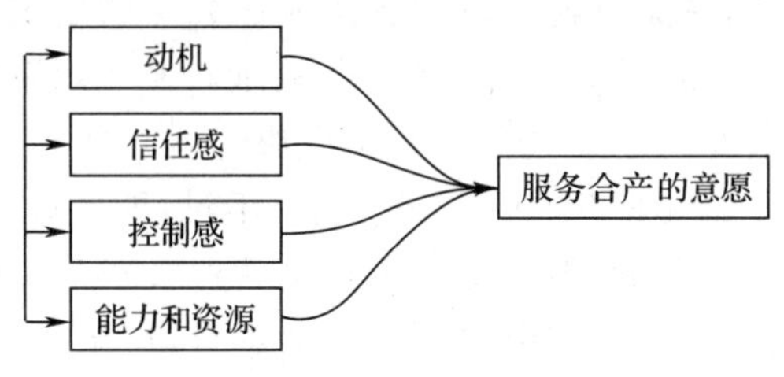

图 1 选择机制

四、案例:就业公司

2011 年夏天,几家就业公司在荷兰的一个中等城市奈梅亨市开始营业(Fledderus et al.,2014b)。这些就业公司的目标是为社会救济领取者提供工作机会、就业指导以及教育,使远离劳动力市场的他们再就业。把这些就业公司看作是一种特殊类型的社会就业整合企业(WISEs)是再恰当不过了(Davister et al.,2004)。戴维斯特(Davister,2004:3)将社会就业整合企业界定为“自主性经济实体,其主要目标是帮助那些在劳动力市场遭受严重困难的人们在社会就业整合企业内部或主流企业中进行职业整合。这种整合或是通过富有成效的活动和有针对性的后续服务来完成,或是通过培训使其成为合格劳动者来实现”。在全欧洲,已有50多种类型的社会就业整合企业得到认定(Nyssens,2014)。这些企业不仅在参与者的整合方式上有所差异,在财务结构、资源以及目标上也存在不同。就业公司的资产是什么呢?

就业公司完全由受益人在监督下进行经营,通常有专业人士的支持。参与者获得的收入直接投资于就业公司的组织成本。因此我们可以说,一个再就业促进服务合作生产项目如果没有参与者的努力,就业公司就不能存在。

就业公司有着清晰的目标:它们应该以个人的发展为目标;提供的服务或产品应该有社会意义(这可以有广泛的理解);并且一家就业公司从长远来看应该能够自给自足。该项目的主要目标是最多在两年内能够找到一份有收入的工作。

奈梅亨市市政府负责招募参与者,即决定哪些人有资格参与。它也为该再就业项目提供便利并监测其产出目标(客户流出情况)。就业公司的职能包括:承担甄选参与者的最终责任(他们可以任何理由拒绝参与者);为参与者创建个人再就业项目或发展计划;在发展过程中指导参与者;提供教育/培训。

受益人可以通过几种方式进入就业公司。他们可以在有或没有工作指导员的帮助下自愿申请补缺空位。尽管如此,大多数人还是响应号召参加所谓的就业市场,在那里他们看到各家就业公司的展位,随后得填表申请参加其中某家公司的面试。如果不参加就业市场,救济金领取者就会面临处罚威胁。这些处罚是否会真正实施取决于客户的工作指导员。确实有客户因为没有参加就业市场而受到惩罚。不过,即使救济金领取者参加了就业市场并提出了申请,他们也有权拒绝就业公司的工作而不受处罚。尽管如此,这不是奈梅亨市市政府所强调的重点,结果确实是有大量的救济金领取者认为,要保有救济金资格他们必须参加就业公司。

当参与者开始工作时,他们必须签订合同明确其权利与义务;当然这也包括他们可能会受到处罚的事实。由此,参与者可能因为处罚的威胁或工作指导员的劝导而受到外部性激励;但是他们也可能受到项目的内容、服务的社会特性的激励,也可能因为是他们感受到了道德义务的约束。

迄今为止（2013 年 3 月），奈梅亨市成立了 45 家就业公司，其中 13 家具有 5 名以上的参与者。大多数接受调研的就业公司都有提供公立的非营利性服务的背景。例如，有一家就业公司，其参与者在一家与中等职业教育机构合作的餐馆从事烹饪并提供餐饮服务；另一家公司为在社区提供维修服务的参与者提供指导；还有一家就业公司是一家家具装饰店，参与者在此学习零售业务。

五、方法和数据

本研究的调查数据来自奈梅亨市 13 家较大就业公司中 7 家的参与者。调查问卷是专门为本研究设计的，运用了动机（Alford，2009）、信任感（Reeskens and Hooghe，2008）、控制感（Scholz et al.，2002）以及能力和资源这四个方面的内容。为了确定如何调整这些条目以适应本研究的目的，我们访谈了奈梅亨市的政策顾问以及就业公司的项目领导人。针对 5 位具有不同（种族）背景的参与者，我们运用了包含自言自语以及追溯调查（Willis，2005）等的认知访谈法，为的是验证他们是否能理解问卷中的问题。问卷的最终版本获得了所有就业公司管理者的认可。

六、测量方法

（一）动机

为了说明不同的动机，以及参加再就业促进服务合作生产项目的动机因素的潜在组合，我们在问卷中包含了关于一般动机和具体动机的内容。有个问题涉及参与者参加该项目的一般动机，用 1 到 5 的量表进行测量[“从（根本）不喜欢参加到（非常）喜欢参加”]。以阿尔福特（Alford，2009）对动机的区分为基础，我们设计了对具体情境的陈述，受访者可以（完全）不同意（1，2），也可以既不同意也不反对（3）或者（完全）同意（4，5）。这包括内生动机（“我从事的工作很有趣”）、与结果相关的好处（得到工作或教育）、社会性（“我想与他人有更多的接触”）、规范性动机（“接受救济金的人就该做些事情”）以及基于强制性的外生动机（“有人告诉我必须参加”“我害怕会停发我的救济金”）。

（二）信任感

信任感分为两种宽泛的类型：特殊的信任感，其针对的是特定的人、组织或机构，如社区、（地方）政府或服务提供方；以及一般的信任感，即对一般人或陌生人的信任感。我们要求受访者从 0 到 10 对这些信任形式进行排序。主成分分析表明受访者身边的人(邻居、社区中的人们及其他参与者)与有距离间隔的组织(政府和政治系统)之间存在明显的差别。对就业公司管理者和奈梅亨市市政府的信任感在这两个维度上都得分较高,表明它们既不属于个人类型也不属于抽象类型。因此,它们被作为显性变量。我们计算了"人际"要素的平均值(邻居、社区中的人们以及其他参与者),结果是 α 为 0.82。我们也计算了对政治系统和政府的信任感平均值(皮尔森 γ 值为 0.88)。

对于一般信任感的测量,我们使用了包含三个项目的量表(Reeskens and Hooghe,2008)。我们再次对项目进行简化以适应受访者的语言熟练程度。我们按照如下方式对问题进行措辞:"你认为大多数人值得信赖还是大多数人不值得信赖?""你认为大多数人是诚实的还是不诚实的?""你认为人们经常互相帮助还是只考虑自己?"受访者认为人们完全可以信赖、诚实并且乐于助人的话,可以选择 10,反之选择 0。测量的 α 值为 0.84,并且确定了平均值。

(三)控制感

我们从自我效能感、自尊心以及控制轨迹三个项目来测量控制感。这三个项目被认为是自我评价的核心以及广泛的个性特征的实际构成部分(Judge et al.,2002)。自我效能感指的是相信一个人的行动会奏效。自尊心涉及个人对自身作为一个人所赋予的总体价值。控制轨迹可以分为外部控制和内部控制。"内部控制论者"相信他们可以影响发生在他们身上的许多事情,而"外部控制论者"则认为事情的发生是命运或运气的结果。

1. 自我效能感

我们对经过验证的一般自我效能感量表(Scholz et al.,2002)中的三项进行了微调以增强全面性。受访者需要回答其是否"(完全不)同意"(1,2)或"(完全)同意"(3,4)这些命题,如"如果我努力,大多数问题都会有解决办法"。该量表的克伦巴赫 α 值为 0.65,我们计算平均值来建立潜在变量。

2. 自尊心

对自尊心的测量是以经过验证的罗森伯格自尊心量表(Rosenberg Self-Esteem Scale)为基础(Franck et al.,2008)的。我们从最初的 10 个项目中选择了 3 个并进行微调,包含的问题有"我对自己满意"等。回答选项也是从 1"(完全不)同意"到 4"(完全)同意"。量表的 α 值为 0.64,并且也计算了平均值。

3. 控制轨迹

我们使用了斯佩克特(Spector,1988)的工作控制轨迹量表作为模型来对具体情形下的控制轨迹进行测量。我们用两个项目来测量人们在多大程度上认为其求职受其自身行为影响,即“如果我(在就业公司)努力工作,我日后就会找到工作”以及“如果我(在就业公司)足够努力,我日后就有可能找到工作”。“内部控制轨迹”变量包含这两项(4 分量表)的平均值。

(四)能力和资源

为了测量能力和资源,我们测度了健康感(从 1=非常差到 5=非常好)、社会关系数量(“通常情况下与多少就业公司以外的人进行接触”,0~3,4~9 或 10 或者更多)、失业时间(以年计)以及出生国(荷兰、荷兰以外的国家)情况。

七、样本

我们选择了 7 家就业公司作为样本。选择的标准是:最少有 5 名参与者,并且内部组织情况具有可比性(例如,参与者至少应该在组织中工作过一年)。此外,只有那些在 2012 年 9 月～2013 年 1 月期间刚刚开始(不超过 4 周)工作的人才受邀参加调查。他们($n=60$)中的所有人都完成并提交了问卷。

我们建立了控制组以对参与者的结果与非参与者进行比较。控制组包括那些已经向就业公司提交申请,但还没有开始在那里工作的人。这可以(从适任性角度)确保研究对象总体的一致性。我们答应给每位抽时间填调查问卷的受访者发放价值 10 欧元的票券。我们向控制组的成员发放了 100 份调查表,收回了 20 份,其中 2 份调查表不能用,因为一人正在一家就业公司中工作,另一个人已经就业。问卷回收率较低可能是因为对调查主题不感兴趣(这关我何事?),以及对调查目的的不信任(尽管是匿名的)所致。这可能意味着控制组中包含着一个非参与者的选择性群体,其信任感水平要比实际调查总数的信任感水平高。

受访者给出的不参与理由支持了这一点。看起来他们中的大多数人事实上确实喜欢在就业公司工作。问题似乎指向了组织选择。的确,大多数人(18 人中的 11 人)提到要么是当时公司没有空缺位置($n=7$);要么他们被告知不符合条件要求($n=2$);或者他们还没有接到就业公司回电($n=2$)。其他回答可能与自我选择有关(18 人中的 7 人)。例如,三人提到他们无论如何也找不到有收入的工作,另一人写道他认为就业公司是“一种剥削形式”。两人提到他们无法兼顾工作与照顾孩子,另有两人回答工作对身体条件要求太高。

应该注意的是该控制组不包括那些选择不参加就业市场的人,或那些虽然熟悉该项目却根本没有提出申请的人。这一组的规模是已知的。受邀参加就业市场的413名救济金领取者中有56%(233人)未在市场出现。这一部分群体可能对其不能参加有充分的理由:市政府知晓35%(82人)的人无法参加——可能是由于健康问题或需要照顾他人。尽管如此,其他没有参加的人没有充分理由——可能就是因为缺乏动机。因此,在求职者申请加入就业公司之前就已经出现了相当大的自我选择。这意味着我们对自我选择机制的认识还不充分。

八、结果

(一)描述性分析

表1给出了参与者以及控制组的背景特征。相比于奈梅亨市(2011年)所有接受社会救济金的人,男性代表比例稍高(55%相比于45%)。53%的人出生于荷兰以外的国家,这与人口中的平均情况差别不大。参与者一般都声称健康状况良好(平均为3.77%)。控制组中女性代表比例偏高,尽管这一构成与参与者的情况差别不显著。控制组的平均年龄稍高于参与者(45对41)。测量能力和资源(国外出生、社会交往、健康感以及失业时间)的大多数统计结果在两组之间差不多是相同的。因此,不参与的情况不能用与能力或资源有关的因素来进行解释。

表1　背景特征

	参与者(n=60)	控制组(n=18)
女性(%)	45	67
男性(%)	55	33
年龄(平均年龄)	41	45
出生国:荷兰(%)	47	65
出生国:国外(%)	53	35
失业时间:两年及以下(%)	48	39
失业时间:两年以上(%)	52	61
自感健康状况:(非常)好(%)	62	59
自感健康状况:(非常)差,不好/不差(%)	38	41
社会交往:0~3(%)	33	50
社会交往:4~9(%)	37	33
社会交往:10或更多(%)	30	17

表2展现了参与者和控制组的动机情况。为了便于展示,原始的5分量表一分为二,其中低的代表最低的三类(1,2,3),而高的代表着最高的两类(4,5)。看上去好像参与者的一般性动机非常高。92%的人表明他们(非常)愿意在就业公司开始工作。60名受访者中只有5人说他们不渴望参与。并不令人感到奇怪的是,几乎所有的参与者都提出了申请,因为他们想在项目结束后找到工作(82%)。获得证书也是大多数人的主要动机(72%)。经常被提到的另一个理由是与他人建立联系(78%)。因此,社会性对大多数参与者来说非常重要。这也表明,许多参与者感受到由于失业带来的社会排斥。较少有受访者提到工作内容本身是重要的动机(73%)。大约相同数量的参与者认为他们的参与同规范性原因有关:救济金领取者需要做些事情(72%)。

表2　　参与者和控制组的动机

动机	参与者(n=60)		控制组(n=18)	
	低(%)	高(%)	低(%)	高(%)
一般动机	8	92	22	78
获得工作	18	82	13	88
工作很有意思	27	73	40	60
获得证书	28	72	53	47
与他人有更多交往	22	78	40	60
领取救济金的人需要做些事情	28	72	33	67
害怕停发救济金	60	40	71	29
有人告诉我要这样做	79	21	79	21

只有40%的参与者认为他们害怕其救济金被削减。21%的参与者表明他们参加是由于有人告诉他们必须如此。因此,只有少部分人是由于外部压力才参与的。有意思的是,参与者同时受到不同因素的激励。甚至大多数表示是出于外部压力才参与的受访者,却发现工作是有趣的(因为害怕停发救济金而工作的人占65.2%;因为有人告诉要这样做而参与的人占71.4%)。但是,表示没有外生动机的参与者,更多地会声称他们是由于认为工作有趣才参与的。这支持了挤出效应假说,尽管差别并不明显,总的来说,参与者受内在激励的程度更高。

引人注目的是,参与者表现出较高的控制感(见表3)。在4分量表中,自我效能感的平均值为3.31,自尊心的平均值为3.47,内部控制轨迹的平均值为3.30。这表明一个典型的用户群体确确实实参加了就业公司。一般性信任感和人际间信任感的平均值分别为 6.60 和 6.56。这些数值相对较高:在欧洲社会调查中,荷兰找工作的失业个体的一般性信任感平均值为 5.4。[1]对政府和政治的信任感与欧洲社会调查发现的平均值相近(4.25 比 4.50)。[2]对就业公司的信任感非常高(7.98),而对市政府的信任感稍微低一些(6.73)。

表 3 信任感和控制感:参与者和控制组的平均值

	参与者 ($n=60$)	控制组 ($n=18$)
信任感		
一般性信任感	6.60 (1.97)	5.26 (2.39)*
人际间信任感	6.56 (1.92)	4.22 (2.53)*
对就业公司的信任感	7.98 (2.10)	—
对市政府的信任感	6.73 (2.52)	5.56 (2.55)†
对政府和政治的信任感	4.25 (2.93)	3.97 (2.83)
控制感		
自我效能感	3.31 (0.57)	3.13 (0.43)
自尊心	3.47 (0.48)	3.37 (0.53)
内部控制轨迹	3.30 (0.58)	2.97 (0.76)†

注:* $p<0.05$,† $p<0.10$;括号内为标准差。

(二)与控制组比较

当与原始的 5 分量表进行比较时,非参与者看起来总体上比参与者受到的激励要低(曼—惠特尼检验 U376.5,$p<0.05$)。[3]这支持了参与合作提供服务需要内部动机这一预期。参与者看起来还较多地受能够获得证书这一前景的激励(曼—惠特尼检验 U303.5,$p<0.05$),但是在参加项目的其他理由方面则没有差异。这可能意味着非参与者不指望长期投资,而是需要对其岌岌可危的处境找到快速的解决办法。

人际间信任感(曼—惠特尼检验 U247.5,$p<0.05$)、对市政府的信任感(曼—惠特尼检验 U392.5,$p<0.10$)以及一般性信任感(曼—惠特尼检验 U336.5,$p<0.05$)等水平上也出现了差异,参与者的信任感普遍比非参与者高(见表 3)。两个组对政府和政治的信任感水平相同。参与者的内部控制轨迹比非参与者稍微高一些(曼—惠特尼检验 U372.0,$p<0.10$)。然而,两个组在自我效能感和自尊心方面没有显著差异,而预期的是在控制组这个值可能会较低。

如前所述，由于非参与者的组小且回答率相当低，可能存在着另一种选择效应（即该调查是由某个特殊的非参与者群体完成的）。不过，人们会认为，信任感和控制感低的人尤其不会填答问卷。事实上，这将意味着非参与者的信任感和控制感水平可能比该调查发现的结果更低。

很明显，在信任感和动机方面存在选择偏倚。这是否意味着基于动机的选择也会导致基于信任感的选择，运用外部激励因素能够帮助那些信任感较低的人参与进来吗？为了比较几乎不受激励的个体与受到高度激励的个体之间的信任感，案例研究中对一般性动机这个变量采用二分法，分为高度受激励（"非常愿意参加"）与其他三种受激励程度[从"（根本）不愿意参加"到"愿意参加"]两档，以便创建可比较的组。这次，我们合并了参与者和非参与者的数据，因为现在我们感兴趣的是变量之间的统计关系而不是两个组之间的差异。

（三）动机、信任感以及控制感之间的关系

很明显，那些受激励程度高的人比受激励程度低的参与者表现出更高的信任感，一般性信任感除外（曼－惠特尼 U 检验，见表 4）。因此，如果组织只选择那些受激励程度高的人，他们也就选择了信任感高的人。

我们对那些因害怕停发救济金而（高度）受激励的个体与没有表明这是重要的参与原因的人进行了比较。如果不考虑信任感的类型，两个组之间没有差别。同样地，那些据说是因为有人告诉他们要如此才参与的个体，其信任感要比那些非出于此原因的人低。因此，使用外部激励因素似乎无法吸引信任感较低的参与者。

就与动机相关的控制感的差异而言，高度的一般性动机似乎与高度的控制感相关（曼－惠特尼 U 检验，见表 4）。与受激励程度低的救济金领取者相比，那些一般性动机水平高的个体的自尊心和内部控制轨迹的水平也比较高。此外，外生动机与控制感无关，不会抵消此处所要细究的选择偏倚。

表 4　　信任感、控制感和动机（$n=78$）

	一般性动机		害怕停发救济金		有人告诉我要如此	
	低	高	低	高	低	高
信任感						
一般性信任感	6.18 (2.22)	6.57 (1.93)	6.47 (2.12)	6.28 (1.91)	6.65 (2.07)	6.67 (2.07)
人际间信任感	5.68 (2.27)	6.83 (2.15)*	6.16 (2.23)	5.85 (1.85)	6.22 (2.15)	6.17 (2.04)

续表

	一般性动机		害怕停发救济金		有人告诉我要如此	
	低	高	低	高	低	高
对就业公司的信任感	7.48 (2.28)	8.95 (1.28)*	7.97 (2.05)	7.68 (2.25)	7.98 (1.98)	8.25 (2.22)
对市政府的信任感	5.98 (2.44)	7.63 (2.52)*	6.44 (2.24)	6.31 (2.65)	6.52 (2.34)	6.80 (2.93)
对政府和政治的信任感	3.81 (2.80)	5.13 (2.96)†	3.88 (2.47)	4.02 (3.20)	4.19 (2.69)	4.17 (3.60)
控制感						
自我效能感	3.20 (0.54)	3.44 (0.54)	3.29 (0.53)	3.16 (0.57)	3.31 (0.53)	3.13 (0.65)
自尊心	3.38 (0.50)	3.62 (0.44)*	3.47 (0.51)	3.35 (0.48)	3.46 (0.48)	3.38 (0.57)
内部控制轨迹	3.11 (0.60)	3.50 (0.62)*	3.22 (0.69)	3.23 (0.53)	3.21 (0.65)	3.27 (0.56)

注：* $p<0.05$，† $p<0.10$；括号内为标准差。

九、结论与讨论

本文中，我们调查了再就业促进服务合作生产项目中是否会存在选择偏倚。与人们的资源和能力相关的背景特征，如健康、社会交往以及种族等似乎并不决定人们是否参与就业公司服务合作生产项目。尽管如此，就业公司的参与者和那些不参与者相比，更加信任公民同胞(在社区)、市政府以及一般民众，并且受到内在激励的程度更高。这一结果与公民参与领域中的研究发现相似，并且非常重要，因为人们希望再就业促进服务合作生产政策以及一般意义上的合作生产能够有助于减少边缘化、促进社会融合(Anderson，2009；Breidahl and Clement，2010)。如果信任感水平已经很高了，那么这一命题并非不可能实现，只是在现实中很难实现。

市政府的信任感是参与项目的重要前提条件，这个结果意味着公务员(在荷兰被称为“客户经理”)如果想让客户参与再就业促进服务合作生产项目的话，那么获得客户的信任感会有所帮助。(对市政府的)信任感与加入就业公司的一般性动机有关，这一研究发现就是对上述观点的强化。

我们也发现外部动机，如害怕救济金削减以及有人告诉要参加等并不与信任感和控制感负相关。受市政府强制要求申请参加就业公司的用户看起来仍然对就业公司的项目富有热情。人们可能需要一些劝导来确定参与。对有些人来说,市政府要求其申请参加就业公司的压力,可能与其自身认为领取救济金者要做些事情来回报的准则或找工作的愿望相一致。其他人可能认为就业公司的倡议是难得的机会,即便他们是被动的也可以增加其有一份稳定工作的机会。

外部激励因素未必会影响用户与市政府以及就业公司之间在信任方面的关系,尽管这一点被认为是起积极作用的,但我们还是会得出结论,它们并不能抵制再就业促进服务合作生产过程中发生的选择偏倚。因此,问题依然是,公共服务合作生产是否是促进弱势群体参与的有效战略。

公共服务合作生产中带有偏颇性的参与对于再就业促进服务来说可能是个问题,但其他公共部门不一定如此。例如,邻里守望组织中积极参与打击犯罪的参与者就不存在这个问题。由于志愿者可能会与嫌疑犯交锋,因此,有必要根据一定标准进行选择。那些负责挑选参与者的主体(如警察、政府官员)将选出自愿的、具有内生动机且具有合作精神的公民参与社区守望组织,这是有可能的并且是可以理解的。同样,在卫生保健的例子中,如果医生认为病人缺乏特定的技能(如由于智障),他或她很可能会阻止这个病人参与相关治疗。在这些例子中,选择实际上可能还会改善弱势群体接受服务的效果(安全、健康)。

但是,如果我们寻求包容性的解决途径并试图深入到那些远离公共服务和政府的群体中去,我们还是需要知道如何动员这些意愿不高的群体。本研究表明,再就业促进服务合作生产项目的参与者通常是同时受到了几个原因的激励。因此,很难确定要用哪些工具来解决选择偏倚问题。更复杂的是,很可能不同部门的用户还有着不同于再就业促进服务合作生产项目的参与者所具有的其他动机。在再就业促进项目中,服务结果主要体现的是私人价值,而其他情况中服务结果也可能体现的是群体或公共价值(Alford,2014)。参与儿童保育的家长也为其他家长创造价值(高质量的儿童健康)。参加邻里守望组织的居民也为其他居民创造价值(邻里安全)。公民也可能同时受到个体和集体利益的激励。例如,社会型住房合作社的租户之所以参与服务合作生产,不仅因为他们喜欢社交联系,还因为他们能够以优惠价格租房子(Brandsen and Helderman,2012)。要想更深入地理解动员人们参与合作生产的过程,就需要有不同政策部门之间的比较研究。

最后,能够激励用户合作生产的关键主体是一线的专业人员。他们能影响客户对所提供的服务的看法,从而影响客户的参与愿意(Alford,2009)。本研究显示,用户参与合作生产的原因有很多,这表明要设计出可行的且成功的服务合作生产方式有多么困难。

注释

[1]作者的计算:该三项结构概念也用于测量一般性信任感。

[2]作者的计算:"对议会的信任感"与"对政治家的信任感"的平均值。

[3]我们运用曼一惠特尼 U 检验是因为控制组中的变量呈非正态分布。

作者简介

约斯特·弗雷德里斯(Joost Fledderus),理学硕士,荷兰奈梅亨市拉德邦大学管理研究所的在读博士。他的研究聚焦于公共服务合作生产,特别是合作生产与信任感之间的关系。

马利斯·霍宁(Marlies Honingh),博士,荷兰奈梅亨市拉德邦大学管理研究所的助理教授。她的研究涉及善治、职业化、合作生产以及组织行为。

参考文献

Alford J (2009) *Engaging Public Sector Clients: From Service-delivery to Co-production.* Basingstoke and New York: Palgrave Macmillan.

Alford J (2014) The multiple facets of co-production: Building on the work of Elinor Ostrom. *Public Management Review* 16(3): 299–316.

Andersen SH (2008) The short- and long-term effects of government training on subjective well-being. *European Sociological Review* 24(4): 451–462.

Anderson CJ (2009) The private consequences of public policies: Active labor market policies and social ties in Europe. *European Political Science Review* 1(3): 341–373.

Bandura A (1989) Human agency in social cognitive theory. *American Psychologist* 44(9): 1175–1184.

Brandsen T and Helderman J-K (2012) The conditions for successful co-production in housing: A case study of German housing cooperatives. In: Pestoff V, Brandsen T and Verschuere B (eds) *New Public Governance, the Third Sector and Co-production.* New York: Routledge, pp. 169–191.

Breidahl KN and Clement SL (2010) Does active labour market policy have an impact on social marginalization? *Social Policy & Administration* 44(7): 845–864.

Brudney JL and England RE (1983) Toward a definition of the co-production concept. *Public Administration Review* 43(1): 59–65.

Bruttel O (2005) Delivering active labour market policy through vouchers: Experiences with training vouchers in Germany. *International Review of Administrative Sciences* 71(3): 391–404.

Calzada I and del Pino E (2008) Perceived efficacy and citizens' attitudes toward welfare state reform. *International Review of Administrative Sciences* 74(4): 555–574.

Davister C, Defourny J and Grégoire O (2004) Work Integration Social Enterprises in the European Union: An Overview of Existing Models. EMES Working Papers, No. 04/04.

Deci EL (1972) Intrinsic motivation, extrinsic reinforcement, and inequity. *Journal of Personality and Social Psychology* 22(1): 113–120.

Dingeldey I (2007) Between workfare and enablement – the different paths to transformation of the welfare state: A comparative analysis of activating labour market policies. *European Journal of Political Research* 46(6): 823–851.

Feather NT (1992) Expectancy-value theory and unemployment effects. *Journal of Occupational and Organizational Psychology* 65(4): 315–330.

Fledderus J, Brandsen T and Honingh ME (2014a) Restoring trust through the co-production of public services: A theoretical elaboration. *Public Management Review* 16(3):

424–443.

Fledderus J, Broersma F and Brandsen T (2014b) Social innovations in Nijmegen, the Netherlands. In: Evers A, Ewert B and Brandsen T (eds) *Social Innovations for Social Cohesion*. WILCO Publication. Available at: http://www.wilcoproject.eu/book/chapters/41-sirocco/ (accessed 2 September 2014).

Fountain JE (2001) Paradoxes of public sector customer service. *Governance* 14(1): 55–73.

Franck E, De Raedt R, Barbez C and Rosseel Y (2008) Psychometric properties of the Dutch Rosenberg Self-Esteem Scale. *Psychologica Belgica* 48(1): 25–35.

Fryer D (1997) International perspectives on youth unemployment and mental health: Some central issues. *Journal of Adolescence* 20(3): 333–342.

Judge TA, Erez A, Bono JE and Thoresen CJ (2002) Are measures of self-esteem, neuroticism, locus of control, and generalized self-efficacy indicators of a common core construct? *Journal of Personality and Social Psychology* 83(3): 693–710.

Lindsay C and McQuaid RW (2009) New governance and the case of activation policies: Comparing experiences in Denmark and the Netherlands. *Social Policy & Administration* 43(5): 445–463.

Lindsay C, McQuaid RW and Dutton M (2008) Inter-agency cooperation and new approaches to employability. *Social Policy & Administration* 42(7): 715–732.

Lindsay C, Osborne SP and Bond S (2014) The 'new public governance' and employability services in an era of crisis: Challenges for third sector organizations in Scotland. *Public Administration* 92(1): 192–207.

Lipsky M (1980) *Street-level Bureaucracy*. New York: Russell Sage Foundation.

McKee-Ryan F, Song Z, Wanberg CR and Kinicki AJ (2005) Psychological and physical well-being during unemployment: A meta-analytic study. *Journal of Applied Psychology* 90(1): 53–76.

Nyssens M (2014) European work integration social enterprises: Between social innovation and isomorphism. In: Defourny J, Hulgård L and Pestoff V (eds) *Social Enterprise and the Third Sector: Changing European Landscapes in a Comparative Perspective*. New York: Routledge, pp. 211–230.

Pestoff V (2009) *A Democratic Architecture for the Welfare State*. London and New York: Routledge.

Porter DO (2012) Co-production and network structures in public education. In: Pestoff V, Brandsen T and Verschuere B (eds) *New Public Governance, the Third Sector and Co-production*. New York: Routledge, pp. 145–168.

Reeskens T and Hooghe M (2008) Cross-cultural measurement equivalence of generalized trust: Evidence from the European Social Survey (2002 and 2004). *Social Indicators Research* 85(3): 515–532.

Scholz U, Doña BG, Sud S and Schwarzer R (2002) Is general self-efficacy a universal construct? Psychometric findings from 25 countries. *European Journal of Psychological Assessment* 18(3): 242–251.

Skinner EA (1995) *Perceived Control, Motivation, & Coping*. Thousand Oaks, CA: Sage.

Spector PE (1988) Development of the Work Locus of Control Scale. *Journal of Occupational Psychology* 61(4): 335–340.

Taris TW (2002) Unemployment and mental health: A longitudinal perspective. *International Journal of Stress Management* 9(1): 43–57.

Thorén KH (2005) Municipal activation policy: A case study of the practical work with unemployed social assistance recipients. Working Paper, IFAU (Institute for Labour Market Policy Evaluation). Available at: http://www.econstor.eu/handle/10419/78642 (accessed 11 October 2013).

Torfing J and Triantafillou P (2013) What's in a name? Grasping new public governance as a political-administrative system. *International Review of Public Administration* 18(2): 9–25.

Van Berkel R (2010) The provision of income protection and activation services for the unemployed in 'active' welfare states: An international comparison. *Journal of Social Policy* 39(1): 17–34.

Van Berkel R and Borghi V (2008) Introduction: The governance of activation. *Social Policy and Society* 7(3): 331–340.
Van Berkel R and De Graaf W (2011) The liberal governance of a non-liberal welfare state? The case of the Netherlands. In: Van Berkel R, De Graaf W and Sirovátka T (eds) *The Governance of Active Welfare States in Europe*. Basingstoke and New York: Palgrave Macmillan, pp. 132–152.
Van Berkel R and Van der Aa P (2005) The marketization of activation services: A modern panacea? Some lessons from the Dutch experience. *Journal of European Social Policy* 15(4): 329–343.
Verschuere B, Brandsen T and Pestoff V (2012) Co-production: The state of the art in research and the future agenda. *Voluntas* 23(4): 1083–1101.
Willis GB (2005) *Cognitive Interviewing: A Tool for Improving Questionnaire Design*. Thousand Oaks, CA: Sage.
Yamagishi T and Cook KS (1993) Generalized exchange and social dilemmas. *Social Psychology Quarterly* 56(4): 235–248.

Why people co-produce within activation services: the necessity of motivation and trust – an investigation of selection biases in a municipal activation programme in the Netherlands

Joost Fledderus
Radboud University Nijmegen, The Netherlands

Marlies Honingh
Radboud University Nijmegen, The Netherlands

Abstract

Activation services that aim at re-employment of jobseekers often suffer from 'creaming', i.e. selecting those who have the best qualifications to re-enter the labour market. New ways of delivery, such as co-production, are supposed to be less subject to selection mechanisms. To analyse whether co-produced activation programmes suffer from selection biases, participants in a local innovative activation programme ($n = 60$) were compared to non-participants ($n = 18$). Participants are more motivated in general and showed higher levels of generalized, municipal and interpersonal trust. Moreover, high general motivation relates to high levels of trust and perceived control. This indicates that there is indeed a selection bias within co-produced activation programmes. Therefore, it remains uncertain whether co-production is more successful in dealing with creaming than common types of service delivery.

Points for practitioners

Public services, in the field of activation policies for instance, are increasingly delivered in a fashion that requires more responsibility and effort from users. This study shows that such demands elicit a selection of users. Professionals dealing with co-produced services should be aware that when they choose clients they are likely to leave out vulnerable individuals. In particular, when intrinsic motivation is an important selection criterion, those who have low levels of trust and perceived control will not be involved. Consequently, seemingly inclusive strategies could in fact lead to exclusion.

Keywords
activation, co-production, motivation, perceived control, selection bias, trust

国际行政科学评论

你是谁/住在哪里:居住小区的特征能解释合作生产吗?

彼得·蒂森　　　　沃特·范·多伦①

Peter Thijssen　　　　Wouter Van Dooren

翻译:王冬芳　　审校:曹海军　王欣红

【摘　要】 合作生产为公民与公共服务提供者之间建立了互动关系。因此,成功的合作生产需要公民的参与。一般而言,诸如年龄、性别和收入等个体特征常用于解释为什么公民会参与合作生产。相比之下,居住小区层面的变量却很少受到关注。不过,合作生产的文献以及社会资本和城市规划理论都很好地解释了居住小区变量为什么与合作生产是相关的。本文对一项公共设施问题的报告项目中公民报告倡议的管理记录进行了考察。该合作生产项目位于比利时(Belgium)安特卫普市(Antwerp)的德尔纳(Deurne)区。本文运用多层次分析(multilevel analysis)同步评估小区特征与个体变量的影响。尽管本研究提到了一般用以解释合作生产的个体变量,但我们发现,小区特征也能突出地解释合作生产。因此,我们的研究认为参与合作生产活动不仅由你是谁所决定,还由你住在哪里所决定。

对实践工作者的启示

为了促进合作生产以及公民的参与,首先应该观察居住小区。合作生

① 通信作者:

Wouter Van Dooren, University of Antwerp－Political Science, Sint Jacobsstraat 2, Antwerp 2000, Belgium.

E-mail: wtrvandooren@gmail. com

产可能会给强势公民和强势小区带来异常的好处。因此,社会改良应考虑两者兼顾。宽泛而言,更好地理解城市中的居住小区是理解公民行为的必备条件。城市中的区域策略应当关注小区。

【关键词】 公民参与;合作生产;地方政府;多层次分析;社会资本

一、引言

公共部门的公共服务合作生产积极地将公民包含其中。公民和公共服务之间因而发生互动。提供高质量服务是政府与公民的共同责任,但并不是所有公民都具有相同的能力来承担这种责任。虽然合作生产中的公共服务发展势头很好,但是谁更有能力参与合作生产的问题则变得更为紧迫。合作生产可能会对平等地获取公共服务产生消极影响。合作生产会给那些积极合作的公民带来过多好处,也会出于各种原因负面影响到那些不合作的公民。公平导向型政府在公共服务中采纳合作生产方式时,应当时刻关注合作生产者的代表性。

政治参与方面的文献首先给出了一些有关合作生产者个人背景的观点。性别、受教育程度、年龄和移民背景被不断地用于解释参与水平(Alford,2002;Brady et al.,1995)。我们假定同样的参与驱动力也适用于合作生产。然而,本文的主要目的是在这些个体特征基础上增加一个分析层级。具体而言,除了个体层面的变量,我们检验了小区层面的变量是否会对合作生产水平产生影响。很少有研究将合作生产的环境条件包含在内(明显的例外是 Marshall,2004)。但环境对合作生产水平的影响是相当真实合理的。合作生产通常维系于合作生产者所在的生活环境。合作生产是一种高度情景化的活动,维系于时间、空间和任务(Pollitt,2008)。我们因此假设参与合作生产活动不仅由你是谁来决定,还由你住哪里决定。合作生产政策为此应当将个体和地区的代表性都考虑在内。

我们的合作生产案例研究的是一项地方首创性活动,其中居民能够报告公共设施存在的问题并可以对政府应当如何提高地方生活条件提出建议。这是一种合作生产形式,因为专业性服务是通过与用户社区(user-community)协商而得以指导实施的(Bovaird,2007)。该首创性活动在比利时安特卫普市拥有 7 万居民的德尔纳区施行。我们采用包含个体和小区两个层面的多层对数模型分析(multilevel logit analysis)。因变量是德尔纳的成年居民在 2004~2007 年期间是否提交过一项或更多的问题报告。数据来源于街区的管理登记系统以及民事登记。[1]结果就是我们不必采取抽样和调查也能有一套独特的普通人口数据。

本文首先讨论的是为什么小区是一个相关的分析层次。我们将讨论社会资本理论、城市规划以及合作生产文献中的理论观点。其次,我们将陈述主动报告的案例、数据以及方法论。实证结果将首先在个体层面被阐释。该层面的实证结果大体确认了我们在政治参与研究中所得到的信息。再次,我们在分析中增加了小区层级。我们发现小区是非常重要的。在后续的讨论中,我们思考小区如何才能达到较高的报告水平。最后,结论部分阐释了本研究的意义。

二、小区为何重要?

我们有充分理由相信小区让合作生产水平的解释有所不同。本文建立在社会资本理论、城市规划以及合作生产理论三个主流文献基础之上,这三种理论都主张研究合作生产所真正发生的地点,即研究小区的相关性。

社会资本理论首先提出了小区对于合作生产的重要性。社会资本是指个体、社会网络、互惠规则及其产生的信任之间的联系。整合集体活动(组织、社区、民族以及我们案例中的小区)的是社会资本。[2] 帕特南(Putnam)的定义根植于社会资本的联系学派(bonding school)。阿德勒和权(Adler and Kwon,2002)将社会资本定为内部联系,而不是外部桥梁。在后期社会资本的概念化中,集体的外部关系质量构成了社会资本。由于我们关注街区的内部特征而非外部关系,联系传统内的社会资本定义将更为适用。

既有研究将社会资本与很多个人收益,如职业生涯的成功、创新、企业家精神、学习、友谊、支持等联系到一起(Adler and Kwon,2002;Granovetter,1973;Putnam,2001)。政治参与也归因于个体的社会资本(Brady et al.,1995;Teorell,2003)。然而,社会资本不只对个体产生影响。正如帕特南(Putnam,2001)所言,它还具有公共的一面。社会资本具有增强公民道德、参与以及人与人之间信任的能力(Brehm and Rahn,1997)。由于网络中的关系并不是严格对等的,因此,社会资本的好处就会外溢到那些不是小区网络组成部分的其他居民之中。帕特南(Putnam,2001:19)举过一个清晰的例子来说明联系薄弱的个体是怎样在一个联系紧密的社区中获得外溢收益的。如果邻居留意其他人家的情况会降低小区内的犯罪率,那么这会给全体居民带来好处,尽管他们其中的很多人都将大部分时间花在了路上,甚至在街上彼此都从不点头打招呼。联系学派将社会资本界定为公共物品,超越了个体对这种外溢效应的接受问题(Adler and Kwon,2002:22)。社会资本存在于行动者之间的关系结构之中,而不是行动者自身(Coleman,1988:S98)。有一种观点认为社会网络日益从人们所居住的小区中分化出来了。我们相信这种趋势与合作生产的环境相关性较小,合作生产是人们在公共设施范围内与公共服务产生的互动作用(McClurg,2006)。本文的合作生产案例也几乎是用小区的生活环境来界定的。

既有研究已经对小区中的社会资本与公民参与之间的关系做出了实证研究。萨克斯顿和本森(Saxton and Benson,2005)发现社会资本对乡镇一级的非营利结果具有正向效应。葛雷迪和王(Graddy and Wang,2009)发现如果具有服务于乡镇高水平社会信任的社区基础,那么人均收获的好处更多。贫困和房屋所有权对捐赠具有消极影响,而密度则具有积极影响,这些作者的论述涉及了城市化对社会生活造成的混乱无序的影响,并没有假设密度所产生的积极影响(Lincoln,1977)。而密度产生积极作用的原因可能是由于小区之间的毗邻,这有助于形成社会资本。小区的城市结构会巩固城市密度,这就指向了文献研究中的第二部分——城市规划。

其次,城市规划理论有助于理解小区空间结构的影响,这些空间结构包括住房、街道布局、广场或是公共空间等。一个小区的空间形态可能支持也可能阻碍社会资本的形成。在此方面做出突出贡献的是简·雅各布(Jane Jacobs)所著的《美国大城市的生与死》(*Death and Life of Great American Cities*)(Jacobs,1961;Scott,1998)。在强有力地批判现代城镇规划后,她对小区多样性是如何维系社会资本的发展进行了研究。尽管对雅各布的研究贡献究竟是什么仍有争议(Teaford,2013),但是她的理论的确对小区空间特征可能会影响社会资本以及可能的合作生产项目提供了一些真知灼见。基于场地的逻辑来理解社会现象如今变得越发重要。辛普森在其里程碑式的研究《美国大城市》中探讨了个体受到空间环境影响而遭受的损失(Sampson,2012)。他的著作中核心概念是"集体效能",即一种社区层面诸如信任、凝聚力以及社会控制的系列资源。这些品质历时不变,同时也就有助于解释匮乏与无序为何在某些特定小区中是如此顽强。关注社会资本中的小区特征看来是合情合理的。

小区中的社会资本是从人们在路边、公园或是邻居间最随意的沟通联络中生根发芽的(Jacobs,1961)。社会资本的众多好处之中包含了安全(留意街上的情况)和归属感(另参见 Wilson and Kelling,1982 的破窗理论)。小区的空间形态会增加人际联络的机会。为了全天保持街道的活力生机,小区应该具有混合性的使用功能。同时,应该建立短街区以便为步行者提供较高的便利性。小区还应该建立不同价格的多样房产市场,从而吸引多元的居住人口与商业单位。但是,以汽车为中心的现代城市规划一般会反其道而行之,会建立大型街区和交通动脉,隔断各个小区,这让人际沟通变得困难。最近的研究发现,适宜步行的小区拥有更高水平的社会资本(Leyden,2003;Southworth,2005)。观察发现,小区的空间结构支持社会资本的形成,因此也成为合作生产的条件,这为小区层面的研究提供了额外的论证。

最后,我们在合作生产以及参与方面的文献中发现了一些小区层面的研究线索。合作生产水平和参与的决定要素通常要么是供给导向的,要么是需求导向的。(Paarlberg and Gen,2009)。需求角度的解释认为,当存在未被满足的公共服务需求时就会产生合作生产。这方面的研究文献主要受政府失灵理论的启发,而政府失灵研究对非营利组织为何能够填补公共服务所遗留的空隙给出了不同的论证(Corbin,1999)。首先,当人们所感受到的服务水平非常低或是质量很差时,就会产生合作生产。公民一般会选择退出失败的服务,而不是发出呼声引起政府的关注(Gofen,2012)。服务质量的评估包括主观感受和客观评价两方面。虽然公民所感受到的服务质量可能与真正的服务质量有所偏差,但夏博诺和范·里津(Charbonneau and Van Ryzin,2012)发现,在很多情况下,公民是有能力评估服务的真正价值的。其次,第二种解释认为,当对于特定社区的公共服务需求缺少回应时就会产生合作生产(James,1986)。该观点认为异质社区中,公共机构很难针对多样化的偏好提供公共服务。正因如此,合作生产者才会亲自动手来处理这样的事务。服务质量以及所感知到的服务质量会因小区而异。进而,不同的服务需求会培养旨在填平差距的不同的合作生产水平。

从供给驱动角度对合作生产的解释关注公民合作生产意愿的有效性。参与方面的文献是其主要的灵感来源。布雷迪等(Brady et al.,1995)关注个体政治参与需要的资源:时间、金钱和公民技能。以上三种资源都可能与合作生产相关,尽管并不是所有资源在合作生产中都占据同等的分量。有时,合作生产的财务结果可能是至关重要的,就好比地方社区参与到地方学校建设的例子(Paarlberg and Gen,2009)。合作生产的很多情况都要求投入大量的时间。一个很好的例子就是邻里守望计划(neighborhood watch programme),同时在协商合作规划方面,时间投入同样也是至关重要的。此外,合作生产可能需要公民较高水平的技能。公民技能是指沟通与组织能力,这些能力在很大程度上通过教育获得(Brady et al.,1995)。由于合作生产需要公民参与工作,因此就必须让公民了解公共服务、他们预期的责任与职责,以及可能会影响他们服务提供与质量的环境要素(Marschall,2004:232)。同样,并不是所有形式的合作生产都需要同等水平的公民技能。时间、金钱和居民的公民技能会不均匀地分布到小区之中。因此,合作生产也会给那些具有高技能居民的小区带来过多的收益。

可见,供给驱动的决定因素不仅会导致人与人之间的平等问题,而且在小区之间也会产生该问题。虽然并不是所有的合作生产策略都同等地受到收益偏态分布的影响,但根本之处在于合作生产尝试中如果没有公民积极的参与,政府提供公共物品与服务的能力就会大打折扣(Marschall,2004)。如果主要是具有优势的人和小区参与到合作生产之中,那么很可能这些服务需求最少的人却获得最多。这可能就是墨顿(Merton,1988)所谓的马太效应(Matthew effect)。马太效应引自圣经中的福音书,这种效应是指在很多情况下,那些已经处于强势地位的人会在报酬和认可度上累积优势。拥有强大合作生产者的合作生产可能会对政府的能力起到杠杆作用,为那些已经具有优越机会的人提供服务。与之相反,需求驱动的合作生产则会缓解不公平,因为只有在公共服务已经落后时才会产生合作生产。

三、案例研究:向地方政府报告

本案例是对比利时安特卫普市(拥有 50 万居民)德尔纳区(拥有 7 万居民)的报告行为进行量化分析。德尔纳在所有区中,是一个拥有直选议会,并对年轻人、老年人、体育和基础设施以及普通市容管理机构拥有实权的政治实体。但大多数的决策,德尔纳区需要与安特卫普市共同作出。

我们合作生产的案例是一项当地报告首创性项目(也被称为 Meldingskaarten),该项目主要是对政府如何通过改善公共设施,从而改善当地居住条件提出建议。该首创性活动启动于 2004 年,并通过可以发放到每家每户的当地通信传达给居民。报告倡议项目由德尔纳区组织,并由其派发给区级和市级服务机构以便他们采取行动。报告可以通过在线、电话或邮寄的方式填写。报告主题建议是与街道清洁、街道维护、街道设备、公园与操场、机动性和停车等相关的问题。报告必须是在开放式的框架中进行阐述,无须预设格式的问题清单。因此,报告人能够对问题进行描述。区政府要对这些建议做出回应,并解释将会采取什么行动或者为什么不能采取行动。在数据部分我们会对本研究涵盖的 4 年间所提交的 4 303 份报告给出更为详细的阐述。

报告行为是一种个体化的参与形式,这种形式中公民能够自由决定其时间和内容。从这种意义上讲,这符合同中心趋向以及更具批判性的公民精神(Inglehart and Welzel,2005)。然而,本研究中的报告行为超越了片面的公民个体首创性活动。报告行为是公民与当地政府间互动关系的结果。通过创立报告中心,接受有关改善居住环境方面的问题或建议,当地政府非常明确地在寻求合作生产的干预措施。可见,该案例中的公民角色是非常有限的,因此,该案例并不是一个很强的合作生产样式。项目的设计理念是为了能轻而易举地进行报告。而我们认为,像安特卫普报告倡议这样的报告系统具有某些合作生产的特征。基于博维尔德(Bovaird,2007)对于合作生产的讨论,我们发现服务模式已经不再是以提供者为中心。但专业人员仍然承担着主要的提供服务责任,使用者则对公共干预方面产生了重要的影响。在博维尔德的分类中,该项目可以归为“带有与使用者社区协商服务规划和设计问题的传统的专业服务供给”(Bovaird,2007:849)。范·都仁等(Van Dooren et al.,2004)将此种有公民参与的服务供给界定共同规划。

四、数据与方法

数据库包括德尔纳区的全部成年公民(n=56 510)。在 2004～2007 年,总共有 2 451 名公民向报告中心提交过一项或多项报告。2004～2007 年提交的报告总数为 4 303 份,每年提交的报告分别为 1 068 份、1 054 份、1 082 份和 1 099 份。在分析中,我们将评估公民填写报告的可能性。本研究中,我们主要关注那些填写了报告的公民,而不是报告本身。为了确认报告行为中居住小区的重要性,我们将这些个体的观察者与他们所居住的小区进行配对。

为了将个人报告与小区配在一起,首先,我们需要界定小区的边界。为此,我们使用了国家统计局(the National Statistics Office)所建立的统计层面上的区域界定。这些区域的界定应用了比利时 2001 年基于当时社会经济与结构形态进行人口普查时的划分。国家统计局还提供了统计层面的区域数据。德尔纳区由 35 个统计意义上的区域构成,其中有 7 个区域由于少于 150 名居民而未包含在分析之内,这 7 个区域主要是公园、地区机场和一个工业园区。其余的 28 个区域都有大约 2 500 名居民。统计层面上的这些区域都具有真实生活的含义,恰巧与作为居民生活体验的小区界定一致。我们还检查了 38 个小区社团的工作区域,也完全与统计部门的区域边界相一致(Van Laecke,2008)。居民把统计意义上的区域看作是可识别的空间,这在我们的研究中被界定为小区。

其次,我们需要将 2 451 名提出报告的公民与他们所居住的小区相匹配。通过民事登记,我们可以成功地将其中 79.6%(1 950 名)的情况进行匹配。不能匹配主要是因为居民搬家或者过世,以及报告中没有填写姓名。1 950 名匹配出来的观察者需要被归类到统计划分的区域之中。居住在人烟稀少区域的报告公民被排除在外。“符合”观察条件的 1 918 名公民与 54 510 成年居民人口之比得出 4 年中居民的报告比率为 3.4%。该数字代表 6.3%的住户。

我们运用多层次分析同步评估个人和小区两个变量所产生的影响。[3]

多层分析不仅能够体现出变量不同的聚合水平,还能对不同变量和水平之间的相互作用进行建模。由于我们的自变量是二分的(报告或没有报告),因此我们使用对数变换模型(Logit transformation)。为了估算多层对数模型,我们使用惩罚拟似然函数方法(Penalized quasi-likelihood method,PQL)。因此,我们建立了个体(层级 1)和小区特征(层级 2)的嵌套结构模型来解释合作生产水平。接下来,我们将讨论这两个层面的分析操作。

五、层级 1:个体特征

有关参与问题的文献对政策和政治过程中参与者的背景进行了观察。研究表明,同样的个体常常在不同的参与活动中表现积极,甚至存在一种"准职业性"的参与群体。而且,参与群体中具有高等教育背景的、较为富有的以及上年纪的人占据大多数(Verba,1987)。参与所需的资源,如金钱、时间和知识,可以解释这种参与偏爱。在多层分析中,我们在层级 1 中囊括了一些已经确立的变量。具体而言,我们将研究:①性别;②年龄;③移民;④民事登记中的注册时间(如是什么时间搬到德尔纳的);⑤提交报告的公民个体的家庭构成(如,独身、已婚、有无子女)。

(一)性别

在填写报告的人中,有 59.5%的人是男性。这与人口总体数据中,男性占 46.6%的比例并不相称。这种差别是令人惊奇的,因为以往的研究发现,性别对于公民主动与地方官员的联系影响较弱(Verba et al.,1995:251)。为了确认性别影响会不会是人为匹配民事登记的结果,我们对没有在民事登记中的观察者进行了额外的检验。我们可以根据名字区分出其中 74.2%的人。我们发现其中有 208 名(55.9%)为男士,164 名(44.1%)为女士。民事登记匹配无法对数据库中男士的普遍性作出解释。可能的情况是——但我们无法检验——女士使用了夫姓,这在正式沟通中较为常见。

(二)年龄

首次提交报告公民的平均年龄为 54 岁。老年人在报告提交中的人数众多(见图 1)。[4]同时,小于 40 岁的年轻人报告数量较少,50~75 岁的人数较多。这实际上不足为奇。政治参与研究表明,年长的人更可能进行参与。因为他们有时间和资源这样做,况且他们已经通过纳税等多种机制向参与系统交了钱,因此,他们更具利益相关性,也更加投入(Dalton,2008)。另外,政治效果方面的认知在年轻人中有弱化的趋势,这反过来会影响年轻人的参与动机(Nabatchi,2010)。在托马斯和莫尔克斯(Thomas and Melkers,

1999:669)针对公民与地方公务员个体联系方面的研究中,他们也假定年龄的正向影响。由于年长的人往往比较脆弱而且流动性更小,因此他们更依赖于当地提供的公共服务,为此也就更倾向于报告运行不良的服务。尽管托马斯和莫尔克斯(Thomas and Melkers,1999)并没有对其论文进行实证检验,但是他们假设年龄与合作生产之间存在线性关系。相反地,我们的数据显示出一条受年龄影响的抛物线(见图1)。实质上,提出报告的中年公民数量比年轻人多。

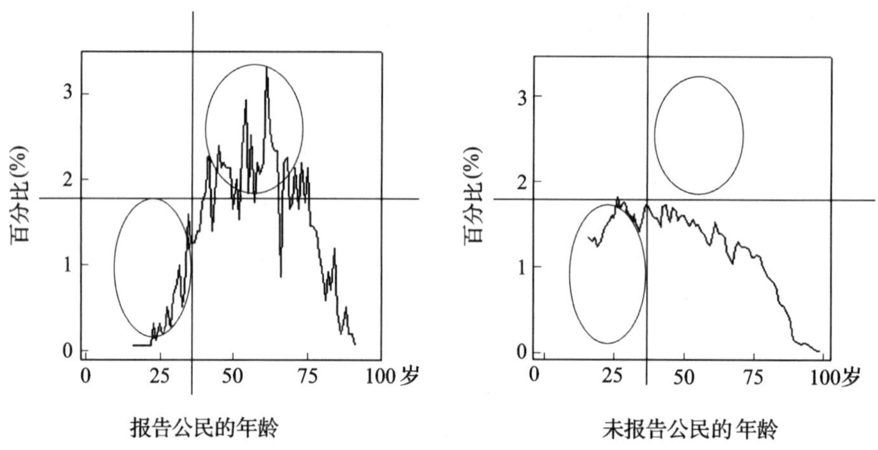

图1 报告和未报告公民的年龄比较

很难对年轻人的低比例得出直截了当的解释。他们使用了父母的"信息"?还是这种合作生产模式主要吸引的是拥有更多资源和更高效能意识的老年人?这方面很有意思的发现是,2004～2007年,这种年龄差别有所减小。这种趋势恰巧与报告手段更倾向于电子邮件的转变一致。而且,在年龄和电子邮件报告之间具有明显的负相关关系($r=-0.28$)。年轻人和老年人之间的数字鸿沟似乎再次得到了确认(Thomas and Streib,2003)。

(三)移民

资源和效能观念不只在年龄群组上有所差异,相对于非移民,移民人群也具有较少的资源和较低的效能观念(Brady et al.,1995;Leighley and Vedlitz,1999)。这或许是由于移民人群普遍较低的社会地位而降低了他们的参与能力。既然在报告项目中,时间和金钱的投入比较低,那么缺少系统的知识与信息可能会对我们的案例有所影响。要想评估移民身份对数据的影响,我们就不能使用自我报告的国籍身份,因为很多移民已经取得了比利时国籍。因此我们聚焦于民族来分析移民背景的影响。不出所料,我们发现移民明显地比非移民报告少,所谓非移民是指欧盟国家的公民。

（四）民事登记系统内的注册时间

一般假定那些长期居住在一个地方的人会更多地参与到当地的社区之中（Sharp，1986：156；Thomas and Melkers，1999：669）。民事登记可以告诉我们该地人口已经在安特卫普市登记注册了多长时间。报告公民登记年限的中位数为 34.9 年，在德尔纳区的平均年限为 26.2 年。注册时间较长的人具有更高的报告倾向。不过，登记时间与年龄有很强的关联，为此有必要进行多元变量分析（multivariate analysis）。

（五）家庭构成

托马斯和莫尔克斯（Thomas and Melkers，1999：669），假设有孩子的家庭会更注重当地的生活条件。但是，他们并没有用实证证据来证明其假设，我们也一样。实际上，我们的数据表明没有孩子的家庭也一样。该发现表明，用利益相关法解释合作生产似乎并不成立。虽然有孩子的家庭会对公共设施问题更加纠结，但是他们也同样没有时间去应对这些问题。

六、层级 2：小区变量

我们在前述中认为小区水平对合作生产是有作用的，因为小区中的社会资本不同，同时社会资本的水平也会受到小区空间结构的影响。我们通过对小区社团的分析测量了社会资本。帕特南（Putnam，1993）发现社团密度能够解释意大利北部与南部之间的政治参与差异。基于这种社会资本理论，我们纳入了一项测量小区社团活动水平的变量。因为我们关注与地方政府之间的合作生产，因此并不是所有的社团都与此相关。很多社团关注特定主题，所以不只是在小区中雇用他们的成员。因此，我们将本研究仅限于分析那些直接参与小区活动的社团，例如，通过组织小区活动以及印发小区信函等方式参与到小区之中的社团。安特卫普市对这些活动进行了非常精确的登记。为了控制小区人口的差异性，我们将该数据标准化为每1 000 名居民中的小区主动活动数量。

小区的社会人口统计情况可以采用布雷迪等人所建立的参与资源模型三个维度中的两个：时间和公民技能。由于报告并没有什么成本，因此第三个维度——金钱在我们的案例中并不相关。30～58 岁是人们生活中最活跃的阶段，在此期间人们通常非常积极地参与到社会生活之中（职业生活、育儿），这会强化公民技能。假如参与是具有感染性的，那么社会参与的结果便是更高水平的合作生产。相反，如果没有时间，那么参与社会网络也会挤掉合作生产中的公共参与。教育程度是通过低教育水平居民的比例来测量的。一般而言,较低的教育水平与比较低的政治与行政系统理解能力相一致。行政方面的常识对于公民投诉的形成是必要的。

我们还将小区中年龄与教育之间的互动影响包含进来,因为二者相互强化。在此方面,我们受到选举参与研究方面的成果启发(如Goerres,2006;Rosenstone and Hansen,1993;Wolfinger and Rosenstone,1980)。选举参与的研究表明,不同教育群体的参与差别在老年选民中并不明显。例如,格雷斯(Goerres,2006:103)指出,“受过高等教育的公民往往更有可能参与选举之中,因为他们更加理解政治过程,他们也生活在参与规范盛行的社会环境之中”。然而,在一生中,教育水平较低的公民会赶上同龄的、接受过良好教育的公民伙伴,因为生活阅历会替代教育影响。也许这也可以通过环境影响来加以解释。

七、结果:小区的重要性

在建立多层解释模型之前,我们需要确立小区报告活动的差异。只有存在环境差异,对小区差异的实证测试才有意义。因此,我们勘察出德尔纳28个小区中进行报告的公民比例。该比率是由2004~2007年期间做出报告的公民数除以成年居民数得出的(见图2)。平均数为3.5%,标准差为1.1%。南部小区比其他地区的小区具有更为显著的报告行为。北部地区唯一的例外是两个毗邻市政厅(district hall)的小区。这看起来似乎有所影响,但仅限于一定的活动范围之内。

表1表明了多层对数模型分析的结果。全部模型都预估了当地成年居民提交一项或多项报告的可能性。模型I只包含个体变量。例如,性别变量体现出正相关系数(b=0.532),这意味着如果用女性作为参照类的话,男性报告的倾向性更高。小区变量与个体变量一起被引进到模型Ⅱ之中。唯一具有重要影响的变量是“小区社团”。正相关系数(b=0.152)表明拥有更多主动活动的小区中,公民的报告也更多。模型Ⅲ包含了小区层面的互动影响。

模型I的结果再次确认了合作生产中的个体决定要素,这也符合我们案例中所采用文献的研究结果。男性、老年人、有孩子的家庭及长时间居住在安特卫普市的个体都更可能去填写报告。移民人口不太可能参与到报告系统中来。尽管已经采取了很多易于使用的报告渠道来降低报告的阻碍,但是数据库中的合作生产者并没有体现出宽泛的人口特征。对此的解释是该项措施便于那些已经习惯于报告的公民参与,而不是吸引具有不同特征的新报告公民参与。

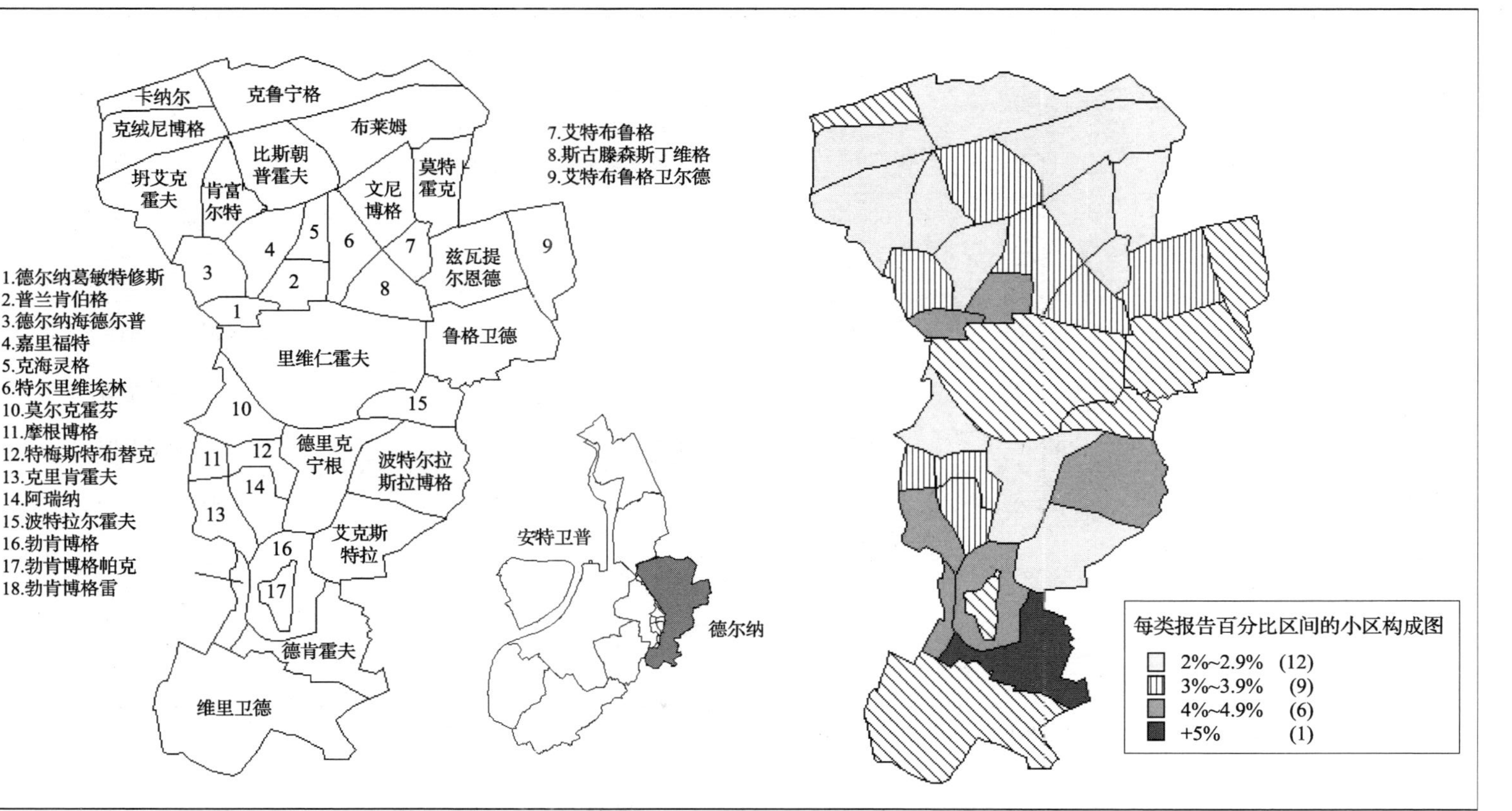

图 2 每个小区报告人所占百分比

表 1 对数模型分层估计值:谁填写了报告?

	模型Ⅰ		模型 Ⅱ		模型 Ⅲ	
	相关系数	标准差	相关系数	标准差	相关系数	标准差
“固定影响”						
层级 1(人员)						
截距	−4.690***	0.129	−4.863***	0.571	−10.770***	2.074
性别(参照项=女性)	0.532***	0.048	0.532***	0.048	0.533***	0.048
年龄 (标准化的)	2.935***	0.186	2.929***	0.186	2.927***	0.186
年龄 2(标准化的)	−2.655***	0.175	−2.646***	0.175	−2.646***	0.175
移民(参照项=欧盟公民)	−0.861***	0.112	−0.851***	0.111	−0.847***	0.111
家庭构成						
单身无子女(参照项)	0.000		0.000		0.000	
单身有子女	0.025	0.111	0.022	0.111	0.023	0.111
配偶无子女	0.119	0.061	0.116	0.061	0.116	0.061
配偶有子女	0.167*	0.071	0.167*	0.071	0.168*	0.071

续表

	模型 I		模型 Ⅱ		模型 Ⅲ	
	相关系数	标准差	相关系数	标准差	相关系数	标准差
其他的家庭构成	−0.310	0.252	−0.313	0.252	−0.314	0.252
民事注册登记持续时间(标准化的)	0.246***	0.029	0.245***	0.029	0.246***	0.029
层级 2 (背景环境)						
低教育水平比例 (2001)			−0.006	0.006	0.132**	0.047
30～58 岁年龄比例			0.007	0.007	0.103**	0.033
小区社团/1000 居民 (标准化的)			0.152***	0.038	0.133***	0.035
年龄群体中的 30～58 岁低教育水平人口					−0.002**	0.001
"随机影响"						
σ_e^2(比例因子)	1		1		1	
σ_u^2	0.061	0.021	0.018	0.010	0.010	0.007
N 层级 1	56 510		56 510		56 510	
N 层级 2	28		28		28	

注:$p<0.05^*$;$p<0.01^{**}$;$p<0.001^{***}$。

层级 1:成年居民; 层级 2:超过 100 名居民的统计区域。

对比有关年龄的一般假设,年龄变量并没有呈现出线性关系,而是在年龄和报告行为中形成了一条抛物线关系(正如图 1 基于双变量分析所预期的一样)。年轻人和老年人比中年人的报告要少。老年一代的低报告率与参与文献研究中的论证相反,这些文献认为参与随着年龄增长而增加(Dalton,2008)。对此的解释是老年一代对于政府一般具有更为容忍的态度,而直言不讳的中年一代在清晰表达他们对政府的需求时则更无保留(Durant,1995)。对政府的顺从可以解释老年一代不填写问题报告的原因,因此,在我们合作生产的案例中呈现出抛物线。同时,这也解释了为什么老年人会在受到号召时去投票站投票,因此在政治参与的研究中得出了线性相关的结论。

模型Ⅱ引入了小区层面的变量。在小区层面,较高的报告行为与小区社团的活动积极性相关。该变量与帕特南的社会资本(Putnam,1993)概念紧密相关,对报告行为具有强烈的正向影响。在很多活动频繁的小区中,有更多的公民参与报告。这看起来肯定了萨拉(Serra,1995)对公民主动联系政府机构的研究结果,该研究发现社会参与是解释与政府机构进行接触的重要变量。为此,我们的研究表明小区的社会资本增强了合作生产水平。合作生产中重要的不仅仅是你是谁,以及你所占有的资源,还包括你住在哪里。是社会网络才能解释这种小区效应,而不是个人资源集中的累计优势。[5]

另外,两个小区变量“中年人的比例”以及“低教育水平比例”也具有一定的影响,但只有在引入这两个变量间的互动作用时,它们的重要性才会出现。模型Ⅲ引入了互动项。同时,“低教育水平比例”变量具有正向效果,而小区中“低教育水平比例”和“报告公民比例”间的双变量是负相关。社会资本形成和小区空间布局间的相互影响可以作为一种解释。我们将在讨论部分回到这些看似对立的调查发现。

八、讨论:小区是有作用的,但如何发挥作用

我们的研究结果表明,公民填写报告的可能性不仅有赖于他/她的个体特征,还有赖于他/她所居住的小区地点。多层次模型表明,当我们控制个体特征时,小区也会产生作用。大多对于合作生产或是政治与社会参与性的个体倾向方面的研究,都没有将合作生产或是参与所发生的空间背景纳入解释之中。我们发现有必要提升有关对背景环境的认识。即使本案例这种合作生产水平较低的情况,小区因素的影响仍然会提高对参与和合作生产的其他数据中空间聚类的认识。我们希望在其他更多的数据库中能够发现多层结构。

更高的教育水平往往与更积极的参与相关。然而,参与方面的研究已经表明,不同教育群体间存在的参与差异在老年参与者中体现并不明显。这在我们小区层级的分析中也得到了确认。“中年人的比例”和“低教育水

平比例”两个变量将28个小区分成了4个小组，4个小组中的报告情况具有对比性。表2列出了小区的4个分组。第一个小区分组是低教育水平居民的数量相对较少，中年居民数量相对较多，这种人口构成是典型的活跃中产阶级。这些具有相对优势地位的小区也拥有较高数量的报告公民。第二个小区分组包括较多低教育水平居民和相对较少的中年居民。这种较老的工薪阶层小区相对而言较贫困，但同样不成比例地具有数量较多的报告公民。第三个小区分组是拥有少量的低教育水平公民和少量的中年居民。这种较老的中产阶级小区呈现出较低的报告活动。最后一个小区分组同时具有较高数量的低教育水平居民和中年居民。这些工薪阶层小区具有较低的报告活动水平。与前两个小区分组相比，负向互动作用项对最后两个小区分组的调节作用更为明显。[6]

表2　　基于社会经济参数的小区分组

<table>
<tr><td></td><td></td><td colspan="2">低教育水平比例</td></tr>
<tr><td></td><td></td><td>低</td><td>高</td></tr>
<tr><td rowspan="2">中年人的比例</td><td>高</td><td>第一类——活跃的中产阶级小区
较多的公民报告
代表性社区:德肯霍夫(Drakenhof)
每千人中平均有23.45名报告人</td><td>第四类——活跃的工薪阶层小区
较少的公民报告
代表性社区:布莱姆(Brem)
每千人中平均有8.03名报告人</td></tr>
<tr><td>低</td><td>第三类——较老的中产阶级小区
较少的公民报告
代表性社区:莫尔克霍芬(Morkhoven)
每千人中平均有11.50名报告人</td><td>第二类——较老的工薪阶层小区
较多的公民报告
代表性社区:阿瑞纳(Arena)
每千人中平均有15.77名报告人</td></tr>
</table>

这些研究表明，小区构成非常重要。同时，我们也观察到，在引入互动项后“小区主动活动”变量的影响明显下降。这似乎意味着表格中每一种社会经济变量的高低组合都创造出一种有助于社会凝聚力的环境条件。这方面，可以运用城市规划理论进行分析。规划理论认为物理形态对人们如何使用小区有很重要的影响。功能变量(如工作、居住、休闲、购物)构造上越为紧密地联系，越能巩固社会网络(Jacobs,1961;Scott,1998)。那些分割这些功能的大型的基础设施、排水沟、现代主义风格的规划方案都会撕裂这个社会构造。

因此，小区的空间形态可能是一个潜在的深层维度。报告活动水平不高的小区都是很没有人情味的街区，没有加强小区身份认同的地标。莫尔克霍芬，一个处于较低报告水平的较老的中产阶级小区，就是 个具有一系列现代风格建筑的住宅区,用隔音墙把小区与一条繁忙的六车道高速路隔开。同样地,一个不伦不类的绿化带、足球体育馆和一条道路主动脉分割了布莱姆小区,这是一个处于低报告水平的工薪阶层小区。相反,阿瑞纳小区大部分由廉租房构成,人性化的住房围绕着一个个体育设施、运动场和小区的集会空间。与此类似,德肯霍夫是一个毗邻公园的更为绿色的小区,同时该小区还有更为均匀的空间规划。后两个小区都呈现出更高的报告活动比率,4年期间分别为每千人中平均有15.77名和23.45名报告人。

虽然我们对这里所展现的空间结构影响分析是归纳性和尝试性的,但我们的研究的确指明了空间形态的方向。宽泛而言,空间环境对于合作生产、参与和其他公民行为的影响会为研究提供多样化的途径(Sampson,2012)。这种研究议程至少能够得到公共行政、政治参与和城市理论等学科的跨学科研究支持。该领域的研究应该走出小区社会地位的分析,之前这被描述为是参与的"标准模型"(Verba,1987)。对于空间形态是如何影响社会资本和公民参与的完整分析能够回答小区特征发挥作用的方式问题。空间和参与之间的互动为发展公平而有效的合作生产政策提供了新的观察视角。

对于合作生产的实践而言,我们的研究结果既可以被理解为一种建议,同时也是一种警告。批评的声音警告政治决策和合作生产中公民参与影响的公平性。尤其是,强势公民可能会比弱势公民更轻易地获得合作生产和参与的好处。理论上,人们会希望在合作生产的安排中能协商解决公平问题,但这要付出很大的努力,也需要投入大量的资源。即便如此,我们发现,甚至在低付出的合作生产安排中,社会人口偏差(如年龄、教育和民族)也是常见的现象。我们在这里面对着一种非常棘手的情况。如果在这里发现了公平问题,其他地方可能也是如此。我们分析中加入的公平问题,不仅与个体层面相关,同时也应当将小区特征考虑在内。一项旨在囊括全体公民在内的参与和合作生产政策正应该出于公平的理由设定包含所有公民和小区在内的目标。

然而,与社会人口解释不同,一个更加积极的解读认为,小区中社会资本的影响为政策制定者提供了一种操作性的视角。一般而言,改变城市人口的社会人口特征,还要避免中产阶级居住区的影响,这是一项长期而又艰巨的任务(Smith,1996)。同时,地方政府的影响会被其他公共干预和经济总体状况所调节。相反,政策可以建立在小区社会资本的概念上。政策可以支持小区社团,强化对话以及合作生产安排中的公民参与。

理论而言,在那些社会资本导向合作生产,而合作生产又进一步加强小区社会资本的地方能够实现良性循环。公众人士可以帮助建立这种小区中的社会基础结构,这种社会基础结构反过来也会增强参与(Nalbandian,1999)。而且,还会产生从合作生产到政治参与和协商的外溢效应。当公民一起进行合作生产服务时,他们也会在某些政治问题需要提上议程的时候互相帮助。合作生产会在人们之间建立一种弱联系,但这种联系会在艰难时刻体现出强大的力量(Granovetter,1973)。我们进行了横向分析,为此我们并不能证明该种效应。但是社会网络研究证明了我们所提观点的合理性。接下来的研究应该进一步讨论下述种种问题,如合作生产潜在的良性循环;社会资本形成;以及合作生产、参与、交往之间的外溢效应。

九、结论

本文旨在回答一个非常直接的问题:小区的特征会影响合作生产吗?换言之,合作生产中的参与是仅仅依赖于你是谁,还是依赖于你住在哪里?问题的答案也是直截了当的。小区的确可以解释合作生产的差异。然而是小区的社会资本,而不是小区的社会地位解释了小区间的差异。我们进一步尝试性地确认了小区的空间形态会支持或阻碍社会资本的形成。

我们认为本文提供了更进一步研究的途径。首先,虽然合作生产方面的文献主要关注个体以及参与者的个人特征,但本研究指出了环境要素的相关性。虽然环境要素几乎在每个案例中的界定都是特定的,我们的研究也有待跨越时间和地点的检验。但是未来研究应当评估在不同环境和项目中,本文研究成果的一般适用性。其次,另一个研究主题是小区社会资本与小区空间结构的相互作用。本案例研究的初步迹象表明空间形态能够解释社会资本和合作生产的水平。我们无法对此关系展开系统性研究。进行城市规划理论、合作生产以及参与研究等跨学科的努力看来是很有必要的。最后,宽泛而言,本研究提升了公民态度与行为数据分析中的空间层次意识。波利特(Pollitt,2008)认为:“空间”影响将成为当代学术研究去关联化倾向的牺牲品。与波利特相同,我们认为空间影响在当今仍然有关。

注释

[1]由于隐私规定,一般是不太可能完全追踪到个体参与者背景的(Gimpel et al.,2006)。在我们的数据库中,我们能够将调查对象个体与家庭住址联系到一起,从而允许我们检验包含个体特征和环境因素两者嵌套的解释模型。

[2]理论上说,人们或许认为所有小区层面的系统整合变量某种程度上都依赖于个体活动(Archer,1996)。在这方面,内生性问题在多层分析中总是非常突出。这确实是分析变量的问题,这些分析变量是忽略掉个体特征(比如亲社会行为与态度)的集合。然而,由于亲社会态度只会在非常有限的情况下产生行为结果(如参与小区活动),因此基于调查分析中不可避免地存在观察缺失,在个体层面去确认这些影响则是非常困难的。而且,某一时刻 T 的小区活动与过去 T-1 时刻中的亲社会背景紧密相连,因此小

区活动是可以在事实上与个体亲社会态度区分开的。

[3]对组内相关性的评估常被用于评估多层分析是否恰当。在具有两个层级的模型中,这种相关系数表现了在第二个层级所发现的总变差份额。在二分因变量模型中,是有可能计算出标准组内相关性的。而且,由于我们的因变量是过度偏斜的,因此,方差分配系数的用处不大。但是,我们能够观察到第二个层面的方差明显不为零。模型中的估计方差 σ2u 只有 0.062 的截距,标准误差为 0.021。无论是什么情况,传统的单级逻辑回归,环境要素的标准误差可能被错误估计了。

[4]年轻人的代表性不足不是方法论的人为结果。再者,我们检验了年轻人的缺席是不是由于民事登记的人为匹配。非常有可能的是,很多在报告期间与父母居住在一起的年轻人并没有在民事登记系统内,但是这些年轻人现在已经离开了父母家。很明显年轻人的群体非常有限。我们通过匹配姓名发现,只有 10.8%的报告公民在他们所提供的住址上没有包含在民事登记系统中。

[5]小区报告分析的双变量分析体现出社会人口变量的显著相关性,如平均收入(正)、新居民比例(负)、较低办学水平比例(负)、30~58 岁年龄群所占比例(正)以及小区主动活动(正)。在多层模型中,所有的社会人口指标偏差都被变化的小区主动活动所吸收了。

[6]需要说明的是,本研究中非标准化影响的大小并不相关。例如,互动项的影响就非常小,它只是测量单位的结果。互动作用项的影响实际上大于两个本构变量的一阶效应。当我们观察标准化相关系数时就比较明显,“中年人的比例”和“低教育水平比例”各自的相关系数为 0.634 和 0,873,而两个变量结果的标准化影响为-0.905。

作者简介

彼得·蒂森(Peter Thijssen),比利时安特卫普大学政治学系副教授。他是媒体运动和政治学(M^2P)研究团体的成员。他目前的研究主要集中在政治参与、风险认知和代际融和领域。

沃特·范·多伦(Wouter Van Dooren),比利时安特卫普大学政治学系副教授。他是媒体运动和政治学(M^2P)研究团体的成员。他的主要研究兴趣为公共部门的绩效评估和管理。他还研究了公共管理的政治维度,公共政策的问责制和参与度。

参考文献

Adler PS and Kwon S-W (2002) Social capital: Prospects for a new concept. *Academy of Management Review* 27(1): 17–40.

Alford J (2002) Why do public-sector clients coproduce? Toward a contingency theory. *Administration & Society* 34(1): 32–56.

Archer M (1996) Social integration and system integration: Developing the distinction. *Sociology* 30(4): 679–699.

Bovaird T (2007) Beyond engagement and participation: User and community coproduction of public services. *Public Administration Review* 67(5): 846–860.

Brady HE, Verba S and Schlozman KL (1995) Beyond SES: A resource model of political participation. *American Political Science Review* 89(2): 271–294.

Brehm J and Rahn W (1997) Individual-level evidence for the causes and consequences of social capital. *American Journal of Political Science* 41(3): 999–1023.

Charbonneau É and Van Ryzin GG (2012) Performance measures and parental satisfaction with New York City schools. *American Review of Public Administration* 42(1): 54–65.

Coleman JS (1988) Social capital in the creation of human capital. *American Journal of Sociology* 94: S95–S120.

Corbin JJ (1999) A study of factors influencing the growth of nonprofits in social services. *Nonprofit and Voluntary Sector Quarterly* 28(3): 296–314.

Dalton RJ (2008) *Citizen Politics: Public Opinion and Political Parties in Advanced Industrial Democracies*. Washington: CQ press.

Durant RF (1995) The democratic deficit in America. *Political Science Quarterly* 110(1): 25–47.

Gimpel JG, Lee FE and Kaminski J (2006) The political geography of campaign contributions in American politics. *Journal of Politics* 68: 626–639.

Goerres A (2006) Why are older people more likely to vote? The impact of ageing on electoral turnout in Europe. *British Journal of Politics & International Relations* 9(1): 90–121.

Gofen A (2012) Entrepreneurial exit response to dissatisfaction with public services. *Public Administration* 90(4): 1088–1106.

Graddy E and Wang L (2009) Community foundation development and social capital. *Nonprofit and Voluntary Sector Quarterly* 38(3): 392–412.

Granovetter MS (1973) The strength of weak ties. *American Journal of Sociology* 78(6): 1360–1380.

Inglehart R and Welzel C (2005) *Modernization, Cultural Change, and Democracy: The Human Development Sequence*. Cambridge: Cambridge University Press.

Jacobs J (1961) *The Death and Life of Great American Cities*. New York: Vintage.

James E (1986) The private nonprofit provision of education: A theoretical model and application to Japan. *Journal of Comparative Economics* 10(3): 255–276.

Leighley JE and Vedlitz A (1999) Race, ethnicity, and political participation: Competing models and contrasting explanations. *Journal of Politics* 61(4): 1092–1114.

Leyden KM (2003) Social capital and the built environment: The importance of walkable neighborhoods. *American Journal of Public Health* 93(9): 1546–1551.

Lincoln JR (1977) The urban distribution of voluntary organizations. *Social Science Quarterly* 58(3): 472–480.

McClurg S (2006) Political disagreement in context: The conditional effect of neighborhood context, disagreement and political talk on electoral participation. *Political Behavior* 28(4): 349–366.

Marschall MJ (2004) Citizen participation and the neighborhood context: A new look at the coproduction of local public goods. *Political Research Quarterly* 57(2): 231–244.

Merton RK (1988) The Matthew effect in science, II: Cumulative advantage and the symbolism of intellectual property. *Isis* 79(4): 606–623.

Nabatchi T (2010) Deliberative democracy: The effects of participation on political efficacy. Doctoral thesis, Indiana University.

Nalbandian J (1999) Facilitating community, enabling democracy: New roles for local government managers. *Public Administration Review* 59(3): 187–197.

Paarlberg LE and Gen S (2009) Exploring the determinants of nonprofit coproduction of public service delivery: The case of k-12 public education. *American Review of Public Administration* 39(4): 391–408.

Pollitt C (2008) *Time, Policy, Management: Governing with the Past*. Oxford: Oxford University Press.

Putnam RD (1993) *Making Democracy Work: Civic Traditions in Modern Italy*. Princeton, NJ: Princeton University Press.

Putnam RD (2001) *Bowling Alone: The Collapse and Revival of American Community*.

London: Simon and Schuster.
Rosenstone SJ and Hansen JM (2002) *Mobilization, Participation, and Democracy in America* (1st edn). New York: Pearson.
Sampson RJ (2012) *Great American City: Chicago and the Enduring Neighborhood Effect*. Chicago and London: University of Chicago Press.
Saxton GD and Benson MA (2005) Social capital and the growth of the nonprofit sector. *Social Science Quarterly* 86(1): 16–35.
Scott JC (1998) *Seeing Like a State: How Certain Schemes to Improve the Human Condition have Failed*. New Haven: Yale University Press.
Serra G (1995) Citizen-initiated contact and satisfaction with bureaucracy: A multivariate analysis. *Journal of Public Administration Research and Theory* 5(2): 175–188.
Sharp EB (1986) *Citizen Demand-making in the Urban Context*. Birmingham: University of Alabama Press.
Smith N (1996) *The New Urban Frontier: Gentrification and the Revanchist City*. London: Routledge.
Southworth M (2005) Designing the walkable city. *Journal of Urban Planning and Development* 131(4): 246–257.
Teaford JC (2013) Jane Jacobs and the cosmopolitan metropolis: 2012 UHA Presidential Address. *Journal of Urban History* 39(5): 881.
Teorell J (2003) Linking social capital to political participation: Voluntary associations and networks of recruitment in Sweden. *Scandinavian Political Studies* 26(1): 49–66.
Thomas JC and Melkers J (1999) Explaining citizen-initiated contacts with municipal bureaucrats: Lessons from the Atlanta experience. *Urban Affairs Review* 34(5): 667–690.
Thomas JC and Streib G (2003) The new face of government: Citizen-initiated contacts in the era of e-government. *Journal of Public Administration Research and Theory* 13(1): 83–102.
Van Dooren W, Thijs N and Bouckaert G (2004) Quality management and the management of quality in European public administrations. In: Löffler E and Vintar M (eds) *Improving the Quality of East and West European Public Services*. Aldershot: Ashgate, pp. 91–106.
Van Laecke P (2008) Wat ligt er op de buurtbarbecue: een onderzoek naar het sociaal kapitaal. University of Antwerp, Antwerpen.
Verba S (1987) *Participation in America: Political Democracy and Social Equality*. Chicago, IL: University of Chicago Press.
Verba S, Kay LS and Henry EB (1995) *Voice and Equality: Civic Voluntarism in American Politics*. Cambridge, MA: Harvard University Press.
Wilson JQ and Kelling GL (1982) Broken windows. *Atlantic Monthly* 249(3): 29–38.
Wolfinger RE and Rosenstone SJ (1980) *Who Votes?* New Haven: Yale University Press.

Who you are/where you live: do neighbourhood characteristics explain co-production?

Peter Thijssen and Wouter Van Dooren
University of Antwerp, Belgium

Abstract
Co-production establishes an interactive relationship between citizens and public service providers. Successful co-production hence requires the engagement of citizens. Typically, individual characteristics such as age, gender, and income are used to explain

why citizens co-produce. In contrast, neighbourhood-level variables receive less attention. Nevertheless, the co-production literature, as well as social capital and urban planning theory, provides good arguments why neighbourhood variables may be relevant. In this study, we examine the administrative records of citizen-initiated contacts in a reporting programme for problems in the public domain. This co-production programme is located in the district of Deurne in the city of Antwerp, Belgium. A multilevel analysis is used to simultaneously assess the impact of neighbourhood characteristics and individual variables. While the individual variables usually found to explain co-production are present in our case, we also find that neighbourhood characteristics significantly explain co-production. Thus, our findings suggest that participation in co-production activities is determined not only by who you are, but also by where you live.

Points for practitioners

In order to facilitate co-production and participation, the neighbourhood should be the first place to look. Co-production benefits may disproportionaly accrue to strong citizens, but also to strong neighbourhoods. Social corrections should take both into account. More broadly, a good understanding of the neighbourhoods in the city is needed to grasp citizen behaviour. Place-based policies in the city should focus on the neighbourhood.

Keywords
citizen participation, co-production, local government, multilevel analysis, social capital

国际行政科学评论

校园安保服务合作生产:佐治亚大学案例研究

布莱恩・N. 威廉姆斯[①] 梅根・勒佩雷・史洛普
Brian N. Williams Megan LePere-Schloop
P. 丹尼尔・丝尔克 亚历山德拉・希伯伦
P. Daniel Silk Alexandra Hebdon
翻译:奉 莹 审校:陈 光 马永堂

【摘 要】 校园安全保障是美国教育机构的一个突出问题,也是受到越来越多关注的一个领域。然而,关于在校园安保服务合作生产方面所做的努力和产生的困难,人们却知之甚少。本文针对校园的安保情况,考察学生和校园警务人员对专业服务人员与用户之间关系的认知,将有助于校园安保服务合作生产的研究。研究结果表明,人口和环境因素通过不同方式形成了用户和专业人员对他们之间关系的认知,而这些认知差异对校园安保服务合作生产产生了影响。

对实践工作者的启示

本文阐述了大学校警和学生对美国研究型大学校园安保服务合作生产的看法。研究搜集的数据表明,尽管警务人员和学生可能有不同的看法,而

---

① 通信作者:

Brian N. Williams, Department of Public Administration & Policy, School of Public and International Affairs, The University of Georgia, 204 Baldwin Hall, 355 South Jackson Street, Athens, GA 30602, USA.

E-mail: bnwillia@uga. edu

且他们在合作生产中的角色也不同，但是他们都赞成应该通过这样一种方式来加强公共安全，即警察和学生应有相互见面的机会，并在正式的、强制性执法措施以外保持个人间的人际交往。这说明采取良好的参与策略十分重要，同时，开展“教育活动”也具有潜在益处，它能够使校警和学生群体之间相互了解。

【关键词】 协作；合作生产；高等教育；警察；服务提供；志愿者

一、引言

合作生产与个人和有组织的公民团体在设计和提供公共服务方面的作用不断扩大有关（Alford，2002，2009；Bovaird，2007；Parks et al.，1981；Whitaker，1980）。合作生产一直因其在加强理解、预防和解决公共问题，提高公共服务效率和有效性，以及获得公民和其他合作生产者的支持等方面所具有的潜力而被人们所称道（Meijer，2011；Needham，2003，2006，2008；Ostrom et al.，1978；Parks et al.，1981）。鉴于公共组织和服务用户间的集体行动，合作生产需要采取一系列步骤，并依赖于各方的协调、配合与协作意愿。

博维尔德（Bovaird，2007）提出的分析框架强调了用户和社区与公务员在公共服务合作生产中的关系范围。尽管博维尔德指出这个框架可以应用于各种决策领域，但我们仅关注其在服务合作生产方面的研究。从图1中可以看到专业人员与用户之间的相互关系：从互不合作（专业人员或用户互为独立的服务设计者和提供者）到全面合作生产（用户和专业人员共同设计和提供服务）（Bovaird，2007）。

	专业人员为独立设计者	服务用户和/或社区为合作设计者	无专业人员参与的服务规划
专业人员为独立的服务提供者	传统的公共服务提供者	为参与设计的用户/社区提供传统的公共服务	无
专业人员和用户/社区为合作提供者	用户合作提供专业设计的服务	用户/专业人员全面合作共建	用户/社区同专业人员合作提供最低设计程度的服务
用户/社区为独立提供者	用户/社区提供专业设计的服务	用户/社区提供合作设计的服务	传统自行组织的社区提供者

图1 划分专业人员与用户合作生产关系的博维尔德分析框架

以往的研究强调专业人员和服务用户之间合作生产关系存在的挑战,包括所有组织流程中固有的冲突(Follett,1918),以及与信用、激励、透明度、相互矛盾的价值取向、角色模糊和倦怠等相关的问题(Birchall and Simmons,2004;Bovaird,2005;Mayo and Moore,2002;Taylor,2003)。一般来说,影响专业人员和用户在合作生产中相互关系的因素是极为微妙的,超越了单纯的接触和参与(Bovaird,2007)。不过,个别学者对用户和专业人员对于表面合作生产关系认知的趋同点和分歧点,以及这些认知点影响合作生产的情况进行了实证研究。

本研究运用博维尔德的研究框架来检验专业人员和服务用户如何看待其各自在合作生产中扮演的角色,以及这些认知如何影响专业人员建立与服务用户更加紧密的合作关系,从而弥补了这方面的研究"短板"。具体来说,我们探讨本科生和校警如何看待他们之间的关系,以及这些认知如何影响美国东南部大学校园中的安保服务合作生产工作。我们提出了以下三个研究问题:

1. 警务人员和公民客户如何认知他们自身以及其伙伴在安保服务合作生产中扮演的角色?

2. 通常影响安保服务合作生产核心伙伴关系的实际的或想象中的困难或障碍,尤其是对于佐治亚大学校园而言有哪些?

3. 佐治亚大学校园安保服务合作生产中的警察和本科生采取了哪些克服这些实际的或想象中的障碍的办法,以及这些办法是如何运用于其他学校的?

这些问题的答案将阐述专业人员和用户在建立一种更加紧密的服务合作生产关系中所面临的挑战。2013 年以来,美国大学校园已经发生过 20 多起大规模枪击事件,我们相信这一研究将为校园安保服务合作生产提供重要而实用的借鉴。

二、公共安全与公共秩序的合作生产

从全球范围来看,阿尔福德(Alford,1998)、李约瑟(Needham,2003)、博伊尔和哈里斯(Boyle and Harris,2009)以及其他学者都指出,应推动政府制定政策,促进合作生产,以努力规范民众的日常行为。合作生产通常与地方执法实践有关(Ostrom et al.,1978;Parks et al.,1981,1999;Whitaker,1980)。在美国,虽然"合作生产"一词不常在学术界之外使用,其理念却在治安管理方面表现出广泛扩大的趋势。

例如,地方警务部门正在日益通过使用非正规编制的警务人员,加强民众协助提供警务服务的力度。柯德纳(Cordner,2007)把这种趋势称作

“市民化”。美国的警察机构也在同民间志愿者一道工作，共同提供治安服务。努力把来自社区的志愿者同地方警务部门的正式和非正式警务人员整合在一起，共同打造公共安全和公共秩序，这一举措充分体现了美国大多数警务机构所奉行的面向社区治安的专业理念。

面向社区治安的理念是一种现在流行的治安理论。它反映并支持了民主社会的价值观，即在公共安全、秩序和保障领域的公民参与度和公众参与度(Kappeler，2012；Oliver，2007)。其核心是利用社区伙伴关系来预防犯罪和解决问题。其重点是拓展合作空间、让群众志愿者积极参与、让社区团体对专业规范产生影响，并采取激励策略增强公共参与和改善社区与警员之间的关系，以期最终形成新的合作局面。执法的民众化增强了对群众志愿者的使用，而面向社区治安的战略与策略的运用则表明，美国的执法机构已采取了广泛的合作生产行动。

三、美国校园安保的合作生产

在考虑校园安保合作生产时，重要的是要注意美国执法以及高等院校校园的几个特点。首先，美国在执法方面的一个特点是地方执法机构数量众多，司法管辖权虽然明晰但往往重叠。在全国 18 000 家执法机构中，2/3 是地方部门和机构(地方警务，2014)。司法部估计(Woolfenden & Stevensen，2011)，全国各地有 20 000 名校园警察和保安人员。跟美国其他宣誓就职的正式警员一样，校警也在执法机构系统中工作。然而，美国校园安保合作生产至少在两个方面面临特殊的挑战，而这在全国执法机构中却并不多见。

例如，美国高校往往是住宿的，同其他一些寄宿学校更为普遍的国家不同的是，美国大学一年级的新生标志着很多学生要第一次离开家庭生活。在佐治亚大学，61%的新生住在学校宿舍(University Housing Quick Facts，n. d.)。因此，大学校园是相邻居住、无成人监护和陪伴的年轻人集聚区。与老龄社会群体相比，年轻人对警察的看法较为负面(Bridenball & Jesilow，2008；Reisig and Giacomazzi，1998；Reisig and Parks，2000)。毫不奇怪，“因为年轻人认为警方试图限制他们的独立性，与其更年长成熟的邻居相比，他们往往对警方持有更加负面的看法”(Reisig and Giacomazzi，1998)。

更重要的是，虽然人口可以在所有城市自由流动，美国校园的住宿特点意味着，警员每年有 25%的社区工作是在应对高年级学生的毕业和新生的进校活动。这表明，校警因此须懂得，他们每年都面临着要同其所服务的 1/4 人口重新建立关系。泰勒(Tylcr，2011)认为，“公众与警方每打一次交道……都应该被视为一次建立或破坏法治的社会经历”。考虑到这一点就会明白,大学校园人口的动态特点会妨碍这种获得教育学习的机会,因为每四年或五年绝大多数学生群体就会全部更新。

此外,大学社区的性质决定了校园里的每个人都出生和成长在别的地方——大学不是任何一个人的故乡。因此,校警面临的一些有关警察合法性的认知已经在校外环境中形成。所以,校警同时承袭了喜忧参半的警民关系,在其管辖范围内较难以控制公众对警察的认知。

美国校园生活的另一个值得一提的特点是兄弟会和姐妹会。这些私人组织由宿舍、社交俱乐部和网络组织组成。兄弟会和姐妹会也享有其声誉,这些声誉决定其是否能举办校园所流行的供未成年人饮酒的派对。根据佐治亚大学社团生活办公室的统计(Claudia Shamp,personal communication,29 July 2014),佐治亚大学共有 6 400 名兄弟会和姐妹会成员,17 个姐妹会宿舍,26 个兄弟会宿舍,共计 43 处社团成员住所,住着 958 名女生和 559 名男生。

尽管校园安全十分重要,但是对大学警务人员和大学生的认知,相对于其在校园安保合作生产中各自的作用而言,人们却知之甚少。

四、研究地点

佐治亚大学是一所研究型大学,拥有近 10 000 名员工和 34 475 名学生,其中本科生 26 215 人。主校区占地 759 英亩,主要位于佐治亚州雅典—克拉克县(佐治亚大学,日期不详)。雅典—克拉克县是佐治亚州 159 个县中最小的一个,占地 122 平方英里。城乡总人口(根据 2010 年人口普查数据)约为 116 714 人,年龄中位数为 25.9 岁。总人口中有 33.5%生活在贫困线以下(雅典—克拉克县公共信息办公室,日期不详)。

佐治亚大学警察局是一家提供全方位服务的执法机构,其主要管辖范围为大学校园(佐治亚大学警察局,日期不详)。该机构拥有正式在编警务人员 97 名,其中可以明确的有 72 名白人,10 名黑人,3 名西班牙裔,1 名亚裔。正式在编人员中,78 人为男性,9 人为女性(佐治亚大学警察局,2013a)。

佐治亚大学警察局秉持面向社区的警务管理理念,寻求与佐治亚大学社区建立密切联系,以提高公共安全;这一立场在其一系列组织工作和指导方针中都有所体现。例如,该局网站介绍了其致力于大学社区安全建设,特别是提供旨在“使我们的社区成员在关乎其安全、财产、社区、法律等问题方面能做出适当的选择”的教育活动(佐治亚大学警察局,2013b)。这些教育项目是定期提供的,面向全体新生播放的电视简报强调了学生参与打击犯罪行为的意义(佐治亚大学,2010),仅在 2013 年第一季度,该局犯罪预防处就向社区提供了9项教育项目,共有355人参加(佐治亚大学警察局,2013a)。

该局在网络和社交媒体上也十分活跃,在激发人们积极参与并提供信息的同时,还发布重要的紧急情况和与犯罪相关的信息。“佐治亚大学警报”系统是一个为学生和员工提供最新信息的紧急通知程序,它也体现了校警与民间的佐治亚大学应急措施办公室之间的合作伙伴关系(佐治亚大学应急措施办公室,日期不详)。网上设有官方投诉表,用来征求建议和意见,同时还在社区治安管理上强化了组织的重要性(佐治亚大学警察局,日期不详)。

五、研究设计和方法

本研究采用定性的方法来收集数据,以探寻佐治亚大学本科生和校警在校园安保服务合作生产方面的认知。根据图1博维尔德(Bovaird,2007)的合作生产框架,佐治亚大学警察局和上述校园社区之间的关系可被归为一类,即用户合作提供专业设计服务。本研究探讨了这种分类是否与用户和专业人员的认知一致,并检验了用户和专业人员之间的认知差异如何对实际的服务合作生产产生影响。为此,采取了焦点小组访谈的非实验设计法,以评估本科生和正式编制的校警的认知、正在开展的工作、面临的挑战,以及为学生提供机会,用来合作提供专业设计的校园安全保障等。

六、数据搜集

本研究以焦点小组讨论为主要方法采集定性数据。作为数据采集的一种工具,焦点小组访谈具有很多优势(Kamberelis and Dimitriadis,2008:397;Krueger,1988;Stewart and Shamdasani,1990)。此前的研究强调焦点小组能够接触到参与者鲜活而清晰的现实情况(Jarrett,2003)。特别是焦点小组的方法已被发现是一个很好的工具,可以获得当地执法人员真实的专业状况(Williams,1998),还可以获得社区居民对当地执法部门努力解决问题的真实看法(Williams and Close,2008;Williams and Stahl,2008),以及大学生的认知(Broadbear et al.,2000)。焦点小组的方法也存在一些局限,包括在召集小组成员方面存在难度、不能推广到更多的人群以及“集体思维”/小组被某个固执己见的成员所控制(Morgan,1988;Stewart and Shamdasani,1990)。

该研究认识到焦点小组访谈方法的局限性,并寻求解决或减轻定性数据通常存在的三种缺陷,即公信力、可信度和真实性不足。该研究小组成员运用“构建和谐进程”来征募佐治亚大学本科生和佐治亚大学警察局在编非文职警官参加焦点小组讨论。这一进程通过建立互信,使研究人员和被调查者之间形成了一种和谐关系,从而形成了自由的信息流(Spradley,1979),尤其在刑事司法组织介入的情况下,该方法得到了采纳和推荐(Pogrebin,2003)。

七、参与者概况

该研究小组成员招募了佐治亚大学本科生和佐治亚大学警察局警务人员参与数据采集工作。有关招募这两类参与者的实施情况,下文进行详细描述。

(一)本科生的招募

参与焦点小组的本科生有三个来源:校园优秀大学生联合会、美籍非洲裔联谊会和由校园住房部门单独招聘为学生住宿助理的学生。住宿助理是受过培训的骨干,负责监督居住在公寓或宿舍里的其他学生。本研究采取了滚雪球的抽样方法,同时与食物奖励结合起来对参与者进行奖励。

(二)佐治亚大学警察局警务人员的招募

在选拔参与者之前,通过电子邮件对佐治亚大学警察局的每位警务人员发送了一份简历填写表格和同意签字书。在巡查处人员交接班时,与其进行了接触,而对调查处人员,则在其办公室单独会面时介绍了该项研究的情况。而该局的其他在编正式警员,也被要求参与其中。从巡查处招募的焦点小组成员由带班警官安排与研究人员见面,以便在其定期轮班期间获得参与其中的机会。

(三)参与者情况小结

一共有 20 名学生参加了本科生的 5 个焦点小组讨论,表 1 是这些参与者的总结。15 名在编正式警员参加了 3 个焦点小组讨论,由于相关规定,同时研究人员也希望按照所承诺的那样保护参与者的隐私,表 2 仅提供了一个较为模糊的介绍。上述两表可在相关网页的附录中查阅(http://ras.sagepub.com/)。

八、数据分类及分析

所有焦点小组的讨论都有录像或数字记录和转录。为了更好地感知数据,我们采用了人工方法来捕捉小组讨论的内容和背景。下文描述了将原始数据转换成新出现主题的过程。

我们对所有记录都进行了转录，并提供给研究团队的所有成员。成员获得指导并有机会回顾和思考记录内容，以此来方便数据的精简和排序、笔记和观察分析的形成，以及重点引述内容的鉴定。该项工作采用了颜色编码的辅助方法。根据诺戴尔（Knodel，1993）提出的协议，这些笔记、观察分析和引述等资料都形成了初始码。每个焦点小组提供的数据分为三类：关键词、关键短语、关键事件或经历的说明引述。对数据分类的分析揭示了下列主题和认知。

为指导对新出现主题的分析，我们采用了命题分析，即将指定分析（通过直接引述参与者的话来描述焦点小组讨论）与归因分析（统计和计算词语、短语和语句的频率）结合起来，对小组的主题和认知进行分析评价。然后采用描述—解释的方法，在不同的警务人员和学生群体内部和相互之间比较和对照其认识、经验和观点。这种方法是基于克里彭多夫（Krippendorf，1980）、摩根（Morgan，1988）、斯图尔特和沙姆达萨尼（Stewart and Shamdasani，1990）的方法。

九、结果

摩根（Morgan，1988）、斯图尔特和沙姆达萨尼（Stewart and Shamdasani，1990）以及其他作者指出，焦点小组的会谈目的不是为了达成一致。然而，在本项探索性研究中，产生了 6 个主题和认知：佐治亚大学本科生和佐治亚大学警察局警务人员小组分别产生了 2 个主题，所有小组共同产生了 2 个主题。每个主题都将在下文进行介绍和讨论。

十、新出现的主题

主题 1：大学的气囊效应

校园是一个受保护的空间，能与外部环境的危险相隔离，这种认知似乎在佐治亚大学学生中形成了一种“气囊效应”。这种被警务人员所感知到的影响，表现在学生的举止和行为中，危及了其财产、人身安全和保障。例如，一名警务人员指出：

我们应对的大多数事情确实可以比较容易地阻止其发生。像这种事，“我把我的笔记本电脑在桌上放了 45 分钟，回来时却变戏法式地不见了……”，或者“我的钱包被人从车里偷走了。我就把它放在车的前排座位上，每个人都可以看到的地方”。（第 3 组，佐治亚大学警察局警务人员）

主题 2:大学警务人员的家长角色

从警务人员讨论中浮现出的另一个突出的主题是,佐治亚大学警务人员扮演了事实上的家长角色。在讨论中,警务人员的谈话方式所表现出的家长角色和行为,构建了这一主题。佐治亚大学警务人员扮演家长角色这一总主题的形成,得到如下一些次级主题的支撑:佐治亚大学警务人员扮演成了老师、榜样人物、保护人、助人者、解决问题者、执行者和传播者等角色。一名警务人员明确表明了这种观点:

佐治亚大学警务人员所扮演的角色与家长非常相像……因为你是大学的校警,在我们发挥的作用中,扮演了类似于家长的角色……(第 3 组,佐治亚大学警察局巡查队在编警务人员)

另一位警务人员回应了这种感受,他说:

我觉得我们在这里的主要目标之一是要确保他们(学生)感到安全……他们有足够的理由来担心,因为我们的首要目标是使环境安全起来,直到他们可以只关注他们需要关注的事情。(第 1 组,佐治亚大学警察局巡查队在编警务人员)

主题 3:大学本科生作为年轻的正在成长的成年人的自我认知

本科生焦点小组讨论产生了两个主题。其中第一个主题是大学生作为年轻的、正在成长的成年人的自我认知。这种认知的实质是,作为年轻的、正在成长的成年人,失足、犯错和青春的轻率行为是可以预料的,不应给予严惩。这一主题有许多描述和逸事来支撑。例如,一个学生说:

他们(佐治亚大学警务人员)跟大学生一起工作。他们应该更耐心一点,因为我们(佐治亚大学本科生)正在过渡到成年人阶段,所以必须有一个友好的关系,但同时也需要严厉。(第 3 组,佐治亚大学本科生)

另一位学生参与者,对大学城里警察的角色感同身受,他指出:

有时候,只要看看他们(警务人员)的脸,就觉得挺失败的……他们有很多工作要做。这对于他们来说可能还要经历漫漫长夜。(第 1 组,佐治亚大学本科生)

主题 4:基于间接和直接执法冲突的对警务人员的普遍负面认知

大学本科生焦点小组讨论产生的一个主题是,许多学生对佐治亚大学警务人员怀有负面的认知。这显然反映了一种社会流行的有关年轻人和警务人员之间关系的主题(Bridenball and Jesilow,2008;Reisig and Giacomazzi,1998;Reisig and Parks,2000)。某些个人逸事似乎能折射出焦点小组成员对警务人员的认知。

我被拽了过去——这是正当的——但星期五晚上在市区里我只是开

车掉个头想去星巴克喝一杯。那里虽然不是最佳的掉头位置，却也并不违法。但是他们(佐治亚大学警务人员)却百般责难。"你喝酒了吗?"当时大概是9点，事实上我平时也不喝酒。我当时想，"我是未成年人"。而对方却非常非常严厉地指责我……(第5组，佐治亚大学本科生)

然而，参与者的许多负面看法似乎是通过间接或道听途说、其他学生同他们分享的故事所形成的。这些经验似乎使本科生参与者对佐治亚大学警务人员的认知产生了深远的影响。例如，一个学生参与者回忆了下面的故事：

我哥哥的室友——21岁——从市中心走回来的路上，被警察拦住了，被控擅闯几处住所，并将其强行逮捕……我觉得那正是怨恨所在——这样的故事不断向周围传播——开始先产生怨恨，然后会在小的朋友圈或者比较亲密的关系之间传播得越来越广，最终成为制度的牺牲品。(第2组，佐治亚大学本科生)

在某些情况下，负面的认知似乎缺乏清晰的原因。这在一些学生对下面这一问题的回答中是显而易见的：你会用哪三个词来形容佐治亚大学警务人员和学生之间的关系？例如，一个学生使用了下列词作为回答：

我要说的是"紧张""不舒服""不合作"。我说"紧张"是因为我认为学生并没有把警方当作他们的盟友。所以，我想这就使我对于要不要合作十分紧张。为什么我说"不合作"，是因为我认为，学生(们)往往是不想打某人小报告的，或者他们不怎么想帮助警员，因为他们不认为警察会做对他们有帮助的事……我说"不舒服"就是因为这些原因。我知道当我看到警察，哪怕当时我遵守规则、没做任何错事时，我也会觉得不舒服。(第1组，佐治亚大学本科生)

主题5：我们的认知与他们的心态

本科生和警务人员焦点讨论小组同时产生了两个主题，其一是在本科生和佐治亚大学警务人员之间存在的"我们与他们"对情景的认知。这个主题包括以下次级主题：缺乏其他人(学生和警务人员)的参与，学生同伴的压力，学生的反告密(泄密或打小报告)情绪，对目标性执法行动的恐惧。这些相关次级主题形成的看法是一种最佳的"受到约束的关系"，而从一些学生参与者的认知来看，却是一种最糟糕的"敌对"或对抗关系。这种关系在学生与警务人员之间产生了距离、隔阂和对立。下列引自大学生焦点小组的访谈支持了这一主题和其次级主题：

学生中有这样的人，与其他每个人关系都不错，就像局外人或知情人，这些人使社区形成了"我们"与警察对立的认知。(第4组，佐治亚大学本科生)

没有人想当一个告密者……我觉得这是一种污名……(第2组,佐治亚大学本科生)

就算当我知道我正在做正确的事情,也不担心自己惹麻烦,一开始与警务人员打交道和说话的时候,可能其中某个警员不太友好,也可能我一开始跟他们说话太紧张。(第1组,佐治亚大学本科生)

警务人员也意识到学生之中的这种“我们与他们”的认知。然而,他们通常强烈反对这种观点。许多人表示,这种认知可能是“他们工作性质”附带产生的结果,也是学生家乡警务人员执法行动的影响和涟漪效应。正如一位警务人员生动地回答的那样:

我们跟他们一样!我们都是雅典县人。我们都生活在这里,同样买东西,用天然气,做一样的事情,但是一天只有8小时,谁让我们穿着这身制服呢(指他们的警服)……(第1组,佐治亚大学警务在编人员)

另一位警务人员也表达了类似的观点,这也反映出警察对学生关于警员—学生关系看法的认知:

95%(的时间)当你通过一栋大楼或一个大厅,同时也有学生通过时,他们一见到你会立刻紧张起来,停住不动。他们会低着头走过,尽量不用眼睛看你。我会觉得好像他们认为我们不该出现在那里。这很可悲,因为我们去那里是为他们服务的……我绝对相信所有学生都有一种“他们是来抓我们”的想法,显然这不是我们出现在那里的理由。(第1组,佐治亚大学警务在编人员)

主题6:大学本科生和校警之间需要建立更为个性化、更为积极、更为灵活的互动关系

本科生和警务人员焦点讨论小组共同产生的两个主题中的第二个主题是一种共同的认知,即认为在佐治亚大学本科生和警务人员之间需要建立一种更加个性化、更加积极、更加灵活的互动关系。这个主题受到下列次级主题的支持和强化:警服作为一种既能看得见又看不见的阻碍力量把这些合作生产主体分隔开来了;把存在于本科生和警务人员之间的专业性的、职责性的和非个性化的关系也割裂开来了;为消除警务人员和学生相互“先入为主地看待对方的观念”,需要建立更为“灵活的互动关系”、进行更为“积极的接触”和更为“随意的聊天”。一位学生这种总结说:

警服是学生和警务人员之间的一个障碍,因为学生看到警服就走,“哦,不,我必须举止得体,如果做错事他们就会指责我,他们会认为我正在做错事”,而我认为这不是事实。(第4组,佐治亚大学本科生)

一位接受访谈的警务人员对此提出了一个解决办法:

要积极主动,而不是被动地做出反应。我认为这就是打破樊篱的途径。

你得出去跟人交流,来了解我们的社区。(第3组,佐治亚大学警务人员)

在进行用“三个词”来表示警务人员和学生之间的关系的练习时,一位学生说道:

我用“少见”这个词,我猜“少见”和“不成熟”跟我们已经说过的内容有点相同,就是说没有太多互动交流。最后一个词是“专业”……我猜当你与他们交谈时,不会有“嘿,你们的课怎么样?”这样的谈话,而是就事论事。(第2组,佐治亚大学本科生)

一位警员针对这种挑战提出了一个可能的解决方案:

我想也许能有一些让学生组织和警务人员在一起工作的活动,可以像野炊或某种类型的福利计划,他们可以在一起工作,出主意帮助对方。(第1组,佐治亚大学警务人员)

另一位警员也同意这种观点,并提出:

我们(与学生)有初次接触,通常这种接触是负面的,我们需要更加积极的、非正式的接触(非执法行动),尤其是在大一新生和警务人员之间进行这种接触。(第2组,佐治亚大学警务人员)

十一、对结果的解释、讨论和理解

采用合作生产方式进行服务设计和提供服务是以专业人员和用户之间拥有和谐关系的假设为基础的,在此基础上所有参与者都认识到自身作为公共服务的合作生产者所应扮演的角色(Bovaird,2007)。然而,从我们研究中产生的那些主题表明,按照博维尔德(Bovaird,2007)用户作为专业化设计服务的合作生产者的概念,佐治亚大学警务人员和学生之间的关系可以说具有一种新生期或萌芽期的特点。本研究中涉及的校警都是受过培训的,其行为符合专业设计和合作生产服务合作生产的概念模式。然而,我们的研究结果表明,学生还没有完全理解他们的潜在作用,或者接受合作生产的思想。因此,警务人员的认知似乎反映了博维尔德(Bovaird,2007)合作生产或专业设计服务的概念模式,而学生的认知则更接近于博维尔德的传统公共服务提供的概念模式。

我们的研究结果表明,许多因素形成了用户和专业人员对其在合作生产中潜在作用的认知,这些认知反过来影响了建立学生和警务人员之间合作生产关系的努力。作为刚开始大学学业的本科生,他们渴望在美国大学校园生活中被视为成人并体验自由。即使警务专业人员鼓励本科生成为校园安全保障的合作生产者,这些本科生也不一定清楚自己在获得新的自由权利的同时还应担负的责任,他们似乎犹豫要不要作为合作生产者参与其中。这样一来,学生就自然形成了佐治亚大学警务人员所描述的“气囊效应”,使专业人士成为唯一的设计者,并在多数情况下成为校园安保服务的唯一提供者。警务人员宣誓保护和服务于校园学生群体,因此承担了家长的角色,不仅包括执法,还包括教育和提供便利信息,以帮助引导成长中的学生转变为成年人。

我们的研究结果还表明,学生在寻求维护其自身作为青年成年人的独立性,他们往往对警务人员执法的角色极为敏感。这种感知力的不对称影响了专业人员与用户之间的关系。学生与佐治亚大学警务人员直接和间接的执法接触强化了这种不对称性,导致了学生对警务人员绝对负面的看法。因此,就像子女与父母之间的动态关系在青年成长期所具有的不稳定性那样,本科生与佐治亚大学警务人员之间的关系似乎具有高度紧张化的特点。这种紧张关系似乎扭曲了专业人士对于学生努力培养一种合作生产关系的认知,延迟了学生用户成为校园安保合作生产者的发展进程。因此,校园安保合作生产的成功关键似乎在于对这种紧张关系的管理:警务管理人员的有效管理可能会促进专业人员和用户关系的成熟,最终使整个合作生产模式产生预期效益,使专业人员和服务用户成为校园安保的合作生产者。

图2描述了上述4个主题的相互影响。目前,这些因素形成了一种内在联系,妨碍了校园安保的共同提供,但是随着有意识的管理,它们可能被用于创造一个有利于合作生产的环境。目前,大学生认识到“我们与他们”的文化(主题5);同时警务人员也意识到学生的这种认识。主题6是由警务人员和学生共同提出的,认为在佐治亚大学本科生和警务人员之间形成更加个性化、更加积极和更加灵活的互动交流方式,将有助于形成互信和共担责任的文化。

虽然目前专业警务人员和学生用户之间尚缺乏对话、有意义的互动和协商谈判,从而制约了学生成为合作生产者的意愿,但是学生和警务人员都表示愿意参与这种个性化的、积极的、非正式的互动。研究人员很高兴地看到未来的研究将会产生的进一步结果。我们的初步研究结果表明,为学生和校警参与对话和协商开辟结构性的机会,并在非正式场合建立积极的关系,可能会促使用户成为专业设计服务的合作生产者,并且随着时间的推移可能会促进校园安全的全面合作生产。正如帕克和希皮(Parker and Heapy,2006)指出的那样,“让人们参与合作生产不能仅靠机会,还需要在提供服务时进行交谈和对话”。这样的互动机会有可能是由专业人员和用户作出的校园安保合作设计或合作计划。

本项目这一阶段的研究结果说明,这与公民能力的概念有明显联系,公民实现政治或公共目标的能力(Cassel and Lo,1997;Dahl,1992)影响了他们的生活(Meijer,2005)。达尔(Dahl,1992)等人都强调了与公民能力相关的知识、态度和行为等问题。

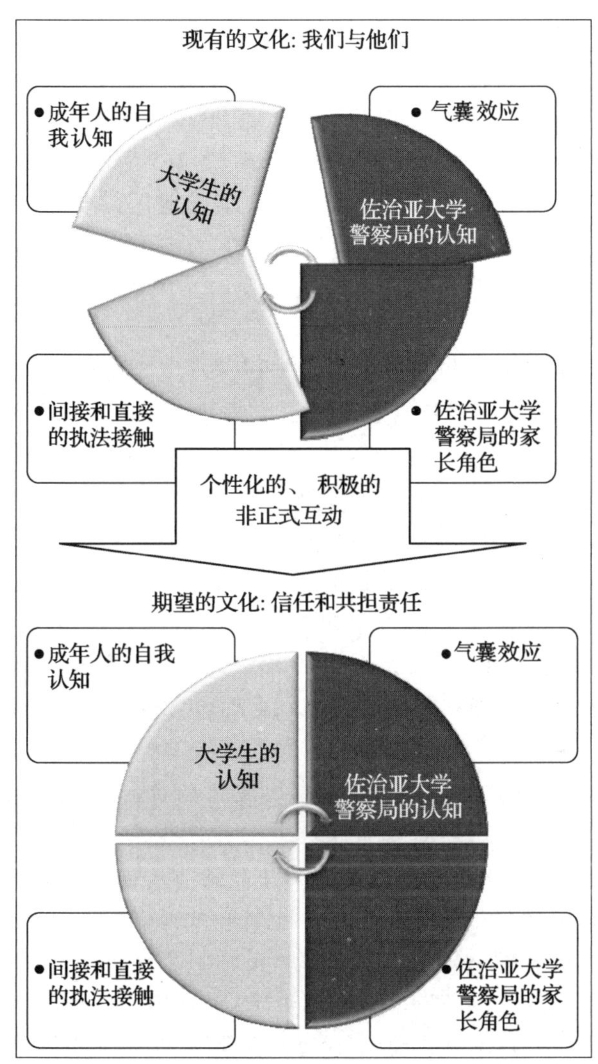

图 2　焦点小组讨论确定的 4 个主题相互作用产生了“我们与他们”文化(主题 5)。数据表明,个性化的、积极的、非正式的互动(主题 6)可能会改变这种动态性

我们对小组讨论笔录的分析,集中关注于缺乏知识方面的问题(例如,学生对于其在培养一个更加安全保障的校园环境方面的潜在作用的无知正是“气囊效应”的象征)。同样地,我们的研究也揭示了学生对学校警务人员充满怀疑的、有时十分不信任的态度,而反过来警务人员同样对学生也有这种感觉。最后,我们的结果显示,目前的认知降低了用户作为专业设计服务共同提供者的可能性,更不用说作为合作生产参与者的可能性了。这表明由达尔(Dahl,1992)所提出的全部三个公民能力问题在这方面都是存在的。

我们的研究结果与公民能力概念之间表现出的关联性有待更多的相关研究。新的研究线索可以按照博维尔德(Bovaird ,2007)界定的关系范围,从用户和专业人员的人口统计学特征的影响入手。例如,在努力进行校园安保合作生产的背景下,来自某些国家或地区的学生公民能力更强吗?来自城市、农村还是郊区的学生公民能力更强?种族或民族、性别、社会经济背景会对其有影响吗?某些专业的学生可能会具有更强的公民能力吗?

另外的研究线索可以着重放在本研究的行政影响方面:为使用户从非提供者转变为合作提供者,从而从合作提供者转变为合作计划者,什么样的战略或策略更有效?与其他人相比,针对某些年龄群体或人口的战略策略会更有效吗?这些问题的回答能够进一步加深我们对这些内生性挑战的理解,影响专业人员和用户在合作生产中的互动,从而更加深入地理解校园安保合作生产特有的挑战。这些未来的研究也将会有助于区分在培养公民能力问题上可能的解决办法的相对有效性,包括考虑培养具有感同身受的理解能力(Dahl,1992;Lupia,2002)、技术和新媒体的影响(Lupia and Baird,2003;Meijer,2014)以及增加透明度的效用(Meijer,2005)。

除了强调未来研究的可能思路,本研究也在合作生产文献方面做出了较大贡献。通过分析用户和专业人员有关合作生产关系认知的共同点和分歧点,该研究强调在描述和研究合作生产时,要考虑所有参与者的认知和行为。假定用户和专业人员对于他们关系的认知有差异,这种差异开始影响合作生产的效果时,这种判断尤为正确。该研究还扩大了博维尔德(Bovaird ,2007)概念框架的潜在应用范围,将其用于分析用户和专业人员提供服务的关系的认知,而不是完全从研究人员的认知角度来对这种关系进行分类。最后,该研究对一个相对研究不足的领域,即校园安保服务的合作生产情况进行了考察。

十二、结论

佐治亚大学警察局,像全球其他公共服务机构一样,随着警务人员依靠其知识、技能和能力而采取日益独立的行动,已从过去那种被动或单纯回应服务要求的方式,变得更加积极主动地采取行动(Moore et al. ,1988)。像其他公共机构一样,佐治亚大学警察局目前在采取更多合作行动、与个人和组织一起解决问题和提供服务等方面,也面临许多挑战。我们的研究结果表明,佐治亚大学学生和警务人员中,专业人员和用户之间完全共同提供服务的关系并没有形成,并特别强调了从专业人员到共同提供服务转变中所面临的挑战(Bovaird,2007)。尽管挑战是显而易见的,但也存在许多机遇,能够减轻学生与警务人员关系的紧张状态,使学生更乐于成为校园安保的合作提供者。

为了应对研究中出现的热点挑战——这一挑战可能也会在其他方面影响专业人员和用户之间的关系和互动——编制内的行政管理人员和公务员必须承认并赞同用户为这种关系带来的知识技能组合;重视不断重新调整关系的需求;意识到权力的不对称性,以及这种不对称性可能影响认知并对专业人员与用户之间的关系产生现实影响;以及在招募、培育、发展各种骨干用户成为合作提供服务者等方面保持警惕。采取积极的、非正式的、不具威胁性的接触,可能是克服距离感、人际关系缺乏、专业人员和学生之间经常产生负面认知的一个先决条件。开出的这些药方对于努力加强和维护佐治亚大学警务专业人员和学生用户之间的合作生产关系,以及其他情况下专业人员与用户之间的关系方面,具有重要的借鉴作用。通过加强对话和互动,并鼓励专业人员和学生之间进行协商等受到高度关注的做法,可能会使作为一种"解决工具"和中介机构的合作生产理论价值越来越多地变为当代的实践活动(Needham,2008;Parker and Heapy,2006)。

致谢

参与本项课题的研究人员对佐治亚大学警察局及其局长吉米·威廉姆森(Jimmy Williamson)表示感谢。

作者简介

布莱恩·N.威廉姆斯(Brian N. Williams),佐治亚大学行政管理与政策学院副教授。近期在《政策科学》《行政管理与社会》《公共管理与社会政策》杂志上发表了论文。

梅根·勒佩雷·史洛普(Megan LePere-Schloop),佐治亚大学行政管理与政策学院博士生。她的研究兴趣包括合作生产、参与和非营利管理。

P.丹尼尔·丝尔克(P. Daniel Silk),是佐治亚大学警察局警察队队长,佐治亚大学刑事司法研究项目导师。他曾在《警察局长杂志》上发表论文,合编了《预防意识形态暴力:社区、警察和"成功"案例》(帕尔格雷夫·麦克米伦出版社,2013年)一书。

亚历山德拉·希伯伦(Alexandra Hebdon),佐治亚大学行政管理与政策学院公共管理硕士项目毕业生。她目前受雇于私人部门,在康卡斯特有线电视公司从事政府和社会事务方面的工作。

参考文献

Alford J (1998) A public management road less travelled: Clients as co-producers of public services. *Australian Journal of Public Administration* 57(4): 128–137.

Alford J (2002) Why do public-sector clients co-produce? Toward a contingency theory. *Administration & Society* 34(1): 32–56.

Alford J (2009) *Engaging Public Sector Clients: From Service Delivery to Co-production*. Palgrave: London.

Athens-Clarke County Public Information Office (n.d.) *Athens-Clarke County by the Numbers*. Athens, GA: The Athens-Clarke County Public Information Office, Available at:http://www.athensclarkecounty.com/index.aspx?nid = 91.

Birchall J and Simmons R (2004) *User Power: The Participation of Users in Public Services*. London: National Consumer Council.

Bovaird T (2005) Public governance: Balancing stakeholder power in a network society. *International Review of Administrative Sciences* 71: 217–228.

Bovaird T (2007) Beyond engagement and participation: User and community coproduction of services. *Public Administration Review* 67: 846–860.

Boyle D and Harris M (2009) The challenge of co-production: How equal partnerships between professionals and the public are crucial to improving public services. Discussion paper produced for NESTA, London.

Bridenball B and Jesilow P (2008) What matters: The formation of attitudes toward the police. *Police Quarterly* 11(2): 151–181.

Broadbear JT, O'Toole T and Angeremeier-Howard L (2000) Focus group interviews with college students about binge drinking. *International Electronic Journal of Health Education* 3(2): 89–96. Available at: http://www.iejhe.siu.edu.

Cassel CA and Lo CC (1997) Theories of political literacy. *Political Behavior* 19(4): 317–335.

Cordner G (2007) Police services. In: Stenberg CW and Austin SL (eds) *Managing Local Government Services: A Practical Guide*. Washington, DC: International City/County Management Association Press.

Dahl R (1992) The problem of civic competence. *Journal of Democracy* 3(4): 45–59.

Follett MP (1918) *The New State: Group Organization, the Solution of Popular Government*. New York: Longman, Green.

Jarrett R (2003) Worlds of development: The experiences of low-income, African American youth. *Journal of Children and Poverty* 9: 157–188.

Kamberelis G and Dimitriadis G (2008) Focus groups: Strategic articulations of pedagogy, politics, and inquiry. In: Denzin N and Lincoln Y (eds) *Collecting and Interpreting Qualitative Materials*, 3rd edn. Thousand Oaks, CA: Sage, pp. 375–402.

Kappeler V (2012) *Community Policing: Contemporary Perspective*, 6th edn. New York: Anderson Publishing.

Knodel J (1993) The design and analysis of focus group studies: A practical approach. In: Morgan D (ed.) *Successful Focus Groups: Advancing the State of the Art*. Newbury Park, CA: Sage, pp. 35–50.

Krippendorf K (1980) *Content Analysis: An Introduction to its Methodology*. Beverly Hills, CA: Sage.

Krueger R (1988) *Focus Groups: A Practical Guide for Applied Research*. Newbury Park, CA: Sage.

Local Police (2014) Bureau of Justice Statistics. Available at: http://www.bjs.gov/index.cfm?ty = tp&tid = 71 (accessed 1 August 2014).

Lupia A (2002) Deliberation disconnected: What it takes to improve civic competence. *Law and Contemporary Problems* 65: 133–150.

Lupia A and Baird Z (2003) Can web sites change citizens? Implications of web, white and blue 2000. *PS: Political Science and Politics* 37: 77–82.

Mayo E and Moore H (2002) *Building the Mutual State: Findings from the Virtual Thinktank*. London: Lawrence & Wishart.

Meijer A (2005) Transparent government inspections: Using the internet to strengthen civic competence? Available at: http://www.academia.edu/2739871/Transparent_Government_Inspections_Using_the_Internet_to_Strengthen_Civic_Competence (accessed 12 August 2013).

Meijer A (2011) Networked coproduction of public services in virtual communities: From a government-centric to a community approach to public service support. *Public Administration Review* 71(4): 598–607.

Meijer A (2014) New media and the co-production of safety: An empirical analysis of Dutch practices. *American Review of Public Administration* 44(1): 17–34.

Moore M, Trojanowicz R and Kelling G (1988) *Crime and Policing*. Washington, DC: National Institute of Justice and Harvard University, Perspectives on Policing, No. 2.

Morgan D (1988) *Focus Groups as Qualitative Research*. Newbury Park, CA: Sage.

Needham C (2003) *Citizen Consumers: New Labour's Marketplace Democracy*. London: Catalyst Forum.

Needham C (2006) Coproduction in public services: Opportunity or threat? *Renewal* 14(2): 55–60.

Needham C (2008) Realizing the potential of co-production: Negotiating improvements in public services. *Social Policy and Society* 7: 221–231.

Oliver W (2007) *Community-oriented Policing: A Systemic Approach to Policing*, 4th edn. Englewood Cliffs, NJ: Prentice Hall.

Ostrom E, Parks R, Whitaker G and Percy S (1978) The public service production process: A framework for analyzing police services. *Policy Studies Journal* 7: 381–389.

Parker S and Heapy J (2006) *The Journey to the Interface: How Public Service Design Can Connect Users to Reform*. London: Demos.

Parks RB, Baker PC, Kiser L, Oakerson R, Ostom E, Ostrom V, et al. (1981) Consumers as co-producers of public services: Some economic and institutional considerations. *Policy Studies Journal* 9: 1001–1011.

Parks R, Mastrofski S, DeJong C and Gray M (1999) How police spend time in the community. *Justice Quarterly* 16: 483–518.

Pogrebin M (2003) *Qualitative Approaches to Criminal Justice: Perspectives from the Field*. Thousand Oaks, CA: Sage.

Reisig MD and Giacomazzi AL (1998) Citizen perceptions of community policing: Are attitudes toward police important? *Policing: An International Journal of Police Strategies & Management* 21(3): 547–561.

Reisig MD and Parks RB (2000) Experience, quality of life, and neighborhood context: A hierarchical analysis of satisfaction with police. *Justice Quarterly* 17(3): 607–630.

Spradley J (1979) *The Ethnographic Interview: The Developmental Research Sequence*. Ann Arbor, MI: Holt, Rinehart and Wilson.

Stewart D and Shamdasani P (1990) *Focus Groups: Theory and Practice*. Newbury Park, CA: Sage.

Taylor M (2003) *Public Policy in the Community*. Basingstoke: Palgrave Macmillan.

Tyler TR (2011) Trust and legitimacy: Policing in the USA and Europe. *European Journal of Criminology* 48: 513–548.

University of Georgia (n.d.) UGA by the numbers. Available at: http://www.uga.edu/profile/facts/.

University of Georgia (2010) UGA police student orientation featuring Sarge. Available at: https://www.youtube.com/watch?v=VrkFX8YM3TE.

University of Georgia Office of Emergency Preparedness (n.d.) Frequently asked questions. Available at: http://www.ugaalert.uga.edu/faq.html#2.

University of Georgia Police Department (n.d.) Police Department Police Officer Complaint Form. Available at: http://www.police.uga.edu/documents/UGA_Police_Complaint_Form.pdf.

University of Georgia Police Department (2009) Mission statement. Available at: http://police.uga.edu/missionstatement.html.

University of Georgia Police Department (2013a) *Quarterly Report: January–March 13*. Athens, GA: The University of Georgia Police Department.

University of Georgia Police Department (2013b) Areas – Crime prevention. Available at: http://www.police.uga.edu/areas/crimeprevention.html.

Whitaker G (1980) Coproduction: Citizen participation in service delivery. *Public Administration Review* 40(3): 240–246.

Williams B (1998) *Citizen Perspectives on Community Policing: A Case Study in Athens, Georgia*. Albany, NY: State University of New York Press.

Williams B and Close B (2008) Perceptions of bias-based policing: Implications for police policy and practice. In: Lynch M, Britt Patterson E and Childs K (eds) *Racial Divide: Racial and Ethnic Bias in the Criminal Justice System*. Monsey, NY: Criminal Justice Press, pp. 61–81.

Williams B and Stahl M (2008) An analysis of police traffic stops and searches in Kentucky: A mixed methods approach offering heuristic and practical implications. *Policy Sciences* 41(3): 221–243.

Woolfenden S and Stevenson B (2011) Establishing Appropriate Staffing Levels for Campus Public Safety Departments. COPS US Department of Justice.

The co-production of campus safety and security: a case study at the University of Georgia

Brian N. Williams,
Megan LePere-Schloop, P. Daniel Silk and Alexandra Hebdon
The University of Georgia, USA

Abstract

Campus safety and security is a salient issue and an area of increasing concern facing educational institutions in the United States. Yet little is known regarding ongoing efforts and resulting difficulties to co-produce campus safety and security. This article contributes to the literature on co-production by examining student and campus police officer perceptions of the professional–service user relationship in the context of campus safety and security. Findings suggest that demographic and contextual factors shape user and professional perceptions of their relationship in different ways, and that these perceptual differences affect efforts to co-deliver services.

Points for practitioners

This article describes the views of university police personnel and students regarding the co-production of safety and security on a research university campus in the United States. Data gleaned from the research illustrates that while police officers and students may have differing views of one another and their roles in co-production, they agree that public safety would be served by opportunities for police and students to meet one another and have personal interaction outside of formal, law enforcement-driven situations. This suggests the value of well-developed engagement strategies, as well as the potential benefit of harnessing 'teachable moments' during which police and the student population can learn about one another.

Keywords
collaboration, co-production, higher education, police, service delivery, volunteers

国际行政科学评论

合作生产对一线问责的影响:调解服务的案例

桑娜·图拉斯[①]　塔丽·斯滕瓦尔　帕斯·海基·兰尼斯托
Sanna Tuurnas　Jari Stenvall　Pasi-Heikki Rannisto
翻译:孙宏伟　审校:杨　阳

【摘　要】 专业人员、志愿者和服务使用者之间进行角色混合,创建一个全新的、复杂的生产和提供公共服务的环境。在这种环境下,问责议题变得越发重要。本文是定性的案例研究,研究芬兰法定的、有管制的恢复性司法服务中志愿者与专业人员之间的合作生产。理论上说,我们一起考虑公民合作生产的概念与街道行政和问责制的文献。研究结果是,可以说志愿者与专业人员之间的合作生产增强了问责约束。尤其是,以过程为中心的问责在横向责任关系中十分突出。因此,作为治理安排的合作生产改变了公共服务专业人员的工作文化。在新的伙伴关系中,尽管不完全是横向关系,但是我们能够确认专业化公共服务组织中文化变革的萌芽。

对实践工作者的启示

本文研究了在一种法定的、有管制的公共服务即调解服务中专业人员与志愿者之间的合作生产,检视人们对一线实践中问责的看法。研究结果表明,在以过程为中心的合作生产服务中,街道层级个体工作人员较少拥

① 通信作者:
Sanna Tuurnas, University of Tampere School of Management, Kalevantie 4, FI-33014 University of Tampere, Finland.
E-mail: sanna.tuurnas@uta.fi

有自由裁量和运用规则的空间。此外,如果服务使用者不把志愿者当作行政人员,合作生产可能会更顺利。这在社会服务中尤为重要,顾客本身并不一定会有合作生产的动机,但是合作生产对于实现有效的服务结果十分必要。

【关键词】 问责制;公民合作生产;治理;专业人员;街道行政

一、引言

公民合作生产被视为财政紧缩和社会结构变革之后修补公共服务体制的一种方法(Bailey,2011;Bovaird,2007;Brandsen et al.,2006;Eriksson and Vogt,2013;Fotaki,2011;Perry,2007;Pestoff et al.,2006)。通常来说,人们正在重新定位合作生产中的公民与专业服务生产者的角色。这种角色转变可以描述为从"为公众提供公共服务"转变为"由公众提供公共服务"(Osborne,2009,2010;Osborne and Strokosch,2013;Pestoff,2006,2012)。

很显然,社会结构变革以及不同当事人、专业人员、志愿者和服务使用者之间的角色混合,创建一个全新的、更为复杂的生产和提供公共服务的环境。在这种环境下,问责议题甚至变得更为重要(Bovaird,2007;Fotaki,2011;Hupe and Hill,2007;Osborne,2010;Rhodes,1996,1997;Romzek et al.,2012)。正如休普和希尔(Hupe and Hill,2007)指出,在多维治理中,各种层级的各类当事人,包括街道层级,行使着公共权力和公共问责。

迈克尔·李普斯基(Michael Lipsky,1980)提出的街道行政人员概念,为我们提供有趣的视角来了解个体公共工作者的工作实践。尽管20世纪80年代以来,公共行政领域发生了许多变革,但是李普斯基的许多观点仍然很有意义。目前有关问责制的探讨,仅考虑到治理和伙伴关系安排带来的新内容(Barberis,1998;Considine,2002;Hupe and Hill,2007;Jantz and Jann,2013;Romzek,2000;Tapscott and Thompson,2013;Willems and Van Dooren,2011)。

从理论上说,我们打算一起考虑合作生产概念与街道行政和问责制有关文献。在合作生产文献中,这些讨论很少关联。我们认为,在试图理解公共服务合作生产的一线实践时,有必要考虑问责制的不同内容。新的安排可能改变了专业公共服务提供的逻辑,尤其是对问责关系而言。我们研究的主要问题就是:当公共服务通过合作生产来提供时,在街道层级上如何问责?

本文对芬兰恢复性司法服务中合作生产的使用情况进行案例研究。

具体而言,本文检视调解(也称为受害者—犯罪人调解)的运用情况,调解是指调解志愿者为犯罪人及其受害者提供自己决定赔偿或补偿的机会,而不用通过法庭审理程序。这个案例让我们了解合作生产如何改变专业人员和公民的角色,特别强调街道层级的问责制议题。

二、街道行政与新兴的"专业人员"理念

迈克尔·李普斯基(Michael Lipsky,1980)关于"街道行政"的经典研究,极有见解地分析了公共组织中的一线实践。街道行政人员"是决定其他人的人"(Lipsky,1980:161)。理论上关于街道行政主要有三种视角:所谓的政策视角、工作实践视角、专业人员和专业群体视角。这些视角有一些重叠,在李普斯基的理论中都可以看到。

第一个视角基于政策实施(Bergen and While,2005;Meyers and Vorsanger,2003;Riccucci,2005;Scourfield,2013)。这里,街道行政人员应该被视为改革的资源(Hill,2003)和有权力的当事人,对政策实施产生影响(May and Winter,2007)。虽然对街道行政人员的工作有正式规则和垂直控制,但是他们运用这些规则并创建自己的道德准则来处理其工作任务(Lipsky,1980)。

关于街道行政人员的工作方法、工作价值观和工作实践的第二个视角在各种研究中已经分析。特别是李普斯基的经典研究,极有见解地分析了公共组织中一线工作者的自由裁量权、自由和私利(Ellis et al.,1999;Evans and Harris,2004;Foldy and Buckey 2010;Taylor and Kelly,2006)。

第三个视角聚焦于街道行政人员的角色和控制权,将其作为行政和服务提供系统的一部分。正如梅耶和温特(Mayer and Winter,2007)所观察的,大量研究都检视了对街道行政人员控制,以及他们影响服务提供一线行为的能力。这个视角特别关注专业性。

在界定"专业人员"时,休普和希尔(Hupe and Hill,2007)区分了两个概念:一个是某种职业的特征,另一个是从事某种职业的人对其周围社会的表现方式。此外,职业可以自我感知或自我建立。按照休普和希尔(Hupe and Hill,2007)的观点,"公共官员"职位不是由其雇主或地位界定,而是由其公共问责性界定:

> 街道行政人员要么是正式的政府雇员,要么是在被视为市民社会一部分的组织中工作。尽管他们的正式职位不尽相同,并且根植于宪法和民主制,甚至其机构都在劳动分工之列,但是街道行政人员是公共官员。作为在公共领域的公共当事人,他们要对其工作结果公开负责。

正如休普和希尔(Hupe and Hill,2007)指出的,专业人员工作在不断

变化的微观网络关系之中，这一见解是对李普斯基关于专业人员相对自主观点的补充。“治理”概念对此又增加了特殊内容：政策体制的多维特征被视为决策的嵌套顺序。这里，公共服务提供不仅仅是供给和接受服务，而是在专业的公共服务提供者、服务使用者和公民之间合作生产服务（Bovaird，2005，2007；Osborne，2009，2010；Pestoff，2012；Stenvall et al.，2013）。

并且，在有关合作生产的研究中，专业人员和公民合作生产者的不同角色可以视为讨论的基础。例如，在人们广泛接受的有关合作生产的概念要点方面，佛斯舒尔等（Verschuere et al.，2012：1085）将其界定为：

两类活动的混合，公共服务代理人和公民都参与公共服务的提供。前者指的是专业人员或“常规生产者”，而“公民生产”基于个体和群体的自愿努力，以提高其所用服务的质量或数量。

此外，佛斯舒尔等（Verschuere et al.，2012）还注意到，服务不再由“公共机构中的专业人员和管理人员单独提供，而是由使用者和社区合作生产”。

那么，什么造就了专业人员？休普和希尔（Hupe and Hill，2007）认为，工作地位是界定公共专业人员的决定因素。他们强调，只要在公共领域工作，市民社会中的当事人以及传统的公共服务专业人员都可视为公共官员。当然，在自愿的、无薪酬的公民与传统的公共服务专业人员一起合作生产公共服务时，我们并不清楚上述观点意味着什么。看来还需要研究在混合的服务提供体制中，成为公共服务专业人员到底意味着什么，在这种混合体制中，公民和社区也在服务提供中发挥重要作用。在本案例研究中，我们也要揭示这一尚未被充分研究的主题。因此，通过这个讨论，我们提出了治理安排背景下，例如公共服务合作生产中的问责制问题。

三、在治理背景下定义问责制

近几十年关于问责制的研究很多（Barberis，1998；Considine，2002；Fimreite and Laegreid，2009；Hupe and Hill，2007；Jantz and Jann，2013；Kaldor，2003；Laegreid and Mattei，2013；Willems and Van Dooren，2011）。研究的主要问题是，治理如何影响问责和问责关系？问责制讨论中的核心假定是，简单的委托－代理方法不适合充分解释混合的治理。在治理中，根据当前的服务项目或服务过程，各种角色会不断变化。在这些复杂的安排中，也许不能像理想的治理模式那样，清晰地界定“问责人”和“责任人”（Bovens et al.，2008；Klijn and Koppenjaan，2004；Laegreid and Mattei，2013）。

并且，问责制在近几十年来有许多含义。由于文献很多，我们聚焦于问责制的公共行政视角，而不是政治视角。这里人们可以区分政治问责和管理问责。在这两个概念中，政治问责可以视为更为传统；然而，由于当今社会中专业权力的不断增加，管理问责甚至变得更为重要(Laegreid and Mattei,2013)。

问责制可以通过“问责法庭”、问责的“功能”或“机制”来描述(Bovens,2010;Willems and Van Dooren,2011)。换言之，问责法庭描述了不同问责人（补偿权利)与责任人(义务)之间的相互作用；而问责的机制或功能将问责视为控制责任人的工具(Bovens,2010;Mulgan,2003;Willems and Van Dooren,2011)。除此之外，还有许多有关问责的分类方法或类型划分。例如，威廉斯和范·多伦(Willems and Van Dooren,2000;2011)基于问责文献，进行了大范围的分类，比如包括法律或司法问责、政治问责、市场问责、专业或同行问责以及社会问责。

林德伯格(Lindberg ,2013) 也对问责概念进行了详细分析，以明确问责的核心思想。在他看来，某些问责形式只是问责的子类型，意思就是它们来源于根概念，但不是经典意义上的问责。例如，这些子类型包括专业问责、审计问责或客户—赞助人问责。不同问责类型在控制强度、控制来源(内部—外部)和问责关系的空间方向上都不相同(Lindberg,2013)。然而，这并非是说这些问责类型不重要。特别是在治理安排下，更多非正式的问责形式对于组织间和人际间合作意义凸显。也就是说，它们甚至比传统的问责形式更为重要(Romzek et al. ,2012)。

四、街道层级实践中的问责制

这样，当我们想要检视一线实践中的问责制时，我们发现休普和希尔(Hupe and Hill,2007)的概括非常有用，因为他们强调了在治理安排背景下问责的多维性。为了界定和探讨公共问责的横向与纵向特征，我们列出了休普和希尔(Hupe and Hill,2007)提出的公共问责类型。

第一，政治问责、法律问责和管理问责可以视为公共—行政问责。这类问责具有纵向特征。第二，专业问责，即工作人员被其同行问责，他们实行集体自我管理。专业问责既存在于维度之内，也跨维度，不同专业人员也实行集体自我管理。专业问责通常是横向的，问责基础是专业知识。第三，参与式问责，强调服务使用者的作用，或者如休普和希尔(Hupe and Hill,2007)所说的参与式公民关系。我们认为参与式问责也可视为一种合作生产模式。

康斯戴恩(Considine,2002)对问责的分类也相当有趣，其视角是街道层级实践。他还在网络和伙伴关系的背景下研究了一线问责。在他的研究中，他将纵向问责与传统的法律和经济问责合在一起，作为一个概念框架。尽管这一轴线似乎非常简单，但是问责中基于管理和绩效的预算会产生不小的落差，公民与立法机关之间的界限，以及股东与客户之间的界限，都十分复杂和隐晦。

并且，横向问责似乎更为复杂，因为问责人之间相互依赖。在康斯戴恩(Considine，2002：27)看来：

责任交叉和重复十分普遍，问责变成结构性关联问题；人们必须不断修改问责的准则和规则，以反映环境中的实际状况。由于在实现共同结果时要相互依赖，人们也愿意分担问责。

在康斯戴恩的框架中，有一个以过程为中心的问责轴线。在这个轴线中，他考虑了网络理论、战略伙伴关系以及合作生产体制。这里，网络背景下的问责问题，从法律和经济策略移向文化策略。过程不仅仅是手段——它是组织学习和反馈的工具。然而，从问责的观点测量文化过程，是有问题的(Considine，2002)。

总结一下理论框架，我们首先要说，仍然需要进一步探讨混合服务体制中有关公共服务专业人员的新思想。本文就是要揭示这一尚未被充分研究的议题。

从一线实践的视角来观察合作生产服务提供，问责问题十分重要。在这里，简单的委托－代理方法已经不适合解释混合的治理安排。这样，如果我们把合作生产视为一种治理安排，有关问责的分析单位应该朝向更宽泛的、关系间的问责维度(Osborne，2010)。奥斯本(Osborne，2010，414－415)指出，未来关于公共服务提供研究中的一个主要问题就是，要找到“在碎片化的、多样的和多元的体制中，问责的本质”是什么。

本文是案例研究，研究的是芬兰恢复性司法服务中合作生产的使用。具体而言，本文检视调解(也称为受害者—犯罪人调解)的运用，调解志愿者与区域调解办公室的专业人员一起，为犯罪人及其受害者提供自己决定赔偿和补偿的机会，而不用通过严肃的法庭审理程序。

五、调解案例

调解服务案例为我们提供了一个有趣的研究领域，因为该案例阐明了公民合作生产：调解是一种法定的、有监管的公共服务，志愿者和专业的社会工作者一起搭档，为需要调解的当事人提供自愿调解的机会，而不用经过严肃的法庭程序。调解是一种免费和自愿的服务，为当事人创造了调解的可能性。从以下视角来看，调解可以视为芬兰公共服务体制中的一种独特服务：首先，调解服务把法律服务和社会服务结合到一起，因为它占据着这两个不同公共服务领域的中间地带。其次，从我们的视角来看更加重要的是，调解服务基于市民社会的思想；整个调解服务依赖于积极的公民思考和社区思考。[1]芬兰的调解服务受到《刑事和特定民事案例调解法案》(1015/2005)监管，该法案于 2006 年 6 月 1 日生效。

依据该法案，调解服务的总体监督、管理和监测都由社会事务和卫生部管辖，由区域政府监管和指导。区域调解办公室组织调解活动，依据任务培训和协调调解志愿者，并与地方警察局、检察院、社会福利局等合作。调解措施可能来自警察、检察官、社会工作者，甚至需要调解的当事人：犯罪人或受害者。

最后，法庭决定是否应该启动调解过程。法庭做出决定后，调解办公室的工作人员就会联系志愿者，志愿者代表某一方，并联系该方进行调解。调解办公室的专业人员也会和志愿者一起参与调解过程。调解过程在调解办公室结束之后，案件就会返回地区法院做最后决定。

综观调解服务，在 2012 年，进行调解的刑事案例和民事行为中，有一多半(53.5%)是对人的侵犯。其中，严重伤害身体案例的比例不到 1%(0.6%)，家庭暴力案例占到 17%。此外，14%的案例是蓄意破坏，12%是盗窃；未区分的犯罪案例为 5%(National Institute for Health and Welfare, 2013)。

调解服务具有针对性，特别是要阻止年轻人再次犯罪。事实上，调解服务已被证明是一种有效的方式，可以阻止犯罪活动途径在年轻人中传播。特别是在针对青年犯罪案例中，就是要给予他们面对行为后果的机会，使其理解对另一方造成的伤害。这里，调解功能也具有社会性和教育意义。调解服务更多地用于最年轻的群体，用于“15 岁以下”和“15～20 岁”的群体要多于“20 岁以上”的群体(NIHW, 2013)。

六、研究设计

本次访谈在于韦斯屈莱市(Jyväskylä)的芬兰中部调解办公室进行。在本研究中，15 个人一起访谈。我们并没有使用大量的定量数据，我们希望透过一个组织的内部视角，对问责制定义有新的了解。因此，我们聚焦于单一调解办公室：其志愿者、工作人员和最重要的利益相关人。当然，应该记住的是，由于数据有限，我们不能对合作生产背景下的问责问题作出总体假设。然而，本研究涵盖所有最重要的当事人，这是通过滚雪球式的抽样方法来确保的。我们通过调解办公室工作人员的推荐，找到自然相互影响的因子(Biernacki and Waldord, 1981)。

我们与调解办公室的所有工作人员(四个雇员及其主管)一起进行访谈,而且,调解办公室的所有志愿者都有参与访谈的机会。我们采用焦点小组讨论(两个焦点小组,每组三个人)方式访谈调解志愿者。另外,对于那些想参与但是在既定时间未能参加焦点小组的志愿者,我们安排了两次个人访谈。为了了解利益相关人对调解的看法,我们访谈了两位地方警官。这是因为警察是调解过程中的重要一方,启用调解过程的大部分措施都来自他们。[2]我们也访谈了芬兰国家卫生与福利研究所的一位专家,以更好地了解调解服务现象。所有访谈都有完整记录。

焦点小组和半结构访谈于2013年4月和5月开展。我们通过小组讨论让参与人相互争论和分析各种话题,而访谈者只是讨论的协调者(Bloor and Wood,2006)。个人访问也同样采取半结构化访谈法。

访谈的主题对所有各方都是类似的,但是依据受访者的职位会稍微有一些变化。在访谈中,我们讨论问责制的不同作用和问题。我们要求警察和调解专家从利益相关者的角度分析调解服务,而不是从内部反映调解过程。

七、资料分析

我们使用内容分析法来分析资料。该方法适合进行这类分析,因为该方法提供的工具能够从某一背景下的资料形成可复制的和有效的结论(Krippendorf,2013)。在资料分类中,我们使用理论导向的内容分析法,分析的单元是受访者所说的句子或词组。有意义的分析单元是对作为合作生产者的志愿者和专业人员的角色、责任和优势的感知。这里我们正在寻找模式来依据理论框架解释这些资料。

我们在分析中使用了休普和希尔(Hupe and Hill,2007)提出的三种问责类型:公共—行政问责、专业问责和参与式问责,将其作为我们分析的基础。我们还使用了康斯戴恩(Considine,2002)提出的三个问责"轴线":纵向问责、横向问责和以过程为中心的问责,将其作为我们分析的基础工作。分析的背景和基础是将调解服务作为合作生产公共服务,公共代理人和公民都参与服务的提供和交付。公共代理人的参与角色是专业人员或"常规生产者",而"公民生产"基于个人和群体的自愿,以提高他们所用服务的数量或质量(Verschuere et al.,2012)。

八、在调解案例中定义公共—行政问责制

政治问责、法律问责和管理问责均可视为公共—行政问责,其方向大

多为纵向。在调解服务案例中,有趣的是,不同的当事人、志愿者和专业人员如何在法律框架中描绘自己。毕竟,这些感知的确让我们了解这些伙伴关系的许多属性。

从志愿者的观点来看,调解服务是相当专业的志愿工作类型。与其他志愿工作类型相比,调解是一种司法服务。

我们在这里被视为国家权威,有点像法院的业外人员。我们要绝对保守秘密,各调解方之间的协议具有约束力……在其他志愿工作类型中,你不是权威,比如,在业余戏院工作,就不一样。(志愿者)

另外,志愿者要接受训练,以将其责任融入更大的调解服务。尽管调解人可能实际上并未为其他人的生活做决定,由于人们传统上认为街道行政人员一直这样做,他们有义务尽最大努力帮助各方达成共识,也有义务培训志愿者。

他们(志愿者)有义务接受训练、建议、教育和指导。如果没有受过教育和专业人员培训,不允许他们参与调解。他们还必须接受专业工作人员对其行动的控制。(专家采访)

作为权威的专业人员自然要进行公共—行政问责。他们要对调解监管者市政府和地区议会负责。这样,调解服务中有强有力的政治一行政问责。常规生产者,这里指调解办公室工作人员,要对其分管的调解过程的质量负责,如果调解过程运转不好,他们要被问责。

最后,我们要负责。如果委托人告知我们调解人行为不当,我们有责任解决问题。(专业人员)

从公共—行政问责的视角来看,志愿者要向调解办公室工作的专业人员纵向负责。志愿者之间的公共—行政问责强度似乎还有一些不同。一些受访者自己高度负责,因为他们把自己视为某种特派员;而另一些受访者认为,如果某个地方出错了,最后由专业的工作人员来负责。

如果在法庭达成协议,调解人就不用去了,因为他们已经接受了协议。所以,如果有类似的情况,(志愿者和专业人员之间)还是有些许不同,是专业的工作人员出庭,而不是我们。(志愿者)

然而,当焦点小组讨论这一议题时,那些认为自己承担较少公共—行政责任的志愿者也同意,他们在调解过程中有司法责任。有关问责和负责的讨论使受访者深思。据说问题一点也不简单。

事实上,在这种服务中,问题是相当复杂的。从司法问责上,志愿者是公共官员,但是最后他们很难以其调解人的角色而被问责。从利益相关人的角度看,当问及问责时,把志愿者当成搭档,似乎降低了人们对专业服务质量的期许。

如果我们社会的服务基于志愿者工作,这意味着他们(当事人)为了成

功而对自己负责。将事情基于志愿者工作，意味着我们不能设置或期许非常高的质量标准。（警官）

总之，公共—行政问责，尤其是法律问责，似乎是相当复杂的议题，很难解释清楚。尽管志愿者可被视为在公共领域工作的公共官员，但是与公共专业人员相比，他们受公共—行政问责约束较小。从平等的合作者角度看，可以认为是有问题的。最后，志愿者与专业人员之间的关系以及调解过程中扮演的角色引发我们思考这一问题：调解案例中的合作生产是什么？

九、以过程为中心的问责：街道层级的合作生产观察

在这部分里，我们通过专业问责来检视以过程为中心的问责，以及合作生产服务中的不同角色和策略。专业问责意指工作人员被其同行问责，他们实行的是集体自我管理。不同的专业人员也实行集体自我管理。专业问责通常是横向的，其基础是专业知识。另外，以过程为中心强调文化策略，将其作为组织学习的工具（Considine，2002；Hupe and Hill，2007）。

专业问责在调解案例中似乎用得很多，社会控制和同行评价似乎也相当严格。要避免将政策制定基于群体的相互专业利益，这也许是必要的。如访谈中所述，专业人员和志愿者都有定期的反馈会议，但是调解志愿者之间还是会彼此反馈。另外，从街道行政人员的视角来看，调解的工作习惯和组织制度使得专业问责更加严格：调解一直由双人组合完成，而不是个人。

我们一直是两个人一起工作，如果一人表现不当，另一个调解人一定会报告的。我们也会写书面报告。（志愿者）

我们的分析表明，调解过程中的不同当事人似乎都意识到自身角色。据说志愿者进入自身角色后，可能会找到很有创意的解决办法；而专业人员通过其职业的磨炼，也会获得做事的既定模式和路线。志愿者和专业社会工作者承担着不同的角色，据说专业人员的技能通过其专业工作习得，专业知识通过教育获得；而志愿者的角色与其不同的人生背景、生活阅历和服务观念有关。

受访者强调，志愿者与专业人员之间的关系不是上下级类型，但是专业人员被视为志愿者的导师和支持人。然而，协调过程需要引导。据说在伙伴关系基础上引导协调过程需要技能，要让志愿者感觉到他们是被指导而不是被命令。

每个人都有他或她自己的角色，我们（志愿者）不能被随意差遣。要引导我们志愿者需要某些专业技能。因为我们被引导……（志愿者）

作为公共服务的合作生产者也要求志愿者具有相应的风格和态度。为了创建基于伙伴关系的思维文化,他们不应该是下属的角色,而是有其自身风格的专家。

(视我们为主管)绝对会碍事。这会让调解志愿者沉默寡言,使他或她(在调解过程中)过多地依赖我们……因为只有当调解人强大和独立时,他们才能提供给委托人最好的服务。(专业人员)

调解服务的这种多当事人特性,也可能在创建组织良好的公共服务体制时,给当事人带来压力:调解服务连接社会服务和法律服务,因为它包括不同的专业人员,如社会工作者、警察、律师,还有志愿者。当人们了解到自己是更大系统的一部分时,会产生压力让其做到最好。因此,专业人员和志愿者都感觉到有力的横向问责。

问责存在于不同阶段:我们可以回想接第一个电话时,你是怎样行动的,整个过程是如何开始的——当然人们要对其行为负责,对任务和过程负责。(志愿者)

调解过程中还会有不同的起点。专业人员已经选择了其职业,通过工作获得报酬。志愿者从其角度看有不同的参与理由,因为他们并没有通过工作获得报酬。但是这并不意味着志愿者就没有回报。志愿者得到的补偿是:为社会和社区做事的感觉,或者有回报的感觉。当我们讨论付酬的可能性时,志愿者反对。他们解释,如果那样,他们会失去帮助别人的感觉,以及自由做事的感觉,这两种感觉在志愿工作中似乎起到重要作用。

对不同角色的认知以及服务思维的过程特性,支持了之前的合作生产观念。奥斯特罗姆(Ostrom,1996: 1082)指出,要进行合作生产,双方需要相互依赖:双方都应该拥有对方需要的东西。这里,志愿者是专业人员的一种资源,而专业人员从贡献社区中找到意义。进一步讲,专业人员引导和协调整个过程,而志愿者在服务提供的微观层面行动,以其自身角色直面调解双方。

十、调解中的参与式问责

受访的志愿者和专业人员强调,他们首先要对其委托人负责,或者按他们所说的,对调解的双方负责。调解的核心思想是让调解的双方相互交流,以及委托人与调解人之间相互交流。尽管调解志愿者是公共—行政问责意义上的公共官员,这里的志愿者和公共权威之间还是有所不同。据说,委托人觉得他们面对的不是公共权威而是另一个公民。

从合作生产的视角来看,这非常有趣。当我们设法增进服务提供者与委托人之间更好交流,并将其作为促进合作生产的一种途径时,我们发现公民对公民的服务有其发展空间。无论专业人员多么适当地和刻意地对待其委托人,他们还是有可能因为他们的权威角色不被信任。

我们把自己介绍为是志愿者还是官方人士会有很大不同:想想我们的第一单,我们是怎样展示自己的。我们不得不借用自己的个性……我认为许多人的参与都是因为这种非权威性。这不是自上而下的……(志愿者)

此外,委托人作为调解方,也是调解过程中的问责当事人。最终,由他们决定是否达成协定。一旦达成协定,他们就在法律上对其行为负责。可以说,在调解服务中,参与式问责不仅存在于专业人员与志愿者之间,还存在于调解人与调解方之间。因此,问责的实施有很多不同的方向,从志愿者到专业人员,从专业人员到志愿者,还有从调解人到调解方,从调解方到调解人。

受访者1:是的,由他们(调解方)决定是否达成协定。我们(调解人)不干涉,我们也不负责执行,或者至少我们对其没有责任。

受访者2:……但是(我们负责)创建这样的条件……如果我们的态度类似"永远不会解决",那么结果会怎样?

受访者1:是的,当然。责任是一个难题。(焦点小组,受访者)

总结上述分析,坚持协定、协调过程或依道德行事,都是问责的重要内容。我们可以从不同视角观察问责,也了解到合作生产安排中复杂的问责关系。

十一、分析总结

第一,观察本案例中的问责关系,我们认识到,在专业公共部门工作者与志愿者之间,有传统角色划分的痕迹,这些角色在公共—行政问责中特别明显。在志愿者之中,对于法律问责似乎还有一些困惑,因为其协调人角色定位是志愿者还是调解人,他们一直在两者之间进行平衡。然而,志愿者强调,一些其他类型的问责,如专业问责,与受访的公共服务专业人员一样严格。

第二,如果通过合作生产的视角看本案例,我们就会看到公共服务专业人员新角色的模式。博维尔德(Bovaird,2007)指出,需要一种新的公共服务思想,即专业人员的角色就是激发、支持和管理社区和服务使用者合作生产的服务。在调解案例中,值得注意的是,志愿者在服务过程中似乎拥有自己特定的位置和角色,他们是提供服务的根本资源。但是从"志愿者"一词的本意来看,他们不能被视为新的专业人员;而是,他们通过其生活阅历补充专业知识,从而丰富向委托人提供的服务。这是本研究在合作生产视角下的一个主要观点,这得到"新角色"观点的印证,也在相关文献中予以强调(Bovaird,2007;Verschuere et al.,2012)。

第三,当我们期望专业人员成为志愿者的平等合作伙伴并给予志愿者足够空间依照其想法工作时,专业人员也要面对新的角色。本案例中协调过程似乎运转良好,但是并不意味着放弃专业优越性是件容易的事。可以说,在这种混合型服务安排中,当事人都决心专注于做服务过程中自己那部分工作。

这里,以过程为中心的问责发挥了重要作用,因为其有助于阻止问责鸿沟和缺陷(Schillemans,2011)。服务过程中的当事人和阶段越多,问责关系就越多。正如威廉斯和范·多琳(Willems and Van Dooren,2000: 524)指出的,"问责法庭中涉及的问责人越多,当事人就其行为向某一权威负责的概率就越高"。

十二、讨论

本文中,我们集中探讨了合作生产治理安排中的问责制,其视角是街道层级的实践。本文的目的是回答该研究问题:当公共服务通过合作生产来提供时,在街道层级的问责意味着什么?

基于我们的研究,可以说治理安排改变了专业服务提供的逻辑,特别是对问责关系具有深刻含义。所研究的案例是研究公民合作生产的有趣领域,如调解,在法定的有管制的公共服务生产中,志愿者和专业人员被视为平等的合作伙伴。这在北方或欧洲背景下是独特的,在这种背景下,公民作为消费者的角色,公共服务提供者作为公共或私营实体,一直甚有传统(Pestoff,2006)。

总之,通过案例研究我们看到公共服务提供的一些新趋向。首先,我们的研究表明,志愿者和专业人员之间的合作生产增强了问责约束,丰富了以过程为中心的问责的含义,特别是在横向问责关系中。

其次,我们认为,作为治理安排的合作生产,影响了公共服务专业人员的工作环境。在新的伙伴关系中,尽管并非完全是横向关系,但是我们看到了专业化的公共部门组织中文化变革的萌芽。

最后,从更广阔的社会背景来看,调解案例十分有趣:志愿者如何改变服务体系?如何在其中找到自己的位置?在未来,志愿者在公共服务体系内是否有存在空间?或者仅仅是解决社会财政紧缩问题的补充资源?

拥有许多不同类型的当事人、志愿者和专业人员,丰富了服务体系,同时舒缓了与服务使用者的合作生产。志愿者提供了经验、专业知识以及作为"经验性知识"的角色。志愿者与公共服务专业人员不同,委托人可能觉得他们更和蔼可亲,可能不信任权威。我们认为这一点意义重大,特别是在社会服务中,委托人本身未必参与合作生产(Vamstad,2012)。但是,仍需观察的是,在高度专业化的服务体系中,这些角色安排如何继续发展和变化,或者调解在服务系统中是否永远只是一个例外。

注释

[1]这些观点基于对国家卫生和福利研究所调解专家的访谈(2013 年 5 月 8 日访谈)。

[2]国家卫生和福利研究所(NIHW,2013):2012 年,多达 81%的启动调解过程的倡议来自警察。

作者简介

桑娜·图拉斯(Sanna Tuurnas),坦佩雷大学管理学院地方治理方向的博士研究生。博士期间的研究是有关公共服务合作生产的,同时也参与有关公共管理的各种研究项目。她感兴趣的研究领域包括:公共服务体制、合作生产、治理和网络。

塔丽·斯滕瓦尔(Jari Stenvall),坦佩雷大学管理学院行政学教授,格拉斯哥大学客座教授。研究领域包括:公共行政改革和评价、区域发展、变革管理、发展运作和服务创新、高等教育研究以及组织中信息技术的使用。

帕斯·海基·兰尼斯托(Pasi-Heikki Rannisto),坦佩雷大学管理学院研究主任、健康科学学院保健管理教授。他的研究领域包括:公共部门的战略管理、公一私伙伴关系和服务发展。

参考文献

Bailey S (2011) The evolving governance of public services in England: Extending competition, choice, co-design and co-production. In: Anttiroiko AV, Bailey SJ and Valkama P (eds) *Innovations in Public Governance*. Amsterdam: IOS Press, pp. 69–80.

Barberis P (1998) The New Public Management and a new accountability. *Public Administration* 76(3): 451–470.

Bergen A and While A (2005) 'Implementation deficit' and 'street-level bureaucracy': Policy, practice and change in the development of community nursing issues. *Health & Social Care in the Community* 13(1): 1–10.

Biernacki P and Waldorf D (1981) Snowball sampling: Problems and techniques of chain referral sampling. *Sociological Methods & Research* 10(2): 141–163.

Bloor M and Wood F (2006) *Keywords in Qualitative Methods: A Vocabulary of Research Concepts*. London: Sage.

Bovaird T (2005) Public governance: Balancing stakeholder power in a network society. *International Review of Administrative Sciences* 71(2): 217–228.

Bovaird T (2007) Beyond engagement and participation: User and community co-production of public services. *Public Administration Review* 67(9–10): 846–860.

Bovens M (2010) Two concepts of accountability: Accountability as a virtue and as a mechanism. *West European Politics* 33(5): 946–967.

Bovens M, Schillemans T and Hart P (2008) Does public accountability work? An assessment tool. *Public Administration* 86(1): 225–242.

Brandsen T and Pestoff V (2006) Co-production, the third sector and the delivery of public services. *Public Management Review* 8(4): 493–501.

Considine M (2002) The end of the line? Accountable governance in the age of networks, partnerships and joined-up services. *Governance: An international Journal of Policy, Administration, and Institutions* 15(1): 21–40.

Ellis K, Davis A and Rummery K (1999) Needs assessment, street-level bureaucracy and the new community care. *Social Policy & Administration* 33(3): 262–280.

Eriksson K and Vogt H (2013) On self-service democracy: Configurations of individualizing governance and self-directed citizenship. *European Journal of Social Theory* 16(2): 153–173.

Evans T and Harris J (2004) Street-level bureaucracy, social work and the (exaggerated) death of discretion. *Journal of Social Work* 34: 371–385.

Fimreite AL and Laegreid P (2009) Reorganizing the welfare state administration. *Public Management Review* 11(3): 281–297.

Foldy E and Buckey T (2010) Re-creating street-level practice: The role of routines, work groups, and team learning. *Public Administration Research and Theory* 20(1): 23–52.

Fotaki M (2011) Towards developing new partnerships in public services: Users as consumers, citizens and/or co-producers in health and social care in England and Sweden. *Public Administration* 89(3): 933–955.

Hill H (2003) Understanding implementation: Street-level bureaucrats' resources for reform. *Journal of Public Administration Research and Theory* 13(3): 265–282.

Hupe P and Hill M (2007) Street-level bureaucracy and public accountability. *Public Administration* 85(2): 279–299.

Jantz B and Jann W (2013) Mapping accountability changes in labour market administrations: From concentrated to shared accountability. *International Review of Administrative Sciences* 79(2): 227–248.

Kaldor M (2003) Civil society and accountability. *Journal of Human Development* 4(1): 6–27.

Klijn E and Koppenjaan J (2004) *Managing Uncertainties in Networks*. London: Routledge.

Krippendorf K (2013) *Content Analysis: An Introduction to its Methodology*. Thousand Oaks, CA: Sage Publications.

Laegreid P and Mattei P (2013) Introduction: Reforming the welfare state and the implications for accountability in a comparative perspective. *International Review of Administrative Sciences* 79(2): 197–200.

Lindberg SI (2013) Mapping accountability: Core concept and subtypes. *International Review of Administrative Sciences* 79(2): 202–226.

Lipsky M (1980) *Street-level Bureaucracy: Dilemmas of the Individual in Public Service*. New York: Russell Sage Foundation.

May P and Winter S (2007) Politicians, managers, and street-level bureaucrats: Influences on policy implementation. *Public Administration Research and Theory* 19(4): 53–476.

Meyers MK and Vorsanger S (2003) Street level bureaucrats and the implementation of public policy. In: Peters GP and Pierre J (eds) *Handbook of Public Administration*. Concise paperback edn. Thousand Oaks, CA: Sage, pp. 153–162.

Mulgan R (2003) *Holding Power to Account: Accountability in Modern Democracies*. Basingstoke: Palgrave.

National Institute of Health and Welfare (2013) Mediation in criminal and civil cases 2012. A statistical report. Available at: http://www.julkari.fi/bitstream/handle/10024/110164/Tr15_13.pdf?sequence=4 (accessed 10 November 2013).

Osborne S (2009) Delivering public services: Time for a new theory? *Public Management Review* 12(1): 1–10.

Osborne S (2010) Introduction: The (new) public governance: A suitable case for treatment? In: Osborne S (ed.) *The New Public Governance? Emerging Perspectives on the Theory and Practice of Public Governance*. Abingdon, Oxon: Routledge, pp. 1–16.

Osborne S and Strokosch K (2013) It takes two to tango? Understanding the co-production of public services by integrating the services management and public administration perspectives. *British Journal of Management* 24(Supplement S1): S31–S47.

Ostrom E (1996) Crossing the great divide: Coproduction, synergy, and development. *World Development* 24(6): 1073–1087.

Perry JL (2007) Democracy and the new public service. *American Review of Public Administration* 37(1): 3–16.

Pestoff V (2006) Citizens and co-production of welfare services. *Public Management Review* 8(4): 503–519.

Pestoff V (2012) Co-production and third sector social services in Europe: Some crucial conceptual issues. In: Pestoff V, Brandsen T and Verschuere B (eds) *New Public Governance, the Third Sector and Co-production*. London: Routledge, pp. 13–34.

Pestoff V, Osborne S and Brandsen T (2006) Patterns of co-production in public services. *Public Management Review* 8(4): 591–595.

Rhodes RAW (1996) The new governance: Governing without government. *Political Studies* 44(4): 652–667.

Rhodes RAW (1997) *Understanding Governance: Policy Networks, Governance, Reflexivity and Accountability*. Buckingham: Open University Press.

Riccucci NM (2005) *How Management Matters: Street-level Bureaucrats and Welfare Reform*. Washington, DC: Georgetown University Press.

Romzek B (2000) Dynamics of public sector accountability in an era of reform. *International Review of Administrative Sciences* 66(1): 21–44.

Romzek BS, LeRoux K and Blackmar JM (2012) A preliminary theory of informal accountability among network organizational actors. *Public Administration Review* 72(3): 442–453.

Schillemans T (2011) Does horizontal accountability work? Evaluating potential remedies for the accountability deficit of agencies. *Administration & Society* 43(4): 387–416.

Scourfield P (2013) Even further beyond street-level bureaucracy: The dispersal of discretion exercised in decisions made in older people's care home reviews. *British Journal of Social Work*. doi:10.1093/bjsw/bct175.

Stenvall J, Laitinen I, Kindler T and Osborne S (2013) Making sense of service integration: An international study and learning perspective. Manuscript. University of Edinburgh.

Tapscott C and Thompson L (2013) Between supply and demand: The limits to participatory development in South Africa. *International Review of Administrative Sciences* 79(2): 368–385.

Taylor I and Kelly J (2006) Professionals, discretion and public sector reform in the UK: Re-visiting Lipsky. *International Journal of Public Sector Management* 19(7): 629–642.

Vamstad J (2012) Co-production and service quality: A new perspective for the Swedish welfare state. In: Pestoff V, Brandsen T and Verschuere B (eds) *New Public Governance, the Third Sector and Co-production*. New York and London: Routledge, pp. 297–316.

Verschuere B, Brandsen T and Pestoff V (2012) Co-production: The state of art in research and the future agenda. *Voluntas: International Journal of Voluntary and Nonprofit Organizations* 23(4): 1083–1101.

Willems T and Van Dooren W (2000) Coming to terms with accountability. *Public Management Review* 14(7): 1011–1036.

Willems T and Van Dooren W (2011) Lost in diffusion? How collaborative arrangements lead to an accountability paradox. *International Review of Administrative Sciences* 77(3): 505–530.

The impact of co-production on frontline accountability: the case of the conciliation service

Sanna Tuurnas
University of Tampere, Finland

Jari Stenvall
University of Tampere, Finland

Pasi-Heikki Rannisto
University of Tampere, Finland

Abstract
Mixing of roles between professionals, volunteers and service users creates a new, complex environment in which to produce and deliver public services. In this kind of environment, the issues of accountability become ever more important. This article presents a qualitative case study of co-production between volunteers and professionals in the legally regulated restorative justice services in Finland. Theoretically, we draw together the concept of citizen co-production with the literature on street-level bureaucracy and accountability. As a result of the study, we can say that co-production between volunteers and professionals increases accountability ties. In particular, the meaning of process-centred accountability is salient in horizontal accountability relations. Thus, co-production as a governance arrangement changes the working culture of public service professionals. In the new partnerships, although not entirely horizontal, we can recognize a seed for cultural change for professionalized public service organizations.

Points for practitioners

In this article we have researched co-production between professionals and volunteers in a legally regulated public service, the conciliation service, examining the perceptions of accountability in the frontline practices. The results show that the process-centred nature of the co-produced services leaves less room for discretion and the application of rules by individual street-level workers. Furthermore, as the service users do not consider volunteers to be part of the authority, co-production might be smoother. This is significant especially in the social services, where the clients per se are not necessarily motivated to co-produce, but where co-production would be essential for achieving effective service outcomes.

Keywords
accountability, citizen co-production, governance, professional, street-level bureaucracy

国际行政科学评论

医疗保健中的合作生产:说辞与实践

芬姆克·D.威尼克[①] 赫斯特·M.范·德·博文坎普
Femke D. Vennik Hester M. van de Bovenkamp
基姆·普特斯 科尔·J.格瑞特
Kim Putters Kor J. Grit

翻译:闫佳馨 审校:杨 柳

【摘 要】 医疗保健的合作生产正受到越来越多的关注,然而,人们仍然不甚了解合作生产的过程。本文探讨了医院使病人与医护人员参加合作生产活动的原因及实践中医院对合作生产的体验。我们对五家荷兰医院进行了定性研究,包括半结构化访谈(27人)、观察(70小时)及文档分析,病人和医护人员都参与其中以改善服务。研究结果表明,各家医院使病人和医护人员参加活动的动机不同,且都调整了现有方法来让病人参与。令人关注的是,病人提出需要改进的地方通常是已知的,但合作生产过程的确以另外的方式促进质量改进。合作生产过程激发医院思考如何实现质量改进。这一过程推动了质量改进,因为看到病人并听到病人的体验使医护人员产生了一种紧迫感,促使他们对病人提出的问题采取行动。此外,这些体验使高级管理机构的改进变得合理化。

① 通信作者:
Femke D. Vennik, Erasmus University Rotterdam, Institute of Health Policy & Management, PO Box 1738, 3000 DR Rotterdam, The Netherlands.
E-mail: vennik@bmg.eur.nl

对实践工作者的启示

不同的参与方法能凸显病人不同的医疗保健服务体验,这些体验可用于改进服务质量。我们的研究表明,改变当前的参与方法,使其适应当地医院资源,可能有益于既定情境下的合作生产过程。然而,改变和适应也存在风险,例如,按照标准来选择病人,这种适应活动会影响病人流入的合法性。此外,由于合作生产过程很重要,在参与方法中应该安排好路径,使病人和医护人员都参与其中,并且能够报告个人体验。因此,在实施质量改进项目时,项目团队需要批判性反思改变和适应行为的后果及其可取性。

【关键词】 联合设计;合作生产;医疗专业人员;病人;病人的故事;护理质量;用户参与

一、引言

在公共行政文献中,个体公民和团体参与公共服务提供,引入用户生成的知识被称为“合作生产”(Verschuere et al.,2012)。这里的“合”是指在公共服务的专业提供者与客户或消费者之间共同、联合或交互的行动(Farr,2012)。在医疗保健中,因为病人和医护人员均参加医疗服务的设计和生产被视为改善护理质量的一条重要途径(Bate and Robert,2007),合作生产的概念正得到越来越多的关注(尽管多数时候表述为病人的参与或病人和公众的加入)。

医疗保健中的合作生产是指病人作为专业提供者的合作伙伴对卫生服务的供应有所贡献。这可能发生在宏观层次(即政府与病人组织之间)、中观层次(即医疗机构的董事会与其客户委员会之间)及临床微观层次(即医疗专业人员与某个特定病房的病人之间)。本文中,我们关注后者:临床微观层次。有关合作生产的文献普遍关注人们进行合作生产的动机及可以使合作生产有效的关键变量(Van Eijk and Steen,2014;Verschuere et al.,2012)。较少有人关注组织与专业提供者(即常规生产者)想和客户进行合作生产的原因及微观层次上实际的合作生产过程。此外,人们对于微观层次上合作生产对质量改进的增加值所知甚少(Verschuere et al.,2012)。对临床微观层次的研究有助于我们进一步了解合作生产在实践中是如何运作的。

为更多地了解临床微观层次的合作生产,本文关注的几家医院让病人和医疗专业人员都参与进来,旨在改进荷兰医院病房的护理质量。引导本文的研究问题是:各家医院为什么关注合作生产活动及在实践中对合作生产的体验是什么?为回答这一问题,我们在五家荷兰医院进行了定性研究,这五家医院为改进护理质量让病人和医护人员参与活动。此研究得出的结果能让我们更好地了解合作生产在实践中是如何运作的,且具有实用价值,因为我们了解到病人和医护人员在医院护理合作生产中的参与途径。

本文首先简要概述有关合作生产的文献及这一概念在医疗保健中的使用,之后描述研究设计。在结果部分,我们澄清了医院让病人和医护人员参加合作生产的原因并描述了合作生产的过程。此外,我们还讨论了在医疗保健的改进中使用合作生产的一些结果,认为合作生产的过程尤为重要。在讨论和结论部分,我们回顾了本文的主要研究结果。

二、合作生产

合作生产不易界定。它指“政府组织以外的人参与公共服务的生产、使用或从公共服务受益的思想”(Alford,2002:32),表明了公共服务的专业提供者与客户之间的合作关系(Farr,2012)。这个概念将公民作为公共服务代理人(即“常规生产者”),使其发挥积极作用,共同参与公共服务生产,或多或少地同时生产产品或服务(Percy,1984)。因此,合作生产中的“合”指由常规生产者和病人相互设计的行动,但不一定是双方直接互动的(Pesthoff,2006)。由于合作生产应当影响公共服务,合作生产应该不仅限于收集用户意见。从 20 世纪七八十年代开始,合作生产越来越受到人们的关注。人们的期望是:使用公民独有的经验知识以提高服务质量和效率并降低成本(Bovaird and Loeffler,2013;Brudney and England,1983)。然而,让公民参与合作生产过程,更有意识形态方面的考量:为了使决策民主化。按照这一观点,公民有权参与有关自己生活的决策,而且应当给予公民机会来影响公共决策(Van de Bovenkamp,2010)。

在医疗保健领域,合作生产也日益受到关注。20 世纪 80 年代以前,传统医疗服务生产模式的特点是,专业人员全权负责设计和提供对病人的高质量服务(Boivin,2012)。病人大多被视为护理的被动接受者,他们“信任专业人员会遵从职业道德行事”(Farr,2012:60)。然而,近年来医疗需求日益增长,公共服务供应能力有限,医疗成本上升,对高质量护理及个人护理的需求不断增加,这些发展改变了对病人角色的看法(Boivin,2012)。如今越来越追求病人的积极参与,如激励病人分享使用卫生服务和产品的体验,从而提高护理质量(Adams,2011;Bate and Robert,2007)。病人这种更加积极的角色改变了公共服务生产。病人被要求积极地参与,作为消费性生产者与医疗专业人员及医疗保健中的其他决策者如政策制定者进行互动(Bate and Robert,2006;Pesthoff,2006)。因此,医疗保健是研究合作生产的一个有趣的领域。

上述表明,合作生产包含各种各样的活动。因此,进一步阐明这个概念十分重要。区分合作生产活动的一条途径是将合作生产公共服务在宏观、中观和微观层次上进行区别。另一个途径是区分合作生产者承担的各种活动,这样就产生了另外的"合"的概念:联合委托、联合设计、联合提供和联合评估公共服务(Bovaird and Loeffler,2013;Farr,2012)。我们赞同博维尔德和莱夫勒(Bovaird and Loeffler,2013)的观点,认为合作生产是一个统称,用于描述专业提供者和客户从事的各种活动。本文具体研究医疗保健中联合设计的事例:设计产品或服务的过程。这不仅包括设计产品或服务的功能、安全性和可靠性,还包括与产品或服务的整体互动,以及用户对该产品或服务的感受或体验(Bate and Robert,2006)。通过关注用户的感受,不仅可以改善医疗服务,而且可以提高病人对治疗和护理的体验(Bate and Robert,2006)。

三、荷兰背景

本文聚焦于荷兰的医院护理合作生产。荷兰于2006年正式引入有管制的竞争体制(Van de Ven and Schut,2008),由此产生了三个不同的市场:采购市场、保险市场和服务提供市场。本文主要讨论服务提供市场。在提供医疗保健服务的市场中,提供者争夺病人,而病人能自由选择提供者,但受到全科医生和保险公司的限制,全科医生担当看门人,保险公司能引导(但不强迫)病人到与其签订合同的医院。有管制的市场背后的假设是,借助于竞争,效率和医疗服务质量都将提高(Ministry of Health Welfare and Sport,2006),因为质量可以成为病人(和健康保险人)的一个重要选择标准。因此,对医疗服务的提供者包括医院而言,提供以病人为中心的护理并使护理迎合病人的喜好变得日益重要(Van de Bovenkamp et al.,2013)。于是合作生产过程成为医疗组织及其内部的具体病房关注的主题。

荷兰政府积极推动医疗保健领域合作生产的历史较长。例如,按照法律规定,医疗机构有义务设立客户委员会和投诉委员会。此外,政府为病人组织提供资金并创造机会让病人参与决策。病人被视为医疗保险公司和医疗服务提供者之后的第三个角色。不仅如此,除了体制和管制上的变革以外,政府还以其他方式在医疗机构内部推动合作生产,如资助有关合作生产的项目。所以,在合作生产方面,荷兰已经有重视病人呼声的传统。

四、方法

本文基于对五家荷兰医院的研究,这些医院让病人和员工参与合作生产以改善医院的服务质量。其中四家医院参加了国家项目,该项目为期一年,由政府资助。在这个项目中,一个病人组织的顾问、研究人员和专业人员针对病人参与方法的使用和执行提供了培训课程和建议。本研究专题意在研究合作生产的过程,进一步了解合作生产过程在实践中的发展,并从实践中吸取经验教训。有一家医院没有参加国家项目,但有兴趣联合设计医院的服务,且参加了培训。本研究对医院的挑选基于两个考虑:①合作生产经验的多样性;②医院的类型:综合医院($N-2$)、提供高度专业化护理的综合医院($N=2$)和一家大学医疗中心($N=1$);农村医院与城市医院(分别为 2 家和 3 家);大、中、小型医院(分别为 1 家、2 家和 2 家)。五家医院中有一个血液科和四个肿瘤科参与,尽管方式不同,但都利用了病人的体验来改善其服务质量。

我们使用了一个定性的、多方法的研究设计来探索医院如何让病人和医护人员参与以提高医疗服务质量。深度的半结构化访谈对象来自五家医院的项目团队成员,他们负责项目的内容和进展。项目团队(形式上)包括一名管理人员、一名质量专员、一名医生、一名(专业化)护士和一名病人代表,如医院客户委员会的成员(在项目团队里反映合作生产的理念)。然而在实践中,仅有一个项目团队在项目会议中保持了这一设置;在其他几家医院,病人代表和质量专员经常不出席会议。访谈共计进行了 27 次,项目初期进行了 13 次,项目期间进行了 8 次,项目结尾进行了 6 次。大多数受访者受邀参加了多个访谈,在 4 次访谈期间有各种各样的受访者参加,共计 25 个项目团队成员接受了采访。在访谈中,我们邀请受访者谈论他们对项目的体验、项目的目的、选择的参与方法(其理由)及他们对该项目未来发展的期望。在所有访谈中,有 23 次访谈是在医院面对面进行的,持续时间大约 1 小时;有 4 次访谈是通过电话进行的,平均时长为 30 分钟。除一个电话访谈外,所有访谈都在获得同意后录音并逐字记录下来。

除访谈外,我们在项目团队召开会议及病人/医护人员参与的时刻(例如,焦点小组、病人/医护人员活动和联合设计小组)进行了观察(70 小时)。通过这些观察,我们了解病人和医护人员是如何参与影响公共服务的。在获得允许的情况下,部分观察被录音并逐字记录下来。在观察期间,我们对团队成员进行了非正式访谈。在全部观察期间,我们做了大量的现场记录。

为了对实验数据形成更深入的、三方互证的观点,我们分析了相关文件,包括医院的"行动计划"(包含目标群体的想法和项目目的)、项目团队的会议记录、给病人的邀请信及信息性信件,这些信与针对医疗专业人员的项目有关。这些文件有助于了解病人和医护人员参与提高医院护理质量的途径,以及项目团队成员让病人和医护人员参与的动机。

所有实验数据由作者芬姆克·D. 威尼克、赫斯特·M. 凡德博文坎普和科尔·J. 格瑞特收集、分享和分析,形成了研究人员的三方互证。多个编码器选择了被分析的文件、现场记录和访谈记录中的重要部分,创建了接近实验数据原文的代码。这些代码进一步按主题划分并由作者讨论直至达成一致。此外,在讨论期间,通过观察不同主题之间的相互作用来对各主题进行比较,由此产生主要主题和次要主题,结果部分会对此进行阐述。数据分析和数据收集相互交替,分析的结果在国家项目的中期和后期反馈给各家医院,增加了研究结果的可信性(Tong et al. ,2007)。

五、研究结果

在这一部分里,我们首先关注医院让病人和医护人员参与的理由。此外,我们会阐述病人和医护人员如何参与合作生产的过程。其次,我们简要讨论病人和医护人员提出的改进问题及改进活动。最后,我们详细说明在医疗保健中使用合作生产的增加值。

(一)荷兰医院里合作生产的动因

我们的研究表明,医院进行合作生产源于三个不同的逻辑。首先是"护理质量的逻辑",包括希望探索病人如何体验病房提供的护理,并在这些体验的基础上提高护理质量。

我喜欢合作生产的原因是,它能获得更具体的信息(相比调查):对于我们提供的护理,病人的真实感受是什么,有什么想法。当然我们做了或试图做了很多事情,我们感觉病人会认为这些事是好的、有趣的或愉快的。但情况真是如此吗?(E医院医生)

其次,除提高护理质量外,让病人和医护人员参与合作生产的原因还有"组织逻辑":医院内与组织方面有关的动机。例如,一家医院病房的管理人想听到病人对整个医院肿瘤治疗服务的分散位置有何体验,他认为肿瘤病人不喜欢和其他病房的病人混在一起。这为他一直试图在医院里设立单独的肿瘤科的主张提供了有力论据。另一个例子是,让病人参与质量改进,与医院以顾客为导向的目标相匹配。

最后是市场逻辑:

通过开展这个(合作生产)项目,医院可以在该地区展现自己并由此巩

固其市场地位。(A 医院项目计划，2012：12)

市场逻辑有多种理由(由管理人和医生提出)，如改善公共关系、满足医疗保险公司和认证机构的条件来处理病人的参与，以及跟上国家医疗保健的趋势，如提高透明度和增加病人的参与，从而最终获得更好的市场地位。

理由的多样性表明，对部分医院而言，合作生产是为达到除了质量改进以外的其他目标的一个手段。源于组织逻辑和市场逻辑的理由有工具主义地利用病人体验的风险，可能限制病人的输入空间。

(二)合作生产模式：调整方法适应当地背景

国家项目在开始时给医院提供了很多病人参与的方法，包括：深度访谈、焦点小组、思考/反馈会议、跟踪、病人作为教育者及基于体验的联合设计。最后一个方法在合作生产方面尤为令人关注，因为病人和医护人员参与整个质量改进的过程，包括就改进和实施阶段的关键问题做出决定。这个强化方法十分具体，包括 6 个规定阶段(见表 1)。

表 1　　基于体验的联合设计方法

(Bate and Robert，2007；Tsianakas et al.，2012)

阶段	活动	
1	对医护人员的访谈 参与者对病房的观察 拍摄的病人访谈	请医护人员描述关于一些特别服务的体验 从病人和医疗专业人员的视角去理解病人的治疗路线 请病人描述其得到护理的体验
2	医护人员活动	在医护人员访谈和观察的基础上回顾改进的主题，确定服务改进的优先事项
3	病人活动	展示一个编辑过的有关重要主题的影片/通过病人访谈得到的“实际接触点”(如患者的动向、意见、需求与心声等——编者注)。用一个情绪绘图练习给接触点排序：指示沿着治疗路线的接触点的情绪影响
4	病人—医护人员的共同活动	首次向医护人员展示病人的影片。提出病人和医护人员改进的优先事项并确定共同的优先事项
5	联合设计工作小组	病人和医护人员联合设计并实施服务
6	庆祝活动	病人和医护人员回顾联合设计工作小组的活动并庆祝已做出的改进

收到关于不同方法的信息后,四家医院选择运用基于体验的联合设计,因为他们对其他参与方法已有一些体验。此外,他们认为与其他方法相比,基于体验的联合设计会有增加值,因为"病人成为一个合作伙伴并坐在桌旁"(A 医院项目负责人),病人的反馈能产生更大的影响。第五家医院(E 医院)在让病人参与方面的经验较少,选择了使用焦点小组和"客户体验卡"在其肿瘤科开展服务改进活动。这家医院对项目采取逐步进行的方式,对于病人是否应参与整个过程及如何参与的问题也采取逐步进行的方式:

关于这个问题(在实施阶段让病人参与)我们(项目小组)将采取逐步进行的方式。显然,我们首先会自己审视这个问题,但我们也说过我们想让病人在区分优先次序和实施的阶段也参与进来。但我们不知道到底会怎么做。这也取决于会出现什么样的问题。如果他们说,我们想要更好的咖啡(我完全可以想象得出),那么我不知道我们是否应当让病人参与实施这一条。如果他们说,我们想要等候室装饰得不一样,在这种情况下你当然可以让病人很好地参与。(E 医院医生)

尽管四个项目团队着手运用官方的基于体验的联合设计方法,但他们在项目初期以不同方式调整了方法(见表 2)。例如,C 医院选择省略联合设计工作小组(在这种小组中病人和医护人员联合设计并实现他们一同决定的服务改进事项),C 医院这样做的原因是:①他们推断联合工作小组将对参与者要求过多;②他们没有马上确信这个阶段的增加值。此外,B 医院和 C 医院使用焦点小组来收集病人的体验,而基于体验的联合设计方法,官方规定使用对单个病人拍摄的访谈来收集病人的体验。另外,A 医院和 B 医院完全省略了对专业人员的访谈。各家医院调整基于体验的联合设计方法的原因主要是为了适应当地医院背景。这主要指所要求的时间和所需财政投资上的限制。

近年来在血液肿瘤护理中,不只我们医院是这样,在短时间内需要做更多的事情,所有不切实际的想法逐渐消退……所以你知道,这就是现实:产出。没有钱配备额外的医护人员。所以,你需要一个最省钱的办法(参与),但要有成果。(B 医院项目负责人)

表 2　　案例医院病人参与的方法

医院	病人参与的方法
A	• 拍摄病人访谈 • 病人活动,讨论后给改进主题划分优先顺序 • 医护人员活动:观看病人影片并在影片基础上讨论改进的优先事项 • 病人—医护人员共同活动:一起观看影片并在联合设计工作小组里讨论挑选的改进的优先事项

续表

医院	病人参与的方法
B	• 征询病人的意见来讨论项目 • 对病人的焦点小组座谈 • 病人活动:讨论焦点小组的成果并使用情绪绘图为需要改进的地方按重要性排序 • 医护人员活动:基于自身体验和外部对病房的观察来讨论需要改进的问题并为其划分优先顺序 • 病人—医护人员共同活动:讨论病人活动和医护人员活动的成果,确定共同的优先事项,并在联合设计工作小组里讨论改进的建议 • 联合设计工作小组 • 庆祝活动 • 征询病人的意见来监督做出的改进
C	• 让一个病人代表参加项目团队 • 医护人员调查:请医护人员描述需要改进的地方 • 拍摄对病人的焦点小组座谈 • 医护人员活动:观看病人的影片并讨论服务改进的关键优先事项 • 病人活动:观看病人的影片并讨论从医护人员活动里挑选的改进 • 病人—医护人员共同活动:讨论改进的解决办法 • 改进取决于每个专业人员
D	• 拍摄的病人访谈 • 对医护人员的访谈 • 参与者对病房的观察 • 病人活动 • 医护人员活动 • 病人—医护人员共同活动,包括在联合设计工作小组里讨论改进的建议 • 联合设计工作小组
E	• 让一个病人代表参加项目团队 • 对病人的三个焦点小组座谈 • 病人体验卡 • 对在项目的几个阶段参与焦点小组的病人给予反馈 • 给予专业人员关于病人的反馈 • 征询病人的意见来监督做出的改进

尽管各家医院以不同方式调整了基于体验的联合设计方法,所有医院都重视病人的体验,并利用这些体验来影响并改善其服务质量。因此,我

们可以将这些体验作为“合作生产”过程来分析。我们将在下面的部分进一步讨论这个过程。

(三)让医护人员参与合作生产:克服阻碍

接受访谈的项目团队成员总体上对项目感兴趣,但是让医护人员参与,必须克服一定的阻碍。例如,项目团队成员在说服医护人员参与(合作生产)项目时感受到了挑战,因为一些医生担心其护理服务遭到病人的批评。为克服这一阻碍,项目团队付出大量努力与医疗专业人员进行沟通,并强调该项目的目标。医护人员的参与还遭遇了组织上的阻碍。由于提供医疗保健的活动、对医院其他项目的参与、突发的劳动力短缺、医院重组及项目有限的持续时间(一年),一些项目成员感到没有足够的时间正常地开展项目:

我就是感觉非常非常非常疲惫,主要就是这种感觉。上午我接受病人咨询。下午我不仅要参加肿瘤护理所有事情及病人相关的各种会议,还有多部门咨询。在项目以外有这些额外的工作,是不可能做(联合设计项目)这类事情的。(A 医院专科护士)

尤其是使用某种形式的基于体验的联合设计的受访者,他们将基于体验的联合设计看作是一种耗时的方法,这种方法不能“简单地”和常规工作活动一起开展。这常导致人们采取逐步进行的方式,而没有注意未来必须开展的活动。

并非所有受访者都感觉项目的“官方”时间不足,并非所有受访者都认为逐步进行的方式本身是个问题。一些受访者表示,成功的关键在于找到积极的人,这些人愿意在业余时间从事这个主题的工作。E 医院在这方面似乎做得很好,但在未来可能受到财政政策和社会趋势的阻碍:

我觉得质量改进项目是工作的一部分,但是我没有时间做这个工作。我的收费基于我治疗病人的数量。十分钟不看病,这十分钟就得不到钱。没关系,但这是事实。媒体对医生职业的描绘过于负面(例如,有关高收入),而我们还有其他很多人做的正面的事情却无人关注,有时这让我感到沮丧。我觉得如果你把螺钉拧得越来越紧,那么最终做这些事情的热情就会越来越少。(E 医院医生)

我们已经看到,国家政策(如医疗保健领域基于市场的改革)可能成为医院实施合作生产的原因。然而,上面的引述表明,其他政策和国家趋势也可能阻碍合作生产,因为它们可以给医护人员从事合作生产的能力和意愿带来负面影响。

(四)让病人参与合作生产:调整病人输入

项目成员重视专业医护人员的参与,这被视为一个重要的成功因素,但关注的重点还在病人的参与。为使合作生产过程取得成功,项目成员认为他们必须采取一定的措施,让“合适的”病人参与。第一个重要阶段是挑选参与焦点小组和访谈的病人。一些受访者很开心看到客户委员会成员参加了项目团队,但他们认为特别重要的是与在某个病房实际接受护理的那些病人交谈,而不是和某个代表这些病人的人交谈:

当然他(项目团队的医生)认为我不算是一个好的病人,因为我不是肿瘤病人,幸运地是(……)。我对他的病房一无所知,我不知道白天到那然后再离开是什么样。所以从这个角度而言,我可以说我的感受很重要,但他说:是这样,但你不是我的病人。(E医院客户委员会成员)

然而,也并非所有在病房接受护理的病人都被视为“合适的”病人。受访者谈到邀请有批判观点的病人参与,他们具备参加项目的身心条件,能够讲述自己的故事。此外,还挑选了“爱抱怨的人”“容易满足的人”和“令人讨厌的人”。同时,被挑选的病人应作为医院病房全体病人的代表样本:

项目负责人说她的观点是,要征询别人的意见,因而成立的焦点小组应至少有一个70岁以上的病人,另一个年轻的病人,还有一个来自土耳其或摩洛哥的病人(最好两个国家的都有)和两个“常规”病人。她还建议邀请更多的病人以防有病人退出。其他项目成员同意这些建议。(对B医院项目团队会议的观察)

由项目成员检查病人的名单,然后病人被挑选出来并受邀参与项目;因此,对于谁算得上是好的病人,能代表医院病房的目标群体,谁的故事应得到倾听并用于改进过程,已经做出了选择。结果是只要项目团队能将病人归入某一特定病人群体,病人输入就根据项目团队的标准被调整。

另外,在收集了病人的体验后,对于病人的故事中哪部分应被提出作为质量改进的输入,项目团队做出了选择。这是过程中的一个重要方面,因为做出的选择大体决定了哪些问题将出现在改进议程上,而且这些选择会对合作生产过程产生重要影响。

编辑了一个病人焦点小组的影片并为病人播放。在焦点小组座谈时,病人表达了正面的体验和负面的体验,但编辑的影片几乎只展示负面的体验,因为编辑者认为这种信息对于实现改进是最有帮助的。看完影片后,病人们有点难过,因为他们没有故意那么负面地说医院的情况。(对C医院病人活动的观察)

(五)病人的输入:多是已知的

病人的输入表明,总体上病人对病房的医护人员和受到的医疗保健治疗感到满意,但仍有改进的空间。值得注意的是,各家医院的病人认为需要改进的地方非常相似。除了对医疗的一些具体体验以外,病人最关心的是护理质量的"较软"的方面,如等候室的装饰、等候时间、沟通及与全科医生的协作。因此,病人指出的改进问题不仅与个别的职业或医院病房有关,还与医院的组织和其他医疗服务提供者有关。这些需要改进的地方在其他的参与实践中也被公布出来(Van de Bovenkamp et al. ,2008),并且对团队成员来说大多不是新的或令人惊讶的:

客户委员会的成员开会迟到了。项目管理人向她简要说明了他们正在对焦点小组座谈的成果进行的讨论;主要的改进点是等候时间和信息。客户委员会的成员回应道:"还是那几件事。"(对 E 医院项目团队会议的观察)

然而,这次对一些改进问题采取了行动。例如,在 E 医院,现在向医生和护士咨询期间,医院为病人积极提供社会心理护理,因为焦点小组透露过去病人通常不知道这种类型的护理。以下是 B 医院做出的一项改进:

病人焦点小组透露,不是所有病人都收到了关于接受癌症治疗时去看牙医的信息。医生和病人将这点作为一个需要优先改进的问题,联合设计工作小组接着开始行动。在联合设计阶段阐明了病人对这个主题应有哪些了解,然后病人和医护人员共同制作了信息传单。病人在医院接受治疗时会收到信息地图,信息传单是对此进行补充。(对 B 医院庆祝活动的观察)

这项改进是病人和医护人员共同做出的,但病人不总是参与改进和实施的过程。按照受访者的说法,是否让病人参与取决于改进的主题。在实践中,这意味着以下情况出现时不会让病人参与:当感觉病人对话题(如关于病人应收到的信息)了解得太少时;当涉及医生的行为时(如在诊断谈话期间);当认为让病人参与是对其要求过高时;当事后检查病人是否对改变做出正面评价似乎更加有效时。此外,当医疗专业人员认为关于如何做出改进他们已经从病人那里得到足够的输入时,也不会让病人参与。这些都是正当的理由,尤其考虑到医护人员和病人投入的时间。然而,重要的是注意到项目团队决定了在这个阶段是否需要病人参与。

(六)联合设计的增加值:合作生产过程的重要性

病人的输入不是新的或令人惊讶的,但联合设计过程促成的改进都是之前没有过的。我们的结果表明,重要的不是病人说了什么,重要的是过程及病人被给予机会表达自己想法的方式。首先,让专业医护人员"自己的"病人谈论其在一个普遍"行动"中的体验会影响专业医护人员,因为病人的故事让人察觉到(已知的)问题给病人带来的真正影响。病人的积极作用及他们表达自身体验的方式制造出一种紧迫感,促使专业医护人员对提出的改进问题采取行动。

我(研究人员)告诉项目团队,不同医院的病人提出了相似的改进点,如等候时间和信息的提供,并注意到过程似乎是重要的。医生点点头:是的,你知道但你没有运用到自己身上。你必须投入并且需要这个过程做到这点。(对 E 医院项目团队会议的观察)

其次,出于组织上的理由,经历这个过程是重要的,例如,从高层管理机构如医院的医务人员和董事会获取对改进的(财政)支持。病人的输入可以作为手段来获得合法性并启动改进。

关于为什么合作生产过程是重要的,我们的结果有助于了解这个过程的一些方面,受访者认为这些方面促进了过程的成功。例如,保持项目的"小",就是说不要想一次改进所有事情,比如关注一个医院病房,这被看作是一个重要因素。另外,医生对项目的承诺及他们自己的病人对项目的参与被视为过程的重要方面。同时,成为一个国家项目的一部分,且这个国家项目有培训、建议和一定期限,这也起到了一个推动作用。

六、讨论

其他研究者关注的是用户进行合作生产的动机(如 Van Eijk and Van Steen, 2014),但本研究揭示的是"常规生产者"(即医院)让用户(即病人和医护人员)参与质量改进的动机。在有关该主题的少量现有文献中,已经阐述了合作生产的目标,如提高服务质量、降低成本及使决策民主化(Brudney and England,1983;Pesthoff,2012)。此外,已经找到了让公民参与合作生产的更具"工具性"的理由,如将公共政策朝某个方向引导,或将公民当作其他政策参与者的平衡力量(Van de Bovenkamp and Trappenburg,2011)。本研究表明,让病人参与合作生产的理由在微观层面是相似的。这些动机一部分是由荷兰医疗体系的宏观结构产生的。因此,国家政策和趋势能在微观层面给合作生产过程带来正面影响。然而,我们认为这也可能阻碍合作生产过程,例如,当财务体系(如服务收费系统)不直接奖励这样的项目时。公众选择理论能为这个结果提供部分解释,因为这个理论假定当收益超过成本时,人们会进行合作生产(Verschuere et al. ,2012)。然而,我们的结果也表明其他价值观和目标的重要性,如提供优质护理的职业规范,它可以推动合作生产。由于形成合作生产过程的环境具有激励作用,进一步研究更广阔的合作生产环境十分很重要。

国家政策和趋势不仅在观察医院与病人进行合作生产的动机时很重要,也会影响合作生产过程的适应和调整。适应参与方法是其中一个重要方面;医院适应参与方法主要是为了限制所要求的时间和所需要的财政投入,限制对病人的要求,因为医院并非总能看到参与整个过程的增加值。这种适应不一定是问题,甚至可以看作是积极的。本文研究结果以及其他严格遵照基于体验的联合设计(如 King's Fund,2011)的研究结果均表明,类似的改进点病人提出过并付诸行动。这使得为提炼病人体验而使用的方法和对现有方法的调整都没那么重要。调整甚至在某个特定情况下有助于成功。

然而,调整和适应可能影响合作生产过程,因此,不能随意实施。如果调整活动使用不同的标准来挑选病人,就会影响所谓合理病人的输入。此外,有关公民参与的文献显示,某些公民群体,如受过高等教育的中产阶层和上流社会的白人,比其他人参与的可能性更大(Bovens and Wille,2011;Verba and Nie,1972)。这会导致做出的决定(对我们而言是关于质量改进的决定)对有些人有益对其他人不一定有益(Van de Bovenkamp et al.,2013)。因此,项目团队需要批判性地反思调整行动的结果及其可取性,以平衡特定用户的价值增加与全体病人的价值增加(Alford,2009)。

医疗保健改进的实现,使用了不同的方法并听到熟悉的改进点,我们基于本文的研究结果推断,这主要是合作生产过程的结果:有一条安排好的路径,病人和护理人员都参与其中,且个人体验被提出讨论(Tsianakas et al.,2012)。显然,医院需要跟进这个过程从而突出需要改进的问题,更重要的是对这些问题采取行动。关于这点可以提出几个解释。首先,解释可能在于合作生产项目的设置,创造一个环境使病人和医护人员能积极致力于改进工作并给出实施改进的时间。给定截止日期的国家项目在这方面发挥了推动作用。时间的重要性得到费许尔等(Verschuere et al.,2012)的证实,他还认为公告合作生产者的投入对有效的合作生产十分重要。我们可以说这也适用于常规生产者。其次,正如我们的受访者指出,为了从高层管理机构如医院的董事会获得(财政上的)支持,病人参与过程很重要。病人的输入充当一种启动改进的手段。最后,也可能是需要改进的问题在一般意义上为人所知,但医疗专业人员没有意识到这对病人的影响,或认为这对他们的病房来说不相关。从他们自己的病人那里听到改进问题,可以强调说明他们也不例外。事实上医护人员主要想让"自己的"病人参与。看到并听到他们的病人谈论自身的体验可以帮助他们大开眼界(De Wit et al.,2008),加深对病人需求的理解(Alford,2009),并给有关改进的讨论提供一个参考点:真实的人公开陈述个人行为的间接后果(Nelis et al.,2004)。按照艾曼纽·列维纳斯的说法,单纯是病人的出席就足以唤起专业医疗人员的责任感,并确保他们采取相应行动(Duyndam,2007)。我们认为,从公民和病人参与文献中得出的这些经验可以补充合作生产的公共行政文献(Farr,2012),因为这些经验有助于了解为什么过程对于推动改进是重要的。

研究合作生产过程,如本文所述,引发一个重要问题,到底什么是合作生产。在某种程度上,调整和适应合作生产方法一直存在。然而,重要的是进一步探索调整合作生产方法和病人输入的界限,因为某个时候这个问题会被提出来,无论我们是否仍然谈起合作生产。正如在本文开头时所说,合作生产难以界定;它指让人参与的"一种理念"(Alford,2002),并一直被描述为多面的概念(Brudney and England,1983;Verschuere et al.,2012)。人们普遍认为这种参与不应局限于收集输入,应该对提供的服务产生影响,这在我们所有的案例研究里都出现了。尽管如此,我们的研究表明,进一步阐明这个概念很重要。将合作生产在不同层面和不同活动之间进行区分后,我们认为阐明概念的意图应当是关注合作生产的过程,为讨论概念的边界提供输入。

七、研究评价

本文研究了组织启动合作生产活动的动机,从实证角度描述了微观层面的合作生产过程,这有助于了解合作生产。三个定性数据收集方法的使用在这方面有帮助。这三个方法可以对数据进行三方互证,得出对合作生产过程更全面、更确证的观点。数据的收集是在五家医院不同病房进行的,这些病房专门从事不同疾病的护理(血液科和肿瘤科),以往让病人参与的经验和在项目期间让病人参与的经验各不相同,也令人更深刻地理解了合作生产在医院病房的功能。合作生产使人能够批判性地反思对比案例来验证结论,且有助于将研究结果转移到其他医院病房。然而,为了能够将结果整体迁移到医疗组织并保证进一步的研究,需要了解其他疾病和护理环境(如养老院)。

八、结论

本研究关注医院启动合作生产活动的动机及合作生产在微观层面的表现。研究结果表明,医院启动合作生产活动的动机与市场、组织及护理质量有关。此外,合作生产过程促使医院思考如何实现质量改进。合作生产过程推动了质量改进,因为看到病人并听到病人的体验,医护人员会产生紧迫感,推动他们对提出的改进问题实施行动。这些体验使对高层管理机构的改进变得合理。尽管选择的参与方法似乎不重要,然而,有几个方面推动了合作生产过程,包括对国家项目的参与和医生"自己的"病人的参与。

致谢

我们感谢医院提供机会让我们研究其合作生产项目,也感谢审稿人格伦·罗伯特(Glenn Robert),国际行政科学学会研究小组,安妮洛斯·范·斯塔(AnneLoes van Staa)及我们部门的其他同事为本文提供有益的反馈。

资助

该工作得到荷兰卫生研究与发展组织的资助[批准号 70－71800－98－214]。

作者简介

芬姆克·D. 威尼克(Femke D. Vennik),鹿特丹伊拉斯谟大学卫生政策与管理研究所博士生,她具有卫生科学的专业背景,目前在撰写博士学位论文,内容与病人参与医疗保健有关。她的研究方向是质量改进、电子卫生及"积极的病人身份"。

赫斯特·M. 范·德·博文坎普(Hester M. van de Bovenkamp),鹿特丹伊拉斯谟大学卫生政策与管理研究所公共医疗行政专业助教。她的主要研究领域是病人/公民对医疗保健决策的参与及医疗保健质量的管理。她关注各种形式的病人/公民参与、对参与的体验以及积极的公民身份政策的作用。

基姆·普特斯(Kim Putters),鹿特丹伊拉斯谟大学卫生政策与管理研究所卫生政策和治理专业教授。他具有公共行政的专业背景,关注(混合的)医疗管理问题。他还是位于海牙的荷兰社会研究所所长。

科尔·J. 格瑞特(Kor J. Grit),经济学家和哲学家。他是鹿特丹伊拉斯谟大学卫生政策与管理研究所卫生政策专业助教。他的主要研究方向是病人的参与、医疗市场的道德方面以及医疗监管。

参考文献

Adams SA (2011) Sourcing the crowd for health services improvement: The reflexive patient and 'share-your-experience' websites. *Social Science and Medicine* 72(7): 1069–1076.

Alford J (2002) Why do public-sector clients co-produce? Toward a contingency theory. *Administration & Society* 34(1): 32–56.

Alford J (2009) *Engaging Public Sector Clients: From Service Delivery to Co-production*. New York: Palgrave Macmillan.

Bate P and Robert G (2006) Experience-based design: From redesigning the system around the patient to co-designing services with the patient. *Quality and Safety in Health Care* 15(5): 307–310.

Bate P and Robert G (2007) *Bringing User Experience to Healthcare Improvement: The Concepts, Methods and Practices of Experience-based Design*. Oxford: Radcliffe Publishing.

Boivin A (2012) *Patient and Public Involvement in Healthcare Improvement*. Ede: GVO drukkers & vormgevers B.V./Ponsen & Looijen.

Bovaird T and Loeffler E (2013) We're all in this together: Harnessing user and community co-production of public outcomes. In: Staite C (ed.) *Making Sense of the Future: Do We Need a Model of Public Services*. Birmingham: The Institute of Local Government Studies, ch. 4.

Bovens M and Wille A (2011) *Diplomademocratie: Over de spanning tussen meritocratie en democratie*. Amsterdam: Uitgeverij Bert Bakker.

Brudney JL and England RE (1983) Toward a definition of the coproduction concept. *Public Administration Review* 43(1): 59–65.

De Wit F, Mul M and Bal R (2008) Leren van patiënten. De spiegelbijeenkomst als kwaliteitsinstrument. *Medisch Contact* 63: 990–993.

Duyndam J (2007) Levinas en het gelaat. *Kunst & Wetenschap* 16(2): 13–14.

Farr MC (2012) Understanding participation and power within collaborative processes: Jointly involving staff and citizens in changing public services. PhD thesis, University of Bath, UK.

King's Fund (2011) *The Patient-centred Care Project. Evaluation Report*. London: The King's Fund.

Ministry of Health Welfare and Sport (2006) *The New Care System in the Netherlands: Durability, Solidarity, Choice, Quality and Efficiency*. The Hague: Ministry of Health Welfare and Sport.

Nelis A, De Vries G and Hagendijk R (2004) 'Stem geven' en 'publiek maken'. Wat patient en-verenigingen ons kunnen leren over democratie. *Krisis:Tijdschrift voor empirische filosofie* 5(3): 25–40.

Percy S (1984) Citizen participation in the co-production of urban services. *Urban Affairs Quarterly* 19(4): 431–446.

Pestoff V (2006) Citizens and co-production of welfare services. *Public Management Review* 8(4): 503–519.

Pestoff V (2012) Co-production and third sector social services in Europe: Some concepts and evidence. *Voluntas: International Journal of Voluntary & Non-profit Organizations* 23(4): 1102–1118.

Tong A, Sainsbury P and Craig J (2007) Consolidated criteria for reporting qualitative research (COREQ): A 32-item checklist for interviews and focus groups. *International Journal of Quality in Health Care* 19(6): 349–357.

Tsianakas V, Robert G, Maben J, Richardson A, Dale C and Wiseman T (2012) Implementing patient-centred cancer care: Using experience-based co-design to improve patient experience in breast and lung cancer services. *Support Cancer Care* 20(11): 2639–2647.

Van de Bovenkamp HM (2010) The limits of patient power: Examining active citizenship in Dutch health care. PhD thesis, Erasmus University Rotterdam, The Netherlands.

Van de Bovenkamp HM and Trappenburg MJ (2011) Government influence on patient organizations. *Health Care Analysis* 19(4): 329–351.

Van de Bovenkamp HM, Grit KJ and Bal RA (2008) Inventarisatie patiëntenparticipatie in onderzoek, kwaliteit en beleid. Report, Instituut Beleid en Management Gezondheidszorg: Rotterdam.

Van de Bovenkamp HM, Vollaard H, Trappenburg MJ and Grit KJ (2013) Voice and choice by delegation. *Journal of Health Politics, Policy and Law* 38(1): 57–87.

Van de Ven WPMM and Schut FT (2008) Universal mandatory health insurance in the Netherlands: A model for the United States? *Health Affairs* 27: 771–781.

Van Eijk CJA and Steen T (2014) Why people co-produce: Analysing citizens' perceptions on co-planning engagement in health care services. *Public Management Review* 16(3): 358–382.

Verba S and Nie N (1972) *Participation in America: Political Democracy and Social Equality*. New York: Harper & Row Publishers.

Verschuere B, Brandsen T and Pesthoff V (2012) Co-production: The state of the art in research and the future agenda. *Voluntas: International Journal of Voluntary & Non-profit Organizations* 23(4): 1083–1101.

Co-production in healthcare: rhetoric and practice

Femke D. Vennik,
Hester M. van de Bovenkamp,
Kim Putters and Kor J. Grit
Erasmus University Rotterdam, Institute of Health Policy & Management, The Netherlands

Abstract

Co-production in healthcare is receiving increasing attention; however, insight into the *process* of co-production is scarce. This article explores why hospitals involve patients and staff in co-production activities and hospitals' experiences with co-production in practice. A qualitative study with semi-structured interviews ($N=27$), observations (70 hours) and document analysis was conducted in five Dutch hospitals, which involved patients and staff in order to improve services. The results show that hospitals have different motives to involve patients and staff and have adapted existing methods to involve patients. Interestingly, areas of improvement proposed by patients were often already known. However, the process of co-production did contribute to quality improvement in other ways. The *process of co-production* stimulated hospitals' thinking about how to realize quality improvements. Quality improvements were facilitated by this process as seeing patients and hearing their experiences created a sense of urgency among staff to act on the improvement issues raised. Moreover, the experiences served to legitimatize improvements to higher management bodies.

Points for practitioners

Different participation methods can bring patients' experiences with healthcare services to the fore, which can be used for quality improvement. Our study shows that adapting existing methods to local hospital resources is likely to be beneficial for co-production processes within a given context. However, adapting and tailoring also poses risks. Tailoring activities, such as using criteria to select patients, influence what is considered to be legitimate patient input. In addition, as the co-production process is important, the method should consist of an organized trajectory in which patients and staff are involved and personal experiences are presented. Therefore, project teams need to critically reflect on the consequences of adaptations and tailoring actions, and their desirability, when carrying out quality improvement projects.

Keywords

co-design, co-production, healthcare professionals, patients, patient stories, quality of care, user participation

国际行政科学评论

乌干达公务员对公共服务供给中公民角色的认知

玛丽·特奥皮斯塔·温纳　特鲁·斯蒂恩[①]　马克·R.罗格斯
Mary Theopista Wenene　Trui Steen　Mark R. Rutgers
翻译：孙彩红　审校：孙春晖　曹海军

【摘　要】 本文研究了乌干达公务员对于公共服务提供中公民角色的认知。换句话说，我们考察了那些公共服务提供者对服务对象所产生的实际的和预期影响的一些看法。为此进行了一项聚焦于乌干达教育和卫生部门的实证研究。本文结论是，由于公民角色中存在众多张力，乌干达公务员认为服务对象还未充分参与到对优质公共服务的需求和提供当中。如果没有一种支持公共服务能力建构的文化在各个层次的发展，包括社区层次和个人服务对象的层次，那么在乌干达更有效的公共服务供给是不可能的。

对实践工作者的启示

在乌干达，就公民的角色而言，存在着一些相互矛盾的看法，导致服务对象在优质公共服务的需求与供给中参与不充分。除了向服务使用者赋

① 通信作者：
Trui Steen, Leiden University, Institute of Public Administration, The Netherlands and KU Leuven, Public Governance Institute, Parkstraat 45, PO Box 3609, 3000 Leuven, Belgium.
E-mail: t. p. s. steen@cdh. leidenuniv. nl

权,使之对提供更好的公共服务施加一种自下而上的压力,促使公共服务提供者向公众承担责任的激励机制也是至关重要的。

【关键词】(撒哈拉以南)非洲;向公民赋权;公务员;公共服务提供;服务对象;利益相关者方法;乌干达

一、引言和背景

本文讨论了乌干达公务员对有效的公共服务供给中公民角色的认知。研究聚焦于卫生和教育,这两个部门被认为是实现国家发展和千年发展目标的主要贡献者。但理论和实践上的问题都出现了,这些问题涉及公共服务的最终受益者、服务供给的质量、服务供给环节中的公民角色。而在乌干达这样的发展中国家,还几乎不知道在什么条件下,公民与公共部门组织能进行互动。对公务员在这些问题上的认知进行实证性研究,不仅能够提供新资料,而且还能够加深我们对服务对象在公共服务供给中扮演角色的理解。

我们的理论分析以西方国家的国家与公民关系路径作为对照,分析撒哈拉以南非洲的服务对象能力的有限性。然后,讨论在乌干达卫生保健和教育服务领域,公务员对服务对象认知的一些实证结果。通过访谈的形式,本文整合了大量来自乌干达公共服务领域、焦点小组讨论、公务人员经历以及对公民/服务接受者在决定服务供给中享有机会的认识与评价数据。

二、理论分析

(一)西方背景下的国家与公民关系:公共服务供给的利益相关者方法

在大多数西方国家里,研究利益相关者的方式被认为是公共服务供给的关键。利益相关者的概念是指积极应对和积极参与的个人或组织,他们能够影响组织,或者受到组织影响(Freeman,1984;Thompson,1967)。对于(公共)组织而言,意味着在这个系统模式中要考虑服务对象。公共行政并不仅仅是提高效率,它还涉及民主参与、问责和赋权的思想。公共服务供给的利益相关者概念意味着,不仅公共组织要把公民考虑在内,而且公民自己也要扮演一个积极的角色。例如,登哈特和登哈特(Denhardt and Denhardt,2007)认为,民主的公民身份暗含着一种责任,是公民对于社区更好的发展所担负的责任。

根据霍赫沃特(Hoogwout,2005)的观点,公民作为个体的角色与政府组织的关系，根本上不同于公民作为顾客与私人服务供应者的关系。正如霍赫沃特(Hoogwout,2005)所解释的，在后一种关系当中，顾客会决定他们自己想要买什么和选择哪一个供应商。这种金钱交易使得服务的供应商依赖于顾客获得资金持续，于是使服务供应商产生了一种“让顾客满意”的激励。而政府的“顾客”不会把这些角色结合起来，因为政府决定它要提供服务的具体内容，服务的存在也不依赖于个体的公民(Hoogwout,2005)。虽然这提供了关于市场与政府模式的相当理论化的图景(可能过于简单化)，但是它澄清了关于私人服务的顾客与公共服务的对象之间的一些主要区别。

在西方国家，公民期望政府提供的服务即使不比私人部门的服务更优秀，也要和它们一样好(Institute of Public Administration of Canada,2005)。公民也期望通过访问、选择、获得信息、救济和代表等途径，有机会影响自己能得到服务的种类和质量(Denhardt and Denhardt,2007)。为了获得合法性，政府应该和服务对象和其他利益相关者进行对话。类似的观点在近年来的公共管理文献中也被提到过。例如，穆尔(Moore,2013)就鼓励公共管理者要认识到，“服务对象及其义务”是评估公共价值的实现程度的主体，因为只有他们能够最终决定优质服务供给的质量到底如何。有关公共价值的文献(cf. Bozeman,2007)也表明，应该做如下的区分，即公民作为一个集体来决定(比如通过选举过程)政府或其他组织应该提供什么样的公共服务，与公民个体作为服务对象之间的区分。

向公民赋权取得的进展与公共服务治理原则和结构取得的进展是一致的。在20世纪八九十年代，在新公共管理和重塑政府运动的背景下，运用企业化的方式组织政府的理念，导致了公共服务供给引入竞争以及具有更多消费者选择权利的公民。运用一系列更为广泛的方法，包括顾客调查和重点对象，公共组织开始认真倾听顾客的声音。然而，公民在实际公共服务供给中的角色仍然是基于生产者和消费者利益的分离，而不是基于合作的价值(Alford,1998)。

在20世纪90年代末和21世纪初，公民的角色仅仅被视为公共服务的顾客，这一点受到人们的质疑，同时合作生产成为新公共治理范式下的一个主题。新公共治理认为，作为公共服务的提供者，政府应该与其他主体(公共的、私人的、非营利组织等)进行合作(如Osborne,2010)。对于提升公共服务质量、提高决策的可信度、增强政府的合法性，向公民赋权是必不可少的(OECD,2001)。公民不只是像新公共管理范式主张的那样，作为知情的顾客有“发言权”；新公共治理的范式还把公民视为知情的合作伙伴(Moynihan and Thomas,2013)。这就同时关注到了公民作为一个集体的角色和作为直接的服务对象或使用者的角色。为了获得可持续性发展的质量,用这样一种方式组织公共部门是至关重要的,即允许公民参与到整个的政策周期中(Benington,2009)。总之,公共服务不仅要面向公众,还要由公众参与提供,公民应该对公共服务的提供有所贡献(Bovaird and Löffler,2012)。

(二)撒哈拉以南非洲的公共服务供给面临着服务对象能力有限的挑战

上面所论述的西方理论和实践的发展,怎样与撒哈拉以南非洲联系起来呢?穆塞韦尼(Museveni,1997)以一种非常概括(和简化)的方式把乌干达人口的大多数——整体上的非洲——描述为"农民":

……农民,在很大程度上,是不识字的人,他们依靠农业生存,而不是依靠交换和专业化这些能够带来现代化、高效率和生产经营流水线的关键因素。但是,如果人们在他们维持生计的活动中被固化,实际上只是经营各个行业而非精通一门技艺,那么经济就无法增长,社会就无法发展。目前,我们的农民生产着他们自己的食物,他们是自己的木匠、自己的石匠,甚至是自己的医生。(Museveni,1997:188)

海登(Hyden,2013)指出,"非洲国家通常缺乏独立的中产阶层,而这个阶层能够向政府提出有意义的政策需求"(Hyden,2013:922)。穆塞韦尼(Museveni,1997)和海登(Hyden,2013)描述的这种状况说明,公民要求优质公共服务的能力是有限的。这是一个主要的挑战,对公共组织的绩效管理和服务提供产生了消极影响。这使得问题复杂化,公务员在传统上倾向于把政府看作是他们主要的客户,结果他们就轻视了对公众应担负的责任(Doodo,1999)。迄今几乎没有做出多少努力促使公务员解决人民群众的真正需求(Nti,1999)。杜多(Doodo,1999)和奈蒂(Nti,1999)的论述表明,公职人员认为他们自己只对政府负责和听命于政府,而不是向公民负责(不论是作为集体的公民还是作为接受服务的个体公民),因此,在服务的提供者与提供服务的最终目的之间产生了断裂。这与博特(Booth,2012)的主张是一致的,他认为一个通常的问题是,负责促进和规范公民参与的部门,在结构上并不负有改善服务提供者绩效的责任。而且,那些部委几乎没有动机或激励去解决更多的影响一线服务质量的问题。服务供给中的问题或许被认识到了,但解决这些问题的动机和能力还是缺乏的。

在上面的分析中,改善公共服务的治理同时包括了政府提供高质量公共服务的能力,以及公民提出高质量公共服务诉求的能力。博特(Booth,2012)认为,一方面,随着政治体制世袭化的色彩越来越淡以及与现代行政实践的联系更为紧密,人们期待服务管理的提升。另一方面,政治官员和专业的服务提供者将会受到自下而上的一种要求更好绩效的压力,因为治理变得更加民主，同时，选民和服务享用者会得到更多的发言权和获得更多权利。然而，在低收入的撒哈拉以南非洲，来自选民和服务用户的压力是微弱的，促进改善绩效的力量也只能是从转变自上而下的激励机制中产生。

必须努力强化责任的建立与问责环节。例如，2001 年实施的非洲公共服务宪章，强调了公共服务要适应新的要求，制定了一个采取立法的、管制的、技术的和实践的举措指导公共服务的框架（Economic Commission for Africa，2003）。这为撒哈拉以南非洲的公共服务合作生产和公共价值的创造带来了希望的曙光。然而，对政府而言，一个潜在的紧张压力在于，公民个体、社会团体和志愿者协会更多、更积极的参与将可能会对政府的政策和方案带来更明显的挑战（Benington，2009）。"咨询疲劳"也可能会发生，因为当参与者认为征求他们的意见之后，看到的却是几乎没有变革的结果，便会失去对这个过程的信任（Coats and Passmore，2008）。

我们将在撒哈拉以南非洲向公民赋权的背景下来讨论一系列问题。第一，公民如果能够把自己组织成为非政府组织，就会在与政府的较量中占据更多优势（Rose-Ackerman，2004）。这种组织能力给公民一种"发声权"（即监督政府绩效、形成有价值的信息、给政治官员行为施压的能力）和"客户权利"（即直接参与到服务提供中的能力）。然而，实际上，公民通常会发现很难把他们自己组织起来，公共管理者也几乎没有尝试积极地为他们的机构设立一个选区。捐助者资助的非政府组织的行动，聚焦于激励公民提出更好的公共服务的要求，这并不被大多数的政府视为大"麻烦"，就如穆尔（Moore，2013）所说的（cf. Booth，2012），这肯定不是公共管理者的主要需求。

第二，公民参与的落后，与缺乏以透明的方式应对公共服务供给的挑战是密切相关的，这一定程度上依赖于信息、教育和沟通。信息对于增强公民权利和促进公民参与提供公共服务是最重要的。沟通交流的巧妙渠道可以作为变革的强有力工具。不过在非洲，发展阻力的根源在于缺乏合适的沟通策略，只有合适的沟通策略才能使得服务的享用者全面而积极地参与进来（Dia，1996），才会有一般意义上的公民参与。

第三，在撒哈拉以南非洲，公共服务供给的分权一直被视为一个关键的改革，目的是为了使服务更贴近人民（Ayee，2005）。在这个地区的不同国家里，对于居住在以前被忽视的农村地区的人们来说，分权会导致逐步获取中央政府资源与设施（例如，道路、校区、诊所、休闲场所的建设与维护，以及水、电的供应）。它还能使地方的人们表现出对他们自己事务与实践的兴趣，即使最低限度，也是对他们地区的政策与规划的兴趣。

这一理论探讨同时确定了在撒哈拉以南非洲，服务对象参与公共服务提供的发展趋势与面临的许多相关挑战。这些问题也引导我们的实证研究。在总结研究结果之前,下面先描述一下研究设计。

三、研究设计:选择案例与收集资料

我们力图考察的是,乌干达公务员对小学教育和基本医疗领域的有效公共服务供给当中公民角色的认知。和撒哈拉以南非洲的其他国家一样,20世纪80年代,乌干达在国际援助机构支持的扶贫信贷项目下实施了结构调整计划。消除贫困行动计划成为国家促进经济增长和减少贫困的总机制(Ministry of Finance, Planning and Economic Development, 2004)。公共服务行政改革计划的结果就与消除贫困行动计划的目标连接起来。许多部门的特定改革,比如,普及小学教育的政策和基本卫生保健一揽子计划,都作为消除贫困行动计划的一部分来实施,与千年发展目标的要求也是一致的。不仅教育和医疗服务是改善撒哈拉以南非洲生活状况的着力点,而且服务对象的参与也是改善这些部门的一个关键因素。学生家长的参与被视为影响学校有效发展的一个决定性因素(Chubb, 1988, in Osborne and Gaebler, 1992)。在医疗卫生领域,社区参与要求建立在这样的假设基础上,即如果人们参与到关于这些服务如何提供的决策制定中,他们将更有可能获得医疗服务和改变保健行为(Liu et al., 2011)。

本研究的目的不是研究服务对象自身的经验,而是分析乌干达公务员对服务对象的角色认知以及要做出多少努力才能使得他们参与到服务的提供当中。为了提升公共服务质量,关键在于促使公共服务提供者肩负起对公众的责任。理解公务员对服务对象的角色认知,就在供给方的能力建构上迈出了第一步。

我们的途径也是以数据为研究基础来支撑的。在乌干达政府、捐助者、非政府组织中都做了调查,来收集他们对公民在接受公共服务中扮演角色的认知(例如,服务供给的全国性调查、家庭调查、其他对医疗和教育服务的特定研究)。然而,几乎还无从得知专业的服务提供者对影响公民赋权的关键因素的认知。因此,我们的研究就寻求提供这种资料。另外,选择这种研究方法还因为研究对象熟悉这种体系与提供的服务,由此能够对公共服务供给的影响因素提供一些观点,而这些看法在服务对象那里却不容易看得见。

本文核心部分的实证研究,是由一位作者从2012年到2013年在乌干达完成的。资料的获得是通过访谈、焦点小组讨论、向公共服务有关的重要主体发放调查问卷等方式。样本是从与乌干达医疗和教育有关的人口数量规模大的公共服务机构中进行选择的。我们研究的受访者来自中央政府(医疗、教育部门和有关协调的部门),四个地方政府即古卢、卡巴罗莱、托罗罗、卢韦罗(Gulu,Kabarole,Torro and Luwero Districts),代表着乌干达的不同地区和服务机构在提供小学教育和初级医疗保健服务方面的状况。

对于其中的定性研究,采用了有目的抽样方法。对于访谈和焦点小组讨论的样本,则包括中央政府部门、地方政府、一些部门和服务提供机构中位于领导职位的关键知情人。为了增强样本的可信度,我们仔细甄别并纳入了一些次级部门的主要利益相关群体。受访者包括教育和医疗领域的专业人士,以及其他一些领域包括人力资源管理专家、规划师/经济学家、金融服务人员、高级管理者(包括常任秘书和首席行政官员)、政治领导者和一些民间组织的成员。总共访谈了 69 位知情人,进行了 12 个焦点小组的讨论(总计 108 位参与者)。附录 A 提供了这些访谈者和焦点小组参与者更为详细的信息。

对于其中的定量研究,运用了四个阶段的分层抽样,包括中央政府机构层次、地方政府行政层次、地方政府的机构层次、公共部门官员的个体层次。研究中在每个层次对调查对象进行分层分类和随机抽样。调查问卷在正式实施前先进行预测试。总体情况是,119 位受访者完成了问卷(总体样本是 160 人,回收率是 74%)。在这些受访者中,29%来自教育和医疗这两个部门,71%来自地方政府。在受访者中,35%是教育工作者,36%是医疗专业人士,29%是一般行政部门和其他专业人士。从薪资水平看,受访者中有 64%的薪金是 U1～U4 级别的,36%则是 U5～U8 级别的,这意味着大多数受访者是中层管理者;有 84%的受访者在公共服务部门工作达 5 年以上。附录 B 提供了调查问卷受访者的一些详细情况。其他的一些二手文献是从书籍和报告中获取的。

四、乌干达教育与卫生服务提供中服务对象角色的新问题

在这项实证研究中,我们考察了公务员对服务对象角色的认知,这些服务对象是在乌干达获得了有效的教育与医疗服务的利益相关者。在治理需求方的改善方面,我们考察了公务员如何看待向服务对象赋权的层次,以及他们所认为的对公民角色的限制因素。改善公共服务提供的供给方,尤其是指提供服务的有效性。最后讨论了设计利益相关者参与的优先领域。

(一)向服务对象赋权来参与提供公共服务

近年来,乌干达政府采取了一些举措,目的是让服务对象参与到公共

服务的提供中并增强对问责制的要求。现已实施的措施有:①全国性的提供服务的调查,是定期开展的,目的是为了获得服务对象对公共服务质量的反馈;②每四年进行一次家庭调查,为了收集家庭的人口、社会、经济等状况的资料,支持有数据支撑的决策制定;③不同的政府部门实施顾客宪章,目的是告知服务对象获得公共服务;④通过分权的地方政府体系制定自下而上的参与式计划与预算;⑤召开社区会议讨论公共服务供给问题,包括中央和地方政府提供的所有公共服务;⑥振兴部门管理委员会纳入医疗机构的管理委员会和学校管理委员会(及其他机构)。因为是作为监督工具,这些举措同时也向公民提供了信息、教育和沟通的渠道。

尽管有这些行动举措,来自二手资料和受访者的研究结果却表明,在乌干达公共服务提供中,服务对象的参与仍然是很少的。例如,虽然引入了顾客宪章,但是对这些宪章(Ministry of Public Service,2011)实施的访谈报告却显示,服务对象并没有充分参与到这些宪章的发展过程,反馈机制也没有制度化。在2008年全国公共服务提供的调查中(Ministry of Public Service and Uganda Bureau of Statistics,2009),只有28%的受访者表示参与决定了政府项目,而只有11%的受访者表示参与了监督和评估政府项目。表1呈现的资料支持了这些观点。有97%的受访者认为,在公共服务提供中顾客的参与是很重要的,只有39%的受访者认为顾客/公民实际上得到授权进行参与。

表1 公务员对利益相关者参与和赋权的认知
(基于对乌干达公务员的调查研究)

顾客与利益相关者的参与是服务提供及绩效的重要方面			公民被赋权并认识自己的权利和义务		
	人数	百分比(%)		人数	百分比(%)
非常同意	72	60.5	非常同意	5	4.2
同意	43	36.1	同意	41	34.5
不确定	2	1.7	不确定	20	16.8
不同意	0	0.0	不同意	43	36.1
非常不同意	2	1.7	非常不同意	10	8.4
合计	119	100.0	合计	119	100.0

乌干达宪法(Uganda,1995)规定了公民的权利和义务。列举的公民义务包括:①忠于祖国、热爱祖国,促进乌干达的发展;②为了公民、家庭、公共利益和国家发展从事有利的工作;③增进公民所居住社区的福利。为了

履行这些义务，每个公民和公民的贡献都需要得到重视。然而矛盾的是，我们发现在乌干达，公民作为选民的角色给更多的直接参与产生了负面影响。受访者一般认为，服务对象是“作为选民得到了高度重视，一切努力都是不要打乱他们对选举的承诺”(来自焦点小组讨论、地方政府)。这种做法导致了几个后果。第一，服务对象没有被充分动员起来，没有充分认知某些特定政策的细节，例如，“免费”的教育和医疗服务并不是意味着服务对象就免予资金支付，然而这一信息没有明确传达给公民，因为担心失去选票。第二，持久的顾客主义阻碍了进行参与的可能性，因为公民不仅从机构而且从个体的公务员和政治领导者那里寻求公共服务。第三，因为政治领袖被认为在纳税方面自身做得不够好，其道德权威，也就是要求公众纳税、促使使用者付费、从事社区工作的权威是有限的(来自访谈与焦点小组讨论，卡巴罗莱和托罗罗)。

受访者提出的一个重要问题是，社会倘若缺少赋权，就无法在资金上支持公共服务。受访者表达了这样的观点，即认为人们相信政府有能力提供所有需要的公共服务，但是政府选择了不提供。在一天(访谈)结束时，得到公共服务提供者的说法是，“服务没有充分提供，或者以一种非正式或区别对待的方式收费，因为使用者付费的标准没有制定出来”(访谈，古卢)。服务提供者认为，他们之所以没有完成服务对象要求的任务，在于公务员工资很低、缺少充足的手段和机构来提供服务，同时有一些公民期望获得免费的公共服务。结果是，公民没有任何基础来要求服务质量(访谈，古卢)。进一步讲，免费的服务被视为在服务提供者和服务对象中间都容易滋生懒惰者“我不在乎”的态度。服务提供者认为，医疗保健的支付，可以促进获得医疗服务(访谈，托罗罗)。此外，鉴于普及小学教育计划是作为“‘总统’计划、学生作为总统的孩子”(焦点小组讨论，托罗罗和卢韦罗)，受访者认为，这种做法导致了父母缺乏向他们孩子提供食物与学习材料的承诺。

公务员认为在付费或税收与服务之间建立直接的联系，对于促进公民的所有权或向公民赋权要求优质公共服务是很关键的。然而，那些能够付得起服务费用和付不起服务费用的人之间的平等问题对这一观点构成了致命的挑战。例如，2009—2010 年的家庭调查(Uganda Bureau of Statistics，2010)显示，在此期间，乌干达 24.5%的人是贫穷的，他们当中的大多数都生活在农村地区。资金支付的问题增加了政府与私人服务之间的差距，尤其是服务对象有能力又有意愿支付的那些服务。这也将会在提供公共服务的质量上，产生中央政府和地方政府、地方政府之间、同一地方政府内部之间的差距。建立起使用者付费的制度，可能会增加公民参与，正如许多受访者认为的，这种付费将会产生一种所有者的感觉，从而提高对服务质量的要求。但是，这也可能进一步把穷人拒之门外，他们根本无力付费,还在为当前的生存和为“免费”的服务而挣扎,因为“即使提供普及的(免费的)小学教育,贫困家庭也不会让孩子上学。当他们这样做时,孩子就辍学!”(访谈,托罗罗)而且,威斯沃(Waiswa,2012)对中低收入国家的研究表明,在医疗服务上引入使用者付费,几乎没有带来公共医疗的收益,不论是从获得服务还是得到医疗保健的结果而言,都是如此。结果是人们减少对这些预防性和治疗性医疗保健服务的享用。

根据 2008 年全国公共服务供给调查(Ministry of Public Service and Uganda Bureau of Statistics,2009),20%的乌干达人口没有受过正规教育,而 30%的入学学生没有完成小学教育。这一数据信息与 2009—2010 年的家庭调查结果有可比之处,表明了在 10 岁以上的人口中,识字率只有 73%。家庭调查的结果也说明,因为识字率低,妇女得到更少的赋权来参与公共服务的供给,农村地区更是如此。男性的识字率总体上为 79%,而女性则为 66%;如果将所有人口统计在内的话,城市的识字率是 88%,而农村只有 69%。识字对于向服务对象赋权是很重要的。罗斯一阿克曼(Rose-Ackermann,2004,基于 Reinikka and Svensson,2004)探讨了在乌干达,中央政府对地方小学的财政资金的严重流失是如何用简单的、以信息为基础的改革来应对,这种应对方法把增强政府监督与在报纸上公布财政状况结合起来,使得家长能够明白他们孩子的学校应该获得什么样的资金。不过,这一举措成功的一个主要特征是,在农村地区存在家长—教师的团体来实施监督,家长和社区成员有一定程度的识字率。与之相比,有项研究,对乌干达北部的小学教育资金的支出与使用的跟踪研究(Transparency International Uganda,2011),结果不那么乐观,该研究表明,在这些公民群体中(家长和社区),他们的能力和行动水平都是很低的,这就导致了对教育服务供给的微弱需求。家长被认为在监督教育服务供给以及子女出勤率和成绩方面,都是冷漠的。而且大多数学校的学校管理委员会的调查说明,也正是由于家长较低的教育水平,才没有能力监督校长。

(二)公共服务供给的回应性

回应性包括可获得性和及时性的因素。2008 年全国教育服务供给调查(Ministry of Public Service and Uganda Bureau of Statistics,2009)确认,在乌干达,人们要得到政府提供的医疗保健设施必须行走的平均距离是 6 公里。这项调查还有一个结果是,在国家层面,大约 79%的小学生要走大概 3 公里才到学校,还有 1%的学生需要走 10 公里或更长的距离才能到学校。这就意味着大概有 20%的学生必须走 3~10 公里才到学校。2009/2010 年的家庭调查发现,76%的国内小学都是由政府管理的。就农村地区的小学而言,80%是由政府管理的。在城市地区,51%是由私人机构管理的。

至于医疗保健服务，调查发现51%的城市人口和41%的农村人口到私人诊所去进行治疗，把私人诊所作为第一选择。这些结果表明，不管是政府还是私人提供者，都在教育和医疗公共服务的供给中发挥着重要作用，都存在服务的回应性和质量问题需要解决。

在我们的实证研究中，受访者的反映表明，提供公共服务的机构，在中央政府、地方政府和公共服务点层面上，都还是合理到位的，但是还没有充分发挥作用。在中央政府层次的一个普遍问题是，近来的公共部门改革一直更多关注的是效率提升，而不是提供公共服务的要求。在地方政府层面上，虽然人们认为，就民众理解政府、影响提供特殊公共服务的方式以及创造一种促进参与和所有权的制度等这几方面而言，分权有着意义深远的影响，但一些人认为事实并非总是如此。管理委员会被认为是公共服务供给机构的一部分，但是没有充分发挥作用，或者并非一直具备履行他们职责的能力。管理委员会在城市地区被视为主要是功能性的，而服务对象更多是参与性的(焦点小组讨论，公共服务部)。

在我们的问卷中，受访者表达了他们认为客户和利益相关者对所提供公共服务不同方面的满意程度。回答的结果见表 2。有意思的是，有相当数量的受访公务员在大多数问题上保持了中立，除非公务员乐于提供服务或者其服务能够惠及用户。

表 2　　受访者对公共服务回应性的看法

你认为客户和利益相关者在多大程度上，对你们学校或医疗中心提供的公共服务的不同方面是满意的？(基于对乌干达公务员的调查研究)

	人数	百分比(%)		人数	百分比(%)
公共服务可获得性			公共服务的及时性和回应性		
非常同意	18	15.1	非常同意	12	10.1
同意	68	57.1	同意	46	38.7
不确定	16	13.5	不确定	32	26.9
不同意	15	12.6	不同意	25	21.0
非常不同意	2	1.7	非常不同意	4	3.3
合计	119	100.0	合计	119	100.0
公共服务的质量			公共服务成本		
非常同意	9	7.6	非常同意	13	10.9
同意	55	46.2	同意	42	35.3

续表

	人数	百分比(%)		人数	百分比(%)
不确定	31	26.1	不确定	28	23.5
不同意	20	16.8	不同意	30	25.2
非常不同意	4	3.4	非常不同意	6	5.0
合计	119	100.0	合计	119	100.0
公务员对客户有帮助和有礼貌					
非常同意	19	16.0			
同意	70	58.8			
不确定	18	15.1			
不同意	10	8.4			
非常不同意	2	1.7			
合计	119	100.0			

在学校和医疗单位的层次,受访者确认有些成就,包括服务提供系统中的分权,使得服务更容易被人们享用。然而,并不是所有地方政府都是这种状况。仍然有些地区,服务对象必须走很长的一段路程才能到达有服务设施的地方,这主要是因为政策执行上缺乏一致性,以及能够得到的服务设施的功能失调。实证数据也表明,在公民的期望与现实之间存在差距,在一些领域里这些差距还是巨大的,不过也有些领域不存在差距。这些差距主要归因于服务对象没有意识到他们的权利和提供服务的标准;也归因于有些人因为过去的经历感到失望,因此或者是不情愿地接受了服务,或者是放弃了获得服务的努力。

(三)促使利益相关者参与需要优先考虑的领域

公务员被问到他们对客户或利益相关者参与到公共服务提供中的一些看法或观点。在图1中,这些结果根据不同的方面进行了排序,分为五个层次,第一个层次是非常不同意的,第五个层次是非常同意的。这些方面是:①明确地界定服务提供者和服务对象的角色与责任;②明确地界定服务标准和服务对象的期望;③公布出了适当的服务费用、与服务是相称的;④具有让客户提供反馈的机制;⑤当政策和计划在设计时,向客户咨询。

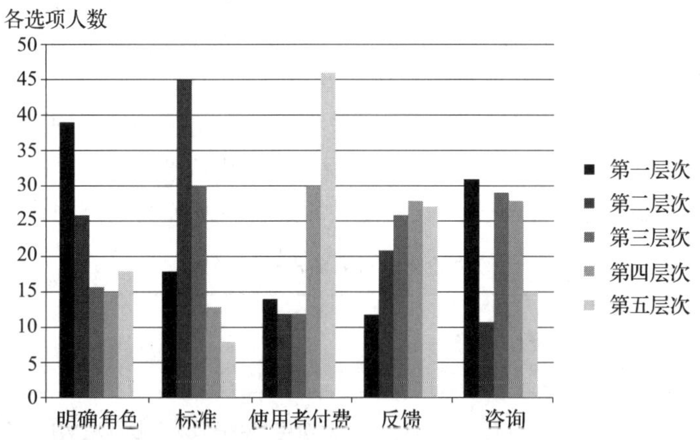

图 1　客户和利益相关者参与的不同方面的排名(基于乌干达公务员调查研究)

受访者认为,明确界定服务提供者和服务对象的角色和职责,是一个应该优先考虑的问题,然后是明确界定服务过程和标准。焦点小组讨论中的受访者表示,应该做出一定的努力来鼓励公民在他们力所能及的范围内促进公共服务的提供。他们给出的例子包括,父母应该确保他们的孩子入学,给学生提供膳食和学习材料,讨论学生的学习成绩。受访者认为父母应该自觉地参加学校组织的会议,参与到这些计划和项目中。至于医疗服务,受访者认为患者应该寻求及时的治疗并遵循医疗人员提供的建议。他们表示,为了提高服务质量,要规定医疗服务使用者的最低付费额度。

五、影响乌干达公民参与的凸显矛盾

在乌干达,服务对象在要求提高公共服务质量中的参与,仍然是很有限的。结果是,几乎没有来自自下而上的压力促使提高服务的质量与回应性。从我们的分析中发现,诸多关于服务对象权利与责任的矛盾凸显出来。

乌干达社会处于转型之中。我们的分析表明,这对于公共服务中的公民角色有着几个重要的影响。表 3 中所列的这些矛盾部分地反映了建构现代国家的优先性与传统的架构、文化和价值观之间的冲突。西方国家已经进行的改革不太可能提供一种经验或答案来应对乌干达和撒哈拉以南非洲国家面临的挑战。提供公共服务的文化背景与现实,以及潜在的冲突,即非洲社会内在的规范、通过殖民势力引入的规范、公共部门改革议程之间的冲突,这些都需要给予考虑(Hyden,2013)。公民作为服务对象、利益相关者以及作为提供服务的环境的一部分,其特殊角色和责任是不明确的。对公民来说,倘若缺少政府财政预算的支撑,免费的服务是不可能的;

同时,公民的贡献也会提升公共服务的质量,这两点可能并不明确。公民可能没有意识到,他们在监督公共服务提供中的角色,例如对公共服务提出适当的反馈。公民也没有意识到公共服务的工作文化,与人们一般的生活、工作和文化环境之间的关系。不能指望公务员的行为与他们所处的操作环境完全不同。所有重要的行为主体,包括政治领导者、公务员、公民自己,都要在加强公民参与公共服务提供的过程中发挥其应有的作用。

表 3　影响公民参与的新出现的矛盾

公民权利: 公民角色	责任/义务	矛盾(冲突)
服务对象	为公共服务做出贡献,例如,通过支付使用费	期望“免费服务”是不现实的、不可行的。负责任的公民身份要求公民以某种方式为公共服务供给做出贡献 当前“免费服务”的解释可能实际上意味着人们需要自己支付费用,因为服务不可能完全免费
服务的所有者	有纳税义务	虽然有对税收和贫困水平的政治解释,但是政府有责任向公民赋权使之履行他们的义务。这不会导致“公民依赖症”
利益相关者	有义务监督公共服务和提供反馈	因为要满足基本要求,公民没有过多关注公共部门的运转。公民没有得到相关信息,无法得到授权来监督、评估公共服务质量并进行问责
得到公共服务供给的整体社区的一部分	有责任参与到社区,建构一种促使公务员行为的积极的工作文化	反对炫耀个人财富的文化,不管财富来源如何,公民要提供(或获取)公务员好处,以换取公共服务

服务对象不仅有权利获得优质服务,他们的参与也是获取并使得公共服务合法化的前提条件。当然,在一个民主国家里,公共服务的质量与数量的评估与建构是公民关心的问题,这些服务为谁而存在:是为直接享受服务的个体公民,还是为了作为整体的公民。我们的讨论涉及西方国家和撒哈拉以南非洲国家对于公民参与的看法,增强了对公民参与服务的环境多样性和共同性的认识。我们实证研究的一个重要发现是,乌干达公共服务提供者认为,当前公民没有充分参与到公共服务提供中,也没有对服务质量提出要求。撇开撒哈拉以南非洲的文盲率和贫困与特定问题,这一问题的原因在于公民作为服务对象、服务所有者、利益相关者和提供公共服

务的社区组成部分的这些角色中，存在一系列矛盾。虽然已经在制定政策和方案中为吸纳公民参与做出了一些努力，但是在这些政策和方案的承诺水平以及政策干预的一些预期目的上，仍然存在一些问题。

公务员的观点是，公民要直接影响他们的工作，在让服务对象参与方面做出努力。为此，明确服务提供者的动机与担忧，以及他们如何看待公民的角色，都是很重要的。在将来的研究中，一些试点实施的实验能够提供更多有洞见的观点，增强政府提供服务的能力以及增强公民要求提供优质服务的能力，将产生何种实际的影响。比较公务员的观点和公民自身的看法，是未来研究的一个有价值的关注点。诸如那些在各种全国性调查中运用的恰当方法，也可以用来向那些不会读写的服务对象收集资料。

我们的结论是，在乌干达要建构一个可持续的服务提供系统，需要服务对象和其他利益相关者的有意义的参与，目的是促进所有权、社会责任和善治。实际上，绝大多数公民都或多或少地是服务的被动接受者，而不管服务的质量如何。他们没有得到充分的授权来要求服务的质量，或者让服务提供者为他们的作为或不作为承担责任。公共服务的管理改革应该是激发公务员和服务对象的合作来寻求实现提供公共服务的共同目标。我们的研究发现，影响公民参与公共服务提供的一些问题出现了。这些研究结果和发现使我们理解了，公民参与是一个连续改革的过程。服务对象如果得到授权，能够在决定政府提供公共服务的优先性、监督公共服务的提供、提出反馈并确保公共服务可持续性方面，发挥出重要作用。然而，在乌干达公共服务中，更有效的服务提供还需要文化的支撑，要有一种文化支撑所有层面上的国家能力建构，这包括国家政治、行政主体、社区/服务对象的层次。

附录 A　受访者的基本情况和焦点小组参与者的情况

受访者的基本情况

专业部门或地方政府	专业人员（医疗或教育）	人力资源管理人员	经济学家，规划师，财务人员	行政人员（常任秘书长、首席行政官、管理人员）	政治领导者	卫生部门和机构的负责人	教育部门和机构的负责人	民间组织	总计
医疗	2	1	1						4
教育	4	1	1						6
卡巴罗莱		1	1	1	1	2	1		7

续表

专业部门或地方政府	专业人员(医疗或教育)	人力资源管理人员	经济学家,规划师,财务人员	行政人员(常任秘书长、首席行政官、管理人员)	政治领导者	卫生部门和机构的负责人	教育部门和机构的负责人	民间组织	总计
托罗罗		1	1	1	1	5	3		12
古卢		2	1	1	2	4	2	1	13
卢韦罗		1	1	2	2	3	3		12
公共服务		2							2
地方政府部		1		1					2
财政、计划和经济发展部			2						2
公共服务委员会		1		1					2
教育服务委员会		1	1	1					3
医疗服务委员会		1		1					2
发展合作伙伴				2					2
合计	6	13	9	11	6	14	9	1	69

焦点小组参与者情况

专业部门或地方政府	专业人员(医疗)	专业人员(教育)	人力资源管理人员	经济学家、规划师、财务人员	管理人员(普通)	其他专业类别	民间组织	合计
医疗	10		2	2				14
教育		7	3	2	2	3		17
公共服务	1	2	4				3	10
卡巴罗莱	5	6	1	1	1	1		15
托罗罗	7	5	2	2	1	1		18

续表

专业部门或地方政府	专业人员（医疗）	专业人员（教育）	人力资源管理人员	经济学家、规划师、财务人员	管理人员（普通）	其他专业类别	民间组织	合计
古卢	5	5	1	1	3	1		16
卢韦罗	6	6	1	2	3			18
合计	34	31	12	10	10	6	3	108

附录 B　调查受访者的基本情况

	人数	百分比(%)
部门或地方政府		
教育部	18	15.1
卫生部	16	13.4
卡巴罗莱	20	16.8
托罗罗	23	19.3
古卢	21	17.6
卢韦罗	21	17.6
合计	119	100.0
专业领域		
教育	41	34.5
卫生	43	36.1
财政或规划	11	9.2
人力资源管理	6	5.0
一般行政	6	5.0
其他技术人员	12	10.1
合计	119	100.0
服务时间(年)		
1～5	19	16.0
6～10	35	29.4
11～15	26	21.8
16～20	14	11.8

续表

	人数	百分比(%)
20 以上	25	21.0
合计	119	100.0
薪资级别		
U1	3	2.5
U2	6	5.0
U3	32	26.9
U4	35	29.4
U5	11	9.2
U6	10	8.4
U7	21	17.6
U8	1	0.8
合计	119	100.0
性别		
女性	60	50.4
男性	59	49.6
合计	119	100.0

作者简介

玛丽·特奥皮斯塔·温纳(Mary Theopista Wenene),乌干达坎帕拉公共服务部监察专员。她负责公共服务改革战略的实施,目的是提高公共服务的效率与效益。她的研究兴趣是公共服务改革、公共服务提供和绩效管理。

特鲁·斯蒂恩(Trui Steen),荷兰莱顿大学公共行政学院副教授,比利时鲁汶大学公共治理研究所副教授。近年来的研究涉及高级公务员、公共部门的职业精神、公共服务动机和公共服务合作生产。

马克·R.罗格斯(Mark R. Rutgers),荷兰阿姆斯特丹大学政治学系公共行政哲学教授。他的主要研究兴趣是公共价值、行政思想的发展、就职宣誓等。

参考文献

Alford J (1998) A public management road less travelled: Clients as co-producers of public services. *Australian Journal of Public Administration* 57(4): 128–137.

Ayee JRA (2005) *Public Sector Management in Africa*. Tunisia: Africa Development Bank.

Benington J (2009) Creating the public in order to create public value. *International Journal of Public Administration* 32: 232–249.

Booth D (2012) Working with the grain and swimming against the tide. *Public Management Review* 14(2): 163–180.

Bovaird T and Löffler E (2012) From engagement to co-production: How users and communities contribute to public services. In: Pestoff V, Brandsen T and Verschuere B (eds) *New Public Governance, the Third Sector and Co-production*. New York: Routledge, pp. 35–60.

Bozeman B (2007) *Public Values and Public Interest. Counterbalancing Economic Individualism*. Washington: Georgetown University Press.

Chubb, JE (1988) Why the current wave of school reform will fail, in Osborne D and Gaebler T (1992) *Re-inventing Government: How the Entrepreneurial Spirit is Transforming the Public Sector*. New York: Penguin.

Coats D and Passmore E (2008) *Public Value: The Next Steps in Public Service Reform*. London: The Work Foundation.

Denhardt JV and Denhardt RB (2007) *The New Public Service: Serving, Not Steering*. New York: M.E. Sharpe, Inc.

Dia M (1996) *Africa's Management in the 1990s and Beyond: Reconciling Indigenous and Transplanted Institutions*. Washington, DC: World Bank.

Doodo R (1999) Best Practices in Public Sector Management. *African Journal of Public Administration and Management* 11(1): 21–33.

Economic Commission for Africa (2003) *Public Sector Reforms in Africa*. Addis Ababa, Ethiopia: Economic Commission for Africa.

Freeman ER (1984) *Strategic Management: A Stakeholder Approach*. New York: Cambridge University Press.

Hoogwout M (2005) *Towards a General Theory on Customer Oriented Government*. Discussion paper. Tilburg, The Netherlands: Tilburg University.

Hyden G (2013) Culture, administration, and reform in Africa. *International Journal of Public Administration* 36(13): 922–931.

Institute of Public Administration of Canada (2000) *Citizens First 2000*. Toronto: Institute of Public Administration of Canada.

Liu A, Sullivan S, Khan M, Sachs S and Singh P (2011) Community health workers in global health: Scale and scalability. *Mount Sinai Journal of Medicine* 78(3): 419–435.

Ministry of Finance, Planning and Economic Development (2004) *Poverty Eradication Action Plans (PEAP) 2003/04-2006/07*. Kampala, Uganda.

Ministry of Public Service (2011) *Review of the Implementation of Client Charters 2011*. Kampala, Uganda.

Ministry of Public Service and Uganda Bureau of Statistics (2009) *National Service Delivery Survey 2008*. Kampala, Uganda.

Moore MH (2013) *Recognizing Public Value*. Cambridge/London: Harvard University Press.

Moynihan DP and Thomas JC (2013) Citizen, customer, partner: Rethinking the place of the public in public management. *Public Administration Review* 73(6): 786–796.

Museveni YK (1997) *Sowing the Mustard Seed: The Struggle for Freedom and Democracy in Uganda*. Hong Kong: Macmillan.

Nti J (1999) Re-dynamising the civil service for the 21st century challenges: Prospects for a non-bureaucratic structure. *African Journal of Public Administration and Management* 11(1): 55–67.

OECD (2001) *Engaging Citizens in Policy-making: Information, Consultation and Public*

Participation. Paris: OECD.
Osborne S (2010) Delivering public services: Time for a new theory? *Public Management Review* 12(1): 1–10.
Reinikka R and Svensson J (2004) Local Capture: Evidence from a Central Government Transfer Program in Uganda. In: Rose-Ackerman S (ed.) *The Challenge of Poor Governance and Corruption*. Copenhagen: Copenhagen Consensus.
Thompson J (1967) *Organizations in Action*. New York: McGraw Hill.
Transparency International Uganda (2011) *Tracking Expenditure and Utilization of Primary Education Funds in Northern Uganda 2008-2011*. Kampala, Uganda: Transparency International Uganda.
Uganda (1995) *The Constitution*. Kampala, Uganda.
Uganda Bureau of Statistics (2010) *Household Survey 2009/10*. Kampala, Uganda.
Waiswa WP (2012) *The Impact of User Fees on Access to Health Services in Low- and Middle-income Countries: RHL Commentary* (last revised 1 May 2012). The WHO Reproductive Health Library. Geneva, Switzerland: World Health Organization. Available at: http://apps.who.int/rhl/effective_practice_and_organizing_care/cd009094_waiswaw_com/en/ (accessed 27 May 2015).

Civil servants' perspectives on the role of citizens in public service delivery in Uganda

Mary Theopista Wenene
Ministry of Public Service, Kampala, Uganda

Trui Steen
Leiden University and KU Leuven, The Netherlands

Mark R. Rutgers
University of Amsterdam, The Netherlands

Abstract

In this article we study civil servants' perceptions about the role of citizens in the provision of public services in Uganda. In other words, we examine the views of those who deliver civil services regarding the actual and desired influence of service recipients. An empirical study was conducted focusing on the health and education sectors in Uganda. It is concluded that due to a number of tensions regarding the role of the citizen in Uganda, civil servants feel that service recipients are not yet adequately engaged in the demand for and delivery of quality public services. More effective public service delivery in Uganda cannot be achieved without the development of a culture that supports the building of capacity at all levels, including the community and individual service recipients.

Points for practitioners

There are a number of contradictions in terms of the role of the citizen in Uganda that result in the inadequate engagement of service recipients in the demand for and delivery of quality public services. Aside from empowering service users to apply pressure for better services from the bottom up, it is also crucial to present public service providers with incentives to take up their responsibilities toward the public.

Keywords
(sub-Saharan) Africa, citizen empowerment, civil servants, public service delivery, service recipients, stakeholder approach, Uganda

国际行政科学评论

高级公务员的管理转型:法国地方福利体制的便利神话?

让·罗伯特·阿尔卡拉斯[①]
Jean-Robert Alcaras
纪尧姆·马雷尔
Guillaume Marrel
克里斯蒂·马尔昌
Christèle Marchand
马加利·乔恩
Magali Nonjon
翻译:李学明　　审校:杨　阳

【摘　要】新公共管理是否真正得到全面的、无修正的推广?本文研究法国高级公务员(负责地方福利政策的人员)这一特定群体的观点和实践,批判性地检视趋同于新公共管理的这种假设。在散漫的、表面的、片面的趋同下面,现实更倾向于对新公共管理基准的多样化和情境化修正,这往往产生新的行政形态。在公务员地位被削弱的情境下,"管理"的采用似乎成为职业合法化的一个来源。这些公务员采用这种非常有用的管理姿态,安逸地追寻着趋同神话。

对实践工作者的启示

本文呈现的是综合性研究结果,研究对象是在法国政府部门中负责地

① 通信作者:
Jean-Robert Alcaras, Université d'Avignon & des Pays de Vaucluse, UFR Droit, Economie, Gestion, 74 Rue Louis Pasteur, Avignon 84029, France.
E-mail: jean-robert.alcaras@univ-avignon.fr

方福利政策的约500名高级公务员,研究内容是这些公务员的观点和管理实践。假如其行业充满着与经济和管理理论相矛盾的反应,他们如何理解管理词汇和管理工具?他们致力于公共管理的革新,引入已在私营部门显示其价值的方法,但是公共服务的革新不能等同于方法的引入:似乎首先要满足其职业合法性的新要求,而当今必须建立职业合法性。

【关键词】 现代化;公共行政;公共管理;区域和地方行政

目前,世界公共政策领域大体反映了新公共管理原则、价值观、工具和实践的影响(Bouckaert and Halligan,2010;Hood,1991;Mathiasen,1998;Pollitt and Bouckaert,2000)。这套学说、政府技术和指导工具引入一个新的公共政策基准(Jobert,1994),鼓励改革以提高公共政策的效率、控制力和透明度,同时引入受到私营企业管理启发的工具来降低成本(Jones and Thompson,1999)。法国有时被视为不太情愿的国家(Hood,1996,1998;Kickert,1998;Lane,2000),特别是在标为"社会模式"典范的领域,尚未进行这些改革(Guyomarch,1999)——无论是在中央政府层面(Bezes,2001,2009),还是地方政府层面(Kuhlmann,2010),这一点近来得到证实。最近,法国在负责地方福利政策的高级公务员中,进行了管理表述和管理实践的变革,我们进行了实证观察,为本文中的争论提供了信息。

然而,这一切未必表示一套学说的胜利。有人认为,看似趋同的转型掩饰着截然不同的改革目的和改革效果(Brudney et al.,2009;Ferlie et al.,1996),当事人以高度分化的方式让自己适应,引入新的管理方法,却自相矛盾地催生了新的行政控制形态(Bezes,2001,2007,2009;Hood,1991,1994,1996,1998)。这些发现都是基于政府技术和工具的建构主义和新制度主义方法而吸取的主要教训(Hood,2007)。从这个角度来看,趋同于新公共管理看起来首先是一个神话,一个社会形成的共同信仰(Pollitt,2001,2002)。因此,有必要质疑新公共管理的本质,揭示其所谓的普遍、同质、统一、跨行业和跨国推广的神秘特征(Goldfinch and Wallis,2010;Hood,1996,1998;Pollitt,2001,2002),批判其将这一神话作为客观评估的做法(Osborne,2010;Osborne and Gaebler,1993)。

基于布伦松(Brunsson,1989)的关键性研究,波利特(Pollitt,2001,2002)也为这场争论做出重要贡献,主要围绕三个论点:首先,趋同于新公共管理的假设可能暗指所有公共政策当事人都采用其理论和实践,这意味着,无论他们当初表现如何,都能得出同样的结论。但是,这些概念是模糊的:我们谈论的是新公共管理的哪些方面?如何避免混淆公共管理和新公共管理?哪些行为指标可以用来研究这种趋同?观点?实践?改革的动机?结果?所有这些都可能引起无尽的争议。其次,波利特指出,证实趋同运动存在的研究,主要基于对当事人观点的分析。但是,如果我们看看他们实际实施的实践,趋同的研究就变得更加复杂,趋向于反证这一假设。最后,这些讨论本身使得一个无与伦比的新公共管理神话变得更加神秘,也使得当事人朝向新公共管理新实践的趋同变得更加扑朔迷离。如果这个神话存在,某种程度上是因为它给当选官员、公务员、顾问和研究人员以"优势",这些人编制了这个神话,并将其视为本体存在让其更加神秘。

本文吸收了这些关键讨论,研究了法国负责地方福利政策的高级公务员的观点和做法。在表面、片面地趋同于管理语汇的背后,我们看到了新公共管理基准的多样化和情境化调适,这常常产生新的行政形态。在公共官员职能弱化的背景下,他们似乎主要将"管理"作为职业合法化的一种来源。通过采用一种非常有用的管理姿态,他们安逸地追寻着趋同神话。

一、高级公务员管理转型的微观社会学方法、建构主义方法和定性方法

下面使用的数据来自一个调查(见专栏1),调查对象是"部门理事会"或"部门委员会"(见专栏2)中负责社会救助和福利政策的"理事"和"副理事长"。

专栏1 调查方法:全国性调查问卷、半结构化访谈和对当下实践的观察

2011年至2013年间,实地调查动用了5位高级研究者和1位博士生。第一步是在法国这95个大城市部门中识别目标人群(大约550人)。然后,为了消除对这些当事人代表性的质疑,有必要了解其"当地属性"——也就是说,了解他们谈论工作所使用的语言因素。因此,初始的半结构化访谈(7个不同部门中约20个访谈)并未立即涉及相关管理问题。

专栏2 在部门理事会中负责当地福利政策的理事

在法国,公共政策掌握在各个最高层国家机构手中——其本身受制于欧盟的规则。政策通常由中央政府(部委)制定,由"委任的"或"当地的"政府推广到地方一级(Cole,2012)。自1982年以来,地方政府的作用凸显,因为它们由一个地方行政权力机构领导,该权力机构对当选的地方

议会负责，地方政府职责由“地方高级公务员”执行，地方高级公务员是新的地方行政精英，与在中央政府或委托政府工作的国家层面的高级公务员不同。他们分布在全国行政区划的各个层级（市、城际区域、部门、地区）。我们所研究的当事人供职于“部门委员会”，这些部门委员会负责法国大都市区95个部门的地方政策。他们指导福利政策，同时实施部分由国家（普通法）而且也由地方议会（各部门的普遍管辖权条款）决定的福利政策和社会援助。

为什么质疑这些当事人对于管理的态度？第一，因为如今的部门委员会有着专门的预算和财政限制。它们确实极度依赖于国家的援助，以资助国家法律界定的财政政策。而且它们也很少自筹资金：在法国的中央集权和雅各宾派的传统中，地方政府的财政自主权十分有限，尽管法律要求其预算要平衡。这种“做办不到的事情”有利于实施节省资源的管理方法。这尤其影响到地方福利政策，因为这些福利政策代表着地方政府调配的一半以上的支出和人力资源（Amar and Mikou，2013）。第二，福利体系中的中层精英出现于权力下放背景下的1981年，至今还没有成为任何科学研究的对象。有关法国地方高级公务员的社会学研究只在近几年有一些实际进展（Bachelet，2006；Biland，2012），但是对于我们感兴趣的这一亚群体的了解并不准确。第三，这些理事是中层公共当事人，是“福利部门”（Lafore，2004）中的“地方精英”（Genieys and Hassenteufel，2001），在国家福利政策实施的评价、设计与方法中发挥至关重要的作用——但是，研究人员通常会忽略他们，而关注国家精英。第四，也是最后一个，这些当事人陷入自相矛盾的理论和传统中。一方面，地方公共服务历来发挥着“特洛伊木马”的作用，因为它可能引发法国公共服务的“现代化”。实际上，地方公共服务是公共服务的最新成果，其章程最为灵活，对私营部门也最为开放，通过竞争的方式可以获得，其管理基准不仅用于竞争，也广泛用于地方高级公务员的培训中心（Biland，2008）。另一方面，这些理事指导着福利政策，这些福利政策需要该领域的专业人员实施，而这些专业人员被视为反对其管理理论和经济理论（Bouquet，2006；Chauvière，2005）。

这些具体的公共当事人认为自己是管理者吗？他们认为什么是管理？基于“微观社会学”研究（对象为每个法国部门中地方层面的当地具体人群）回答这些问题，有可能检视“宏观社会学”现象（假设全球性、国际性地趋同于新公共管理）。这一方法似乎不适合这种现象的研究，但是，如果我们从方法论要求上，该方法能够认真考虑当事人的观点和做法，它就是可行的。例如，波利特（Pollitt，2001，2002）指出，一部分学术文献只研究了观点的趋同，因为就其研究来说这是最有效的方法，也是获得大规模定量观测结果最安全的方式。在本案例中,该方法足以收集揭示观点的各种要素(文本、法律、法规、书籍、演讲等),并使用文本和词法分析方法加以研究。这类研究往往证实了趋同假设。因此,低成本的方法可以解释为什么有那么多的研究支持科学争论的另一方。对于该领域当事人习惯和实践的定性研究,更为耗时也需要更多资源,往往会得出更加细致的关键结论。但是观测的准度和深度意味着观测范围的大小。

在某些情况下,对于观点的实际分析可以产生类似方法的结果。因此,我们研究的地方官员肯定会以实际的公共政策形式做出决策和有效行动,而不是那些在立法、政策或战略上不能自己决定的人。因此,这些中层当事人不是改革和立法的官方观点的提出人。如果我们要研究他们关于当下改革和相应管理实践的自己的观点,在已经获得的官方或公开文本中,都没有可以利用的资料。这意味着研究人员必须自己收集实证资料,申请访谈和观察时间,采集这些当事人的观点。在这种情况下,不可能获得能够进行分析的预格式化数据,这意味着需要定性的、昂贵的方法:即使进行观点分析,也需要微观社会学方法。

这究其本质是一种建构主义方法:由于任何社会现实都是一个建构,有必要研究其“建造”过程,它总是发生在特定的背景和制度中(Berger and Luckmann,1967)。这往往导致随后的解构,对所研究的现象,需要用到关键的、“改变性质的”方法——从这个意义上,人们已经广泛讨论了“管理”或新公共管理(Alvesson and Willmott,1996;Fournier and Grey,2000)。

这有助于编制和在线实施一个可靠的调查问卷,该问卷有77个问题,分发到从法国各地确定的550个当事人。经过几次提醒,最终反馈率为45%($n=247$)。问卷的设计就是为了采集这些具有代表性的当事人的信息:其职能、管理以及一些新公共管理概念——如“社会绩效”,也采集其职业路径和具体社会履历信息,以更好地了解这群人并检验履历背景对问卷回答的影响。由此收集来的实证材料随后进行了手工重新编码和简单的统计操作。

调查完成于随后的第三阶段,这一阶段更长、更为定性,是深度观察和实地访谈,以便更为细致和具体地了解这些当事人代表,特别是观察其实践活动。我们采用了两种相互补充的调查方法。首先,我们在14个部门额外进行了63次半结构化访谈(不同于第一次探索性访谈所选取的受访者),以检验前两个阶段结果的真实性。其次,我们在4个部门进行了不同时段的72次访谈,这样就能更为详细地了解这些当事人的实践活动:这种“专题深入”使我们进行了深入访谈,更特别地,在可能的情况下,能够长期反复观察各种服务和指挥链上的当事人(参加培训课程,参与实施新管理工具的智库活动,与服务负责人或社会工作者会面等)。

最后,需要注意的是,我们调查的不同理事岗位都在政治上高度敏感,都受到严格职责的约束。为了严格保持匿名,我们采用他们的评论或用其说明我们的思想时,尽可能少地提及细节。在下文中,这些评论以引号表明,没有提供被调查对象的更多细节。

二、辞藻趋同背后:管理的差异化修正

整体而言,我们的调查证实,所研究人群的观点有某种形式的趋同,但也揭示当事人自身具有一定的差异性(Alcaras et al. ,2011)。

当地福利部门精英的观点的确趋同于其职能管理化观点(见图 1)。大多数将自己视为“福利管理者”,让其下属采取“现代、高效”行为。他们采用的术语与新公共管理逻辑越来越一致——始于“社会绩效”新概念(Alcaras et al. ,2011)。更重要的是,超过 3/4 的受访者声称,他们的创新原则是其服务的管理仪器化和其组织的流线化。他们实施服务改革以启动或加速这些变化(见下文),很少把他们只当作是外部制约因素:他们认为自己是这些改革的制造者,因为他们认为自己是必要的。这些观察证实了库尔曼(Kuhlmann,2006)关于法国地方政府“改革”内源性产生的结论。

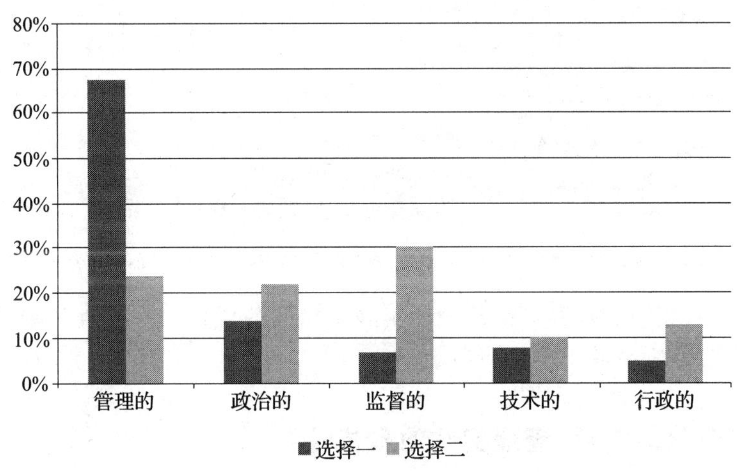

图 1　对问题“你觉得你的立场基本上是……”的回答

然而,在这些当事人所表述的管理中,我们还是观察到了区分、批评、距离,有时甚至非常显著的差别。

从广义上,首先,这些当事人中仍然有相当部分人(尽管是少数)明确表示,要谨慎对待“现代”管理词汇。在谈到这些议题时,有些当事人出现拒绝回答、冷笑、讥讽、叹气、停止发声等行为。其他人明确批判或抵制这种新词汇:在这种情况下,他们表达批评,回想起在管理趋势之前,公共政策并非不严谨或无效等。因此,在调查问卷中,我们想评估这些当事人如何看待“社

会绩效"这一"现代"概念,并将这些看法与他们的期望进行比较(见图 2)。显然,对他们来说,绩效并非它应该的那样。需要注意的是,与"管理改革"精神最一致的项目是那些最为谨慎表达的项目,例如,对"精简开支"或"在预算不变的情况下改善服务提供"项目的回答(Alcaras et al. ,2014)。

本研究还揭示,这些当事人的回答和观点在一些社会履历变量上显著不同(Alcaras et al. ,2014)。因此,个人职业路径(有无在私营部门的经验、资历、层级、责任部门的类型、初始或继续培训的类型等),或个人背景(性别、参与政治、工会或协会活动等),都影响其职能的代表性。例如,在国立高级管理学校,如国立高等行政学院和国立高等区域学院,新公共管理基准是培训内容之一,在这些学校受训过的理事,与那些拥有社会工作背景的同行——通过内部晋升阶梯升职——相比,对管理和绩效有非常不同的表述和定义。

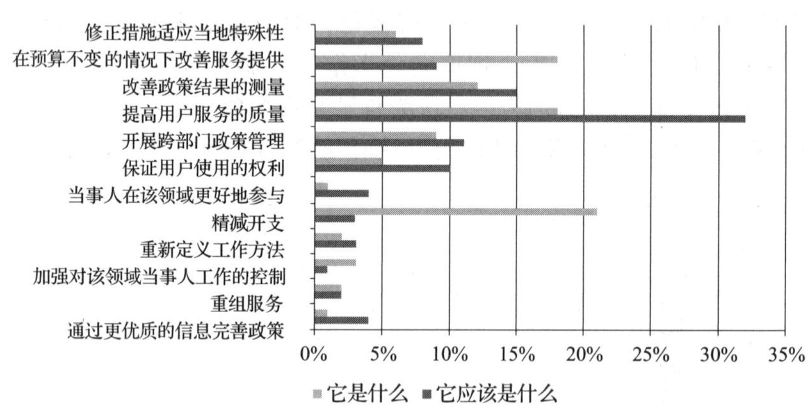

图 2 比较"你认为'社会绩效'是……"和"你认为'社会绩效'应该是……"的回答

因此,我们的观察只是部分证实辞藻趋同的假设。多样性和差异性修正在实践分析中甚至更加明显。

三、管理化的背后:管理实践的多样性

所研究的各部门政府正在变革其实践,引入新的管理方法。这些改革背后的动机通常高度趋同,明确说明了一种管理主义形式,"需要加强对预算和人力资源的控制","建立一种评估和结果导向的文化","追求更好的伙伴关系管理",其目的是引入竞争逻辑和私人合作伙伴,努力"改善提供给用户的服务",让用户参与到为其提供的帮助中,对"管理和绩效指标"的构建、实施和满意度做出评价,进行外部咨询等。因此,所有被观察的理事都说,他们在使用商业和管理工具,在此领域寻求创新以"提高绩效"(见专栏 3)。

专栏3 访谈记录：管理的必要性

“在当前背景下，社会工作者不再是决定预算分配的人：必须用控制和管理来提高绩效”

“我们别无选择：公民和民选官员是要求我们更好地管理开支的人。福利占用部门预算的大部分”

“我们所做的没有信条、没有思想。我们只是通过改革管理方式，使公共政策更加透明、高效”

“我们必须以少做多，因为社会需求在增长，我们需要更多这方面的专业人员。为了提升服务，我们需要减少执行层次”

然而，基于研究案例，我们可以看到这一行动中有许多矛盾和分歧：时间范围、实施过程、对变革的管理方式、当事人的策略等，从一个部门（或行动领域）到另一部门确实变化很大。管理工具的使用也证实，不同案例有一定的差距，或是权宜之计，或是当地解释，或是重新修正，甚或是非职业的作为。所有这些都表明，即便管理语言似乎已牢固确立，实践还处于差异繁多的阶段。我们还发现，“现代”管理工具主要是“幻想”的对象：我们的地方精英希望它们能够帮助解决日常生活中的许多问题。但在实践中，这些工具都导致了失败和失望，“它常常不能以我们期望的方式发挥作用。所以我们调整它，改变它，我们用我们所拥有的工具做我们能做的事”。

让我们举一个电子化的例子，电子化是当前管理改革经常面临的关键挑战。管理信息技术工具是为了让管理者更好地掌控程序、测量和监控，但其设计和实施过程远非小事。它实际上需要一系列的改变，要求组织和工作团队进行深远的文化变革。这导致了一些问题，往往很难解决：福利部门的计算机应用是寡头垄断市场，这些工具的成本高昂；这些项目涉及多位当事人，难以明确其需求和期望（对福利服务所涉及的信息系统、供应商、顾问、理事、员工等的管理）；在各部门的具体软件开发中，可用的人力资源十分有限；新的计算机工具需要培训员工；负责这些项目的理事对信息和掌控的期望过高，产生挫折和不满（特别是专业实践被完全否定的下属）。每个干预部门和每一政策都有特殊性，也需要提供这些服务和计算机工程的公司提供一系列特定软件或进行调整，这导致财务成本增加和对供应商的依赖，并且增加了交叉服务的复杂度，而交叉服务旨在保持对过程的控制。

现实情况往往是，信息技术和管理改进在不完备性方面只具有一定的优势（见专栏4）。某些理事当时热衷的电子化支持系统经常瘫痪或者未充分利用。这经常引发他们的讽刺和厌倦，然后他们常常尽力保留已经习惯的“好的旧工具”,不再忍受冗长的瘫痪显示,也不再忍受过于烦琐的电子化系统的复杂性或依赖性,这些电子化系统难以操作。

专栏4 访谈记录:业余、修补、幻想与破灭

“前理事长是一个口头管理者,根本就没有结构化工具和书面程序。我们之前没有,八个月之后仍然没有”

“有一个指导系统很重要,但它很少是紧急的”

“它总有点像是临时的系统,因为统揽全局的人(新人)并非真正适合:你需要的是一个统计学家,你必须有办法停止使用临时解决方案……”

“我们已经有了工具,就在那里,但没有使用”

“这个软件?它是一个抽取服务活动、财务和人力资源数据的工具。一种数据盘,有点太普通,很少满足我的预期……”

“现在我知道软件所产生的数据是不真实的,所以我必须使用自己的服务所产生(手工)的数据”

“关于电子化,我们的水平是零!但是我们需要它!”

利用不断增长的信息技术能力来提升组织绩效,在这种看似一致的观点下,我们观察了当下的各种实践活动,这些实践活动依赖于各部门行政管理的历史轨迹,也基于当事人面临的现实情况,进行了不同的调整适应。

四、政府“现代化”背后,出现了新的行政形态

这些实践做法部分或全部支持了路径依赖理论,如果不是必然地,那么至少导致了机构权力关系的重新配置,常常产生未能预料的、新的行政形态。按照新公共管理追随者的观点,管理主义化应该将政府转型为“羽翼丰满的”公司,由绩效和客户需求满意度驱动,但是常常产生相反的效果(Bezes,2007;Hood,1998)。

以服务重组为例,服务重组在部门委员会中看来是核心的、重复的和普遍的问题(回答问卷的理事有76%说他们曾亲自参与这类重组)。他们背后的原因各不相同,但总的来说,所表述的雄心抱负显露了管理思想和经济理性。服务重组甚至常常作为管理改革的核心和实施现代高效管理的必要条件,因为“没有有效的组织,就不可能聚焦于绩效”或者“应用工具”。实际上,“精心定义的‘蓝图’或‘战略计划’的重点是什么?是安装数据盘或复杂的计算机工具?其前提是下属不觉得压抑或者至少愿意遵循或者定期从中汲取灵感,或者是测量目标与结果之间的差距?”重组也往往提供机会,引入新的服务和(或)新的管理术语:“控制”“内部审计”“总览”

“评估任务”或“评价单元”。在某些情况下，重组也提供机会汇聚资源、削减运营成本、规范人力资源的使用。

但实际上，这些重组也（有时特别地）使用了理性而非管理性，大多数是政治性和行政性。例如，重组提供了很多机会，来回应社会内部冲突，这一冲突反映了专业人员直接面对用户时的挫折；来重新获得对于用户的权威；来区分与新“服务理事长”任命相关的变化或分歧；来提升人力资源管理（晋升、退出、团队建设），如此等等。总之，这些大多出于行政和政治考量，而这些考量都关乎行政组织中的控制和权力工具。下面的例子很好地说明了这种现象。最近，许多部门的重组目标似乎是挑战过去公共政策的“区域化”运动。区域化早在十年前就被提出，其名义是公共政策必须满足效率和接近用户，其目标是，在部门内部划分微观区域，在之上组织社会服务，以更好地考虑当地情况的差异性和多样性。但在所访谈的许多当事人眼中，实际情况是对该领域工作的福利政策当事人过度授权，导致部门委员会“中央”权力的丧失。许多理事做出的诊断是：他们不再想成为单纯的“资源”，满足所属区域下属的需求和决策；相反，他们想收回权力，重新获得他们在该领域中对其团队的权威（见专栏 5）。当前的重组就是当地当事人权力游戏和行政控制的重新洗牌。

专栏 5 访谈记录：重组和权力游戏

“地方一级不应该是公共政策决策的来源”

“在我们部门，必须走向真正的福利政策‘重新部门化’”

“这次重组将实施新法进行实地团队领导和管理，并推行新的管理实践”

“我们必须设法用减法应对，因为技能提升，需求增加，所以需要专业人员。为了提升服务，我们降低了执行层次”

“真正的问题是政府和明确责任人”

“我们必须重组服务以恢复‘中央’层面的权力：理事必须做出决策；专业团队必须执行决策”

在新公共管理的掩饰下，所有这些观察都表明，产生了新的行政形态和行政控制（Bezes，2007；Gualmini，2008）。管理转型过程揭示，出现了新的监控设计、惊人的再中心化现象、富有创造性和多样性的行政规则和市场规则的并存现象等——具体形态千差万别，取决于当地情况。这一切并不支持实践趋同于新公共管理的假设。从新制度主义角度看，我们应该探讨适应每个环境的策略（所以必然是多样的，假定它们具有偶然属性），追求多元和复杂的日标，这些目标主要由政治和行政议题所主导，而不是由

管理效率或经济理性所驱动。

面对该领域的这些观察资料,不太容易证实所有公共当事人大规模地、步调一致地趋同于新公共管理的这一假设。然而,矛盾的是,这种想法仍在继续广泛流传,包括在学术出版领域,尽管它缺乏科学基础。因此,它肯定有另外的存在状态,即神话状态:一个人们能够相信的故事或寓言(对于相信它的人来说必须是合情合理的),但是永远不会有证据,即波普尔所说的不可证伪的命题。社会科学中的一些批判性理论已经跟从了这一道路(Bezes,2000;Desage and Godard,2005;Meyer and Rowan,1977),值得以最严肃的态度对待。这有可能把当事人的实践做法与其实施时所做的表述联系起来,同时赋予这些难以验证的持久信念以意义。

五、神话的效用:管理成为被弱化的当事人的合法化工具

趋同的神话可以由其支持者和反对者继续维持(Goldfinch and Wallis,2010),这似乎就是现实。波利特(Pollitt,2001)指出,维持神话对一大群拥有具体利益的当事人(政治人物、高级公务员、顾问和学术研究者)来说是有利的,因为他们在实践中获得了个人利益——比如权力、职位、合法性、物质或精神补偿。

因此,我们所研究的当事人一般认为自己是“管理者”,在其实践中要求大量的工具,在不同程度上导致趋向新公共管理的趋势。参与问卷调查的86%的理事表示,他们个人参与了新管理工具的设计和实施(主要是数据盘和新的计算机决策系统)。但是他们真的相信他们是“福利管理者”吗?难道不是在此定义下表现的一种姿态吗?他们可以很方便地利用这种姿态“说服”自己和他人,他们在履行管理职能。当看似一致的、转向管理理念的观点暗示着新管理词汇中各种不同含义的时候;当观察结果表明管理实践实际上是非常个体的、多样的和相当不一致的时候;当人们认识到管理工具的日常使用常常被公认为业余的和临时的时候;当信息技术管理工具和决策支持工具大多成为幻想和遭遇挫折的时候;如此等等,我们很难不将管理视为一种姿态(见专栏6)。

专栏6 访谈记录:管理作为一种姿态

“在一天结束的时候,管理也许对我来说只是一种非常有用的姿态”

“这次重组对于服务理事长来说是‘划定职责范围’的机会,显示谁是老板!很有点一个时代结束的意味……”

“数据盘并未真正帮我做出先期决定,重要的是进行了后期验证”

但这一姿态的关键是什么？主要是有效地应对这些公共当事人在日常工作中面临的各种约束。当转到管理时，他们或多或少地假装坚持管理主义。但不管他们的信仰是否真诚，这不是关键：他们知道或至少希望这个信念对他们是有益的，因为这些理事所处的内外部环境几乎自发地将他们推向这一方向。一方面，外部环境的特点是，管理文化正在影响着我们生活的几乎每一领域（Gaulejac，2009），人们越来越怀疑行政体制和公共服务（Van de Walle and Bouckaert，2003），预算约束真实存在（Borins，2012；Hood，1994）。在这一背景下，管理及其词汇和工具似乎能保证专业性和严肃性。在当前环境的行政岗位上，如果不顾及这种文化而自行其是，我们还能赢得信任吗？另一方面，内部环境深受管理主义需求影响，这种需求来源各异。上级政府（地方和国家层面）在这方面显然有很高期望，这些地方精英要对他们负责。但是管理姿态对下属也可能非常有用，例如在调和服务中的人际关系和权力关系时。毕竟，管理工具和管理态度总是假定为中立的，没有任何观念背景。最终，这种姿态使这些当事人表现出与“管理者”形象相一致的外表，他们知道当下必须给自己以管理者形象，以展示“现实态度”、务实精神、专业性，并希望给人留下的印象是，他们负责任地、明晰地使用管理工具，“如私营部门一般”。这可能是他们获得所需职业合法性的最好策略之一。

我们所研究的当事人就其内外部环境而言需要充分的合法性来源，特别是因为他们负责地方公共服务。问题的实际是，尽管公共服务曾经在法国展现了某种“高尚”，但是现在面临日益受到质疑的氛围。这种感受在地方当局真实存在，而在中央政府的雅各宾派传统中未受重视。同样地，人们日益怀疑福利服务产生的援助关系或巨额赤字。有这样一位理事，其下属这样描述，他“希望引进新自由主义理论，来节省公共资源，但是他这样可能使他们不能正常工作”。他在其他公共政策领域的同行常常认为，福利部门在他们之下，本质上是挥霍的和难以管理的。他在地方或国家层面的上级给他“施压”削减预算，该预算在法国公共账户中是最高的。在这一背景下，这些理事需要合法性，而其前任行政和监管机构不再赋予他们合法性。因此他们期望在朝向新公共管理的管理姿态中找到合法性。反过来，实际的管理实践可以相对独立于这种姿态：大部分时候这些服务都由当事人自发生产，但是，当事人能够根据其需要拒绝、修正和拼凑服务，他们也知道管理工具和信息技术工具不是中性的。管理姿态首先是他们在不确定、动荡的环境中进行有风险的职业重组的抓手，让他们寻求从来没有完全实现的合法性。

事实上，“管理者”被定义为一种职业姿态，体现了其组织中的控制、绩效和理性（Boussard，2008），这种姿态在很大程度上依赖于专业的描绘，以巧妙地用在维持他在组织中的地位、权力和角色。管理者因此扮演一个角色:对其重要的,不是政策本身,也不是政策结果或影响,而是给予他的声誉和权威,那种对其有利的表征性效应。管理者的职业行为具有某种程度的"伪善性"(Brunsson,1989;Feldman and March,1981):对他们来说,管理创新是一种赢得信誉的方式,不管其提出的管理措施的实际效果如何。

管理理论的进展独立于现实实践,而实践可能被其掩盖,这样可能以模拟过程的方式来解释理论进展(Powell and DiMaggio,1991),无休止地寻求合法性。从这一理论角度看,(以效率和理性的名义)不断进行公共服务改革,产生了不确定性,减缓了专业人员的增长。在管理所创造的价值特别受欢迎的背景下,专业人员由此可以把管理作为其职能合法化的一种手段。这样就出现了一种复杂的、自主的和自我维持的状态,在这一状态下,未必是期望的副作用,管理姿态以模拟的方式传播,保持着所需的管理趋同的假象。因此,管理改革导致了不稳定性、资格失效和职业风险,这导致改革波及的当事人通过模仿管理姿态,为他们提供安全,但会带来进一步改革,依此类推。

因此,无论是实践还是观点,似乎都没有以平稳一致的方式趋同。当然,我们所观察的高级公务员表示,他们是管理者,使用管理术语,实施公共管理实践,动用管理工具。但是每个人都在管理的"新装"下,增加了自身的意义和合理性,呈现着重复的行政实践(Hood,1991)。因此,没有任何事情表明,存在一个广泛的、平顺的趋同进度,朝向整体的、明确的公共政策新基准。最重要的趋同的是当事人的姿态,他们用合适的辅助手段将自己装扮成专业角色,加入"措施"可以观察的模拟运动(Foucault,2001),这些措施将观点和实践混为一谈,与神话捆绑在一起,有助于巩固其现状。公共当事人的管理转型工作,如政界和媒体关于"必要的国家改革"的观点,或游说工作须由具有管理专业背景的智库和咨询公司开展(Nathan,1993;Saint-Martin,2004),实际上并没有任何经验知识基础,也不以此为基础。他们首先以自己的方式,传播管理主义的神话,将其假定为外生的、同质的,他们行事就如同"管理原则能够以一种普遍性的形式,合法地应用到其他福利情境,而不管其国家、机构和专业背景如何"(Robert,2007:8)。然而事实上,我们看到的是"一系列"多样化的管理主义和机会主义的管理姿态,这些都是当事人本身所为,其理念根植于具体的环境。像我们刚才呈现的研究,其目的不是真正消除趋同神话,因为神话不怕科学反驳,但首先要了解当事人如何利用这些神话,如何随着时间的推移构建、改变和继承这些神话。

作者简介

让·罗伯特·阿尔卡拉斯(Jean-Robert Alcaras),沃克吕兹省阿维尼翁大学的经济学讲师,产业标准及合同实验室的福利政策硕士课程主任和研究员（EA 3788），他毕业于卡尚高等师范学校，是经济和管理专业副教授、经济学博士。他的研究领域是组织决策、某些部门（文化、福利、高等教育）中的组织关系、世界经济和政治。

纪尧姆·马雷尔（Guillaume Marrel），沃克吕兹省阿维尼翁大学的政治学讲师，产业标准及合同实验室新标准化科研团队的主任（EA 3788）、绩效评价协会的副研究员（EA 4261，巴黎政治学院—艾克斯普罗旺斯）。他研究政治雇员社会学（选举轨迹、多部门管理、政治职业发展周期）和地方公共政策社会学（部门福利政策、服务的管理化和电子化）。

克里斯蒂·马尔昌（Christèle Marchand），沃克吕兹省阿维尼翁大学的政治学讲师，产业标准及合同实验室的政治与欧洲航空医学评估系统学位课程的主任、研究员（EA 3788），绩效评价协会的副研究员（EA 4261，巴黎政治学院—艾克斯普罗旺斯）。她的研究重点是选举社会学：法国政党国民阵线偏好与政治的一般关系分析，以及地方公共政策社会学（部门福利政策、管理化）。

马加利·乔恩（Magali Nonjon），沃克吕兹省阿维尼翁大学的政治学讲师，产业标准及合同实验室的研究员（EA 3788），绩效评价协会的副研究员（EA 4261，巴黎政治学院—艾克斯普罗旺斯）。她研究公众参与的制度化与专业化动态以及部门福利政策的现代转型。她还致力于研究部门福利政策的当代转型，包括福利部门行政精英履历的社会学变化及其实践和政府工具。

参考文献

Alcaras J-R, Marchand C, Marrel G and Nonjon M (2011) La ‘performance sociale’ comme horizon? Les directeurs départementaux de l’aide et de l’action sociales et leurs perceptions de la managérialisation. *Revue française d’administration publique* 140(4): 757–771.

Alcaras J-R, Marchand C, Marrel G and Nonjon M (2014) Les élites locales du Welfare français à l’épreuve de la ‘performance sociale’. In: Boucher M and Belqasmi M (eds) *L’Etat social dans tous ses états*. Paris: L’Harmattan, pp. 55–70.

Alvesson M and Willmott H (1996) *Making Sense of Management: A Critical Introduction*. London: Sage.

Amar E and Mikou M (2013) Les dépenses sociales des collectivités locales en 2011. *La protection sociale en France et en Europe en 2011*, DREES, *Collection Etudes et Statistiques*. Paris, pp. 89–95.

Bachelet F (2006) Sociologie, formation et carrière des hauts fonctionnaires territoriaux. *Annuaire des collectivités locales* 26(1): 99–113.

Berger PL and Luckmann T (1967) *The Social Construction of Reality: A Treatise in the Sociology of Knowledge*. Garden City: Anchor.

Bezes P (2000) Les hauts fonctionnaires croient-ils à leurs mythes? L’apport des approches cognitives à l’analyse des engagements dans les politiques de réforme de l’État. Quelques exemples français (1988–1997). *Revue française de science politique* 2(50): 307–332.

Bezes P (2001) Defensive versus offensive approaches to administrative reform in France (1988–1997): The leadership dilemmas of French prime ministers. *Governance* 14(1): 99–132.

Bezes P (2007) Construire des bureaucraties wébériennes à l'ère du New Public Management? *Critique internationale* 35(2): 9–29.

Bezes P (2009) *Réinventer l'État: Les réformes de l'administration française (1962–2008)*. Paris: Presses universitaires de France.

Biland E (2008) Concours territoriaux et institutionnalisation de l'emploi public local (années 1970–années 2000). Thèse de Doctorat, EHESS, Paris.

Biland E (2012) *La fonction publique territoriale*. Paris: La Découverte.

Borins SF (2001) Public management innovation in economically advanced and developing countries. *International Review of Administrative Sciences* 67(4): 715–731.

Borins SF (2012) Making narrative count: A narratological approach to public management innovation. *Journal of Public Administration Research & Theory* 22(1): 165–189.

Bouckaert G and Halligan J (2010) *Performance Management in the Public Sector*. New York: Routledge.

Bouquet B (2006) Management et travail social. *Revue française de gestion* 9(168–169): 125–141.

Boussard V (2008) *Sociologie de la gestion. Les faiseurs de performance*. Paris: Belin.

Brudney JL, Burke B, Cho C-L and Wright DS (2009) No 'one best way' to manage change: Developing and describing distinct administrative reform dimensions across the fifty American states. *Public Administration Quarterly* 33(2): 197–232.

Brunsson N (1989) *The Organization of Hypocrisy: Talk, Decisions and Actions in Organizations*. Copenhagen: Copenhagen Business School Press.

Chauvière M (2005) Les professions du social: compétences ou qualifications? *Le travail social en débat(s)*. Paris: La Découverte, pp. 119–135.

Cole A (2012) The French state and its territorial challenges. *Public Administration* 90(2): 335–350.

Desage F and Godard J (2005) Désenchantement idéologique et réenchantement mythique des politiques locales. *Revue française de science politique* 55(4): 633–661.

Feldman MS and March JG (1981) Information in organizations as signal and symbol. *Administrative Science Quarterly* 26(2): 171–186.

Ferlie E, Ashburner L, Fitzgerald L and Pettigrew A (1996) *The New Public Management in Action*. New York: Oxford University Press.

Foucault M (2001) In: Defert D and Ewald F (eds) *Dits et écrits, 1954–1988*. Paris: Gallimard.

Fournier V and Grey C (2000) At the critical moment: Conditions and prospects for critical management studies. *Human Relations* 53(1): 7–32.

Gaulejac V de (2009) *La société malade de la gestion: Idéologie gestionnaire, pouvoir managérial et harcèlement social*. Paris: Le Seuil.

Genieys W and Hassenteufel P (2001) Entre les politiques publiques et la politique: l'émergence d'une élite du Welfare? *Revue Française des Affaires sociales* 4(4): 41–50.

Goldfinch S and Wallis J (2010) Two myths of convergence in public management reform. *Public Administration* 88(4): 1099–1115.

Gualmini E (2008) Restructuring weberian bureaucracy: Comparing managerial reforms in Europe and the United States. *Public Administration* 86(1): 75–94.

Guyomarch A (1999) 'Public service', 'public management' and the 'modernization' of French public administration. *Public Administration* 77(1): 171–193.

Hood C (1991) A public management for all seasons? *Public Administration* 69(1): 3–19.

Hood C (1994) *Explaining Economic Policy Reversals*. Bristol: Open University Press.

Hood C (1996) Exploring variations in public management reforms of the 1980s. *Civil service systems in comparative perspective*. Bloomington: Indiana University Press, pp. 268–317.

Hood C (1998) *The Art of the State: Culture, Rhetoric, and Public Management*. New York: Oxford University Press.

Hood C (2007) Intellectual obsolescence and intellectual makeovers: Reflections on the tools of government after two decades. *Governance* 20(1): 127–144.

Jobert B (ed.) (1994) *Le tournant néo-libéral en Europe. Idées et recettes dans les pratiques gouvernementales*. Paris: L'Harmattan.

Jones LR and Thompson F (1999) *Public Management: Institutional Renewal for the Twenty-first Century*. Greenwich: JAI Press.

Kickert WJM (ed.) (1998) *Public Management and Administrative Reform in Western Europe*. Northampton, MA: Edward Elgar Publishing.

Kuhlmann S (2006) Local government reform between 'exogenous' and 'endogenous' driving forces. *Public Management Review* 8(1): 67–86.

Kuhlmann S (2010) New Public Management for the 'classical continental European administration': Modernization at the local level in Germany, France and Italy. *Public Administration* 88(4): 1116–1130.

Lafore R (2004) La décentralisation de l'action sociale. L'irrésistible ascension du 'département providence'. *Revue Française des Affaires sociales* 4(4): 17–34.

Lane J-E (2000) *New Public Management: An Introduction*. New York: Routledge.

Mathiasen DG (1998) The New Public Management and its critics. *International Perspectives on the New Public Management*. Greenwich: JAI Press, pp. 273–295.

Meyer JW and Rowan B (1977) Institutionalized organizations: Formal structure as myth and ceremony. *American Journal of Sociology* 83(2): 340–363.

Nathan RP (1993) *Turning Promises into Performance: The Management Challenge of Implementing Workfare*. New York: Columbia University Press.

Osborne D and Gaebler T (1993) *Reinventing Government: How the Entrepreneurial Spirit is Transforming the Public Sector*. New York: Plume/Penguin.

Osborne SP (ed.) (2010) *The New Public Governance? Emerging Perspectives on the Theory and Practice of Public Governance*. New York: Routledge.

Pollitt C (2001) Convergence: The useful myth? *Public Administration* 79(4): 933–947.

Pollitt C (2002) Clarifying convergence: Striking similarities and durable differences in public management reform. *Public Management Review* 4(1): 471–492.

Pollitt C and Bouckaert G (2000) *Public Management Reform: A Comparative Analysis*. New York: Oxford University Press.

Powell WW and DiMaggio PJ (eds) (1991) *The New Institutionalism in Organizational Analysis*. Chicago: University of Chicago Press.

Robert C (2007) Les transformations managériales des activités politiques. *Politix* 79(3): 7–23.

Saint-Martin D (2004) *Building the New Managerialist State: Consultants and the Politics of Public Sector Reform in Comparative Perspective*. New York: Oxford University Press.

Van de Walle S and Bouckaert G (2003) Public Service Performance and Trust in Government: The Problem of Causality. *International Journal of Public Administration* 26(8/9): 891–913.

The managerial conversion of senior civil servants: a convenient myth for the French local welfare state?

Jean-Robert Alcaras, Guillaume Marrel, Christèle Marchand and Magali Nonjon

University of Avignon and Pays de Vaucluse, France

Abstract

Has New Public Management really been rolled out homogenously across the board?

Drawing on research into the viewpoints and practices of a particular category of senior civil servants in France (those in charge of local welfare policy), this article takes a critical look at this assumption of convergence towards NPM. Behind a discursive convergence that remains superficial and partial, the reality tends more towards heterogeneous and contextualized appropriations of New Public Management benchmarks often leading to new forms of bureaucracy. In a context where the position of public officials has been weakened, 'management' seems to have been adopted as a source of professional legitimization. By adopting this very useful managerial posture, these civil servants find comfort in perpetuating the myth of convergence.

Points for practitioners

This article presents the results of a comprehensive study into the viewpoints and management practices of the roughly 500 senior civil servants in charge of local welfare policies in the French departments. How do they relate to the managerial vocabulary and management tools, given that their sector is characterized by contradictory reactions to economic and managerial rationales? The renewal of public management to which they contribute cannot be equated to an importation of methods that have shown their worth in the private sector: it seems above all to meet the new requirements on which their professional legitimacy must be built today.

Keywords

modernization, public administration, public management, regional and local administration

国际行政科学评论

测量公共服务感知质量混合模型的构建与验证

马塞尔·盖农[①]　　凯纳·古达兹　　让·路易斯·尚东
Marcel Guenoun　　Kiane Goudarzi　　Jean-Louis Chandon

翻译:耿小平　　审校:崔　玲　陈叶盛

【摘　要】 当今,公共机构广泛采用营销方法和理念来设计、实施和评估其提供给受益人的服务。所提供服务的质量自然是他们最为关注的事情。公共部门的营销需要能适应具体情境特点的工具。本文的主要贡献在于,在综合公共和私营维度的基础上,提出构建一个用于测量公共服务的感知质量的混合模型。本文的基础是以法国柏桑松镇(Besancon)的760名居民为样本做的量化研究。

对实践工作者的启示

服务质量是政府现代化的一块基石。然而,公共服务质量为服务质量这一概念增加了另一个维度。除在私人部门发现的维度外,公共部门特有的维度对受益人如何感知公共服务具有巨大影响。在本文中,我们提出了一个测量公共服务质量的模型,该模型将公共和私营维度合并在一起进行

---

① 通信作者:
Marcel Guenoun, Aix-Marseille University, 21 rue Gaston de Saporta, Aix en Provence 13100, France.
E-mail: marcel. guenoun@univ-amu. fr

概念化。本研究为实践工作者向客户调查公共服务质量时,提供了一个可操作的测量工具。

【关键词】 混合;测量;公共服务质量;服务质量;结构方程模型

一、引言

过程质量管理模式(CAF、ISO、Lean、Six Sigma 等)以及市场模式都重视服务质量,但其方法迥异。过程质量管理方法的重点是管理质量,因为管理质量的基础是“客观”数据(截止日期、违约率等);而市场方法的重点是质量本身,因为质量能被受益人感知到。本文属于第二种研究范畴,重点是被感知到的公共服务质量。

虽然服务的感知质量是公共部门中市场化实践的核心,但是其概念化却没有引起足够重视。然而,为了有效引导公共决策和政策,用于测量和管理公共服务的感知质量的工具和实践必须以某种概念化为基础,这种概念化使得它们能够反映其所要代表的现实。本文中,我们认为公共服务质量的概念化引出了公共部门中私营模型的置换与调整问题。

看来新公共管理的支持者与新公共治理的支持者之间的根本性理论对立,将政府/公民之间的互动分析,变成了对测量感知质量的工具是被动置换还是加以拒绝这样的二元争论(本文第二部分)。

测量服务质量的实践在许多国家兴起,在这个过程中对公共部门的特性有不同程度的考量。有关营销工具对公共部门适应性的争论并未对文献中提及的测量模型产生太大影响,这些模型多数都未考虑到公共部门的特性(本文第三部分)。

本文认为,公共服务质量是基于更广义的质量概念,而非在私人部门流行的概念(Cluzel-Métayer,2006),而且对公共服务质量的测量需要构建一个广泛分析模型。本研究主要借鉴萨巴蒂尔(Sabadie,2003)的研究成果,他对公共服务质量的概念化考虑到了公共部门的特性。他的概念化基于一个将质量细分为两个模型的叠加模型,即顾客(或私营)模型和法定(或公共)模型。顾客模型以服务质量评价的维度为基础(Parasuraman et al.,1988);而法定模型则以公共服务四原则为基础,即透明、参与、投诉管理和平等。

本研究的目的在于评估公共服务用户共同或分别感知公共服务质量的顾客维度和法定维度的程度。本文的主要贡献是,在萨巴蒂尔(Sabadie,2003)研究的基础上,提出构建一个混合的公共服务质量测量模型。本研究表明,用户会感知到具体的公共特性,而且在他们看来,质量并无公共维度和私营维度之分。

本文以定量的实证研究为基础。样本是柏桑松镇的760名居民，他们应邀对本市的公共服务质量进行评估，并回答了他们的满意度。实证研究的目的是检验公共服务质量这一概念的维度架构，并在结构方程模型的基础上建立一个公共服务质量测量模型，该模型尊重公共服务的原则，在私营和公共维度的共同特征或独立特征方面并无偏见（本文第四部分）。

本文的讨论部分把这里所提出的概念化与此前研究中的概念化进行了对比，并强调了控制和改善公共部门服务质量的管理意义。最后，指出了本研究专题的局限性和未来研究方向。

二、新公共管理与新公共治理的分立没有意义

在孕育融合和混乱的理论以及概念上的混沌不清中，市场驱动的实践正遍地开花（Villeneuve，2005：7）。出现这种模棱两可的状态是因为，公共部门的市场化实践可同时归因于公共部门改革的两种截然不同的运动：新公共管理（New Public Management，NPM）和新公共治理（New Public Governance，NPG）。两种运动都强烈希望转变政府服务与公众的关系，但它们在对待公共政策和公众本身方面持有迥异的理念（Villeneuve，2009）。

（一）新公共管理和新公共治理在政府服务和服务提供者关系方面的对立

新公共管理[1]倾向于将私人部门特有的推理和工具运用到公共部门，包括营销、公众反馈和公众参与，并且“很快就将公共服务的用户重新定义为顾客”（Villeneuve，2005：5）。相应地，新公共治理则本着民主化精神，通过推动政府当局与市民社会之间的合作，改掉政府在服务公众过程中的等级原则和居高临下的态度（Bherer，2011）。

根据埃罗（Bherer，2011：113）的观点，人们可能会预料到这两种运动将在市民社会参与公共政策的制定和共建方面合二为一。然而现实并非如此，新公共治理的支持者引发了这两种方法之间本体论争论。新公共治理的拥趸声称他们的知识基础是民主理论，认为新公共管理唯市场理论独尊。虽然有研究发现，新公共管理理论引发的改革开创了最新颖的、雄心勃勃的民主参与进程（Bherer，2011；Röcke and Syntomer 2005），但是新公共治理的支持者只将它看作是对更多的个人用户需求增长的适应，是在参与传播一种居于新公共服务模式核心地位的市场逻辑（Chauvière and Godbout，1992）。

因此，我们面临一场有关新公共管理及其所支持的工具的意识形态争论。的确，新公共管理工作中的一个重要组成部分就是对其原则和假设的可

接受性进行反思(Pollitt,1995)。对此有两种对立的观点(Ughetto 2004:10;Varone and Jacob,2004:272):一种观点认为国家应该像公司那样行动,只需树立几个好榜样,以此促使新公共管理合法化;另一种观点认为国家不能依照这种经济逻辑行事。

(二)无效的对立

新公共管理与新公共治理的理论分歧使人们很难对政府—公民互动进行实际分析。维伦纽夫(Villeneuve,2005)指出,这种二元性往往会阻碍公共服务参与者的概念化。

然而,有些研究注意到了公共部门的管理方法与市场方法在意识形态上的模糊性。吉尔伯特(Gibert,1988)以及波利特与伯克特(Pollitt and Bouckaert,2011)认为,公共部门管理主义的蔓延并未使新公共管理的价值观得到充分尊重。罗班(Rouban,1991)认为,政府—公民互动的管理现代化必然与新公民身份(既是顾客,又是公民)的出现相关(Siblot,2006)。

此外,有些研究认为,公共部门中市场工具的开发是社会变革的一个征兆,超越和涵盖了对新公共管理和新公共治理的争论。管理公众多样性的工具受市场化的影响而激增,也因此被用于分析以统一性为基础的拿破仑式模型的危机(Peters,2008)。在某种程度上,社会现实的复杂性要求公共服务的社会手段也复杂化,上述二元概念对立并未考虑到这一点。正如维伦纽夫(Villeneuve,2005:9)所言,"简单的二分法就好像是对于复杂问题的一种过于简单的解决方式"。这些理论争论所带来的方法论和实践的影响引发了这样的问题:认知分析模型应否分离出去(或被别的模型取代),或者说,应否开发混合测量方法。

三、调适工具适应市场与测量公共部门的公共服务质量

"顾客导向"作为管理改革计划的一个组成部分(Pollitt and Bouckaert,2011;Walker et al.,2011)包含一系列重要的市场化工具:服务质量测量、地方与服务的品牌建设、民众小组、市民章程、蓝图构建、收费检查、联合提供服务等。在所有这些倡议中,服务质量尤为重要。

经济合作发展组织成员国正大力开展服务质量测量实践:英国有"杰出公民服务项目",美国的《政府绩效与结果法案》(Government Performance and Results Act)规定必须使用美国顾客满意度指数模型,加拿大施行"公民优先"(citizens first)计划,法国推出《玛丽安宪章》(*Charte Marianne*)并通过《公共财政组织法》(*Organic Law on Public Finance*)将质量运用到绩效管理中。

这些实践部分是由正式的公共服务改革启动的——这些改革趋向于由一个共同的机构统筹针对质量的公共方法与私营方法(Cluzel-Métayer,2006)。例如,在法国,旨在尊重公共利益、确保用户满意度的平等、持续和可变性这三个重要原则发生了演变,变得更多地考虑个人利益(Guglielmi and Koubi,2000),并且设法满足用户的新要求:知情权、透明度、可获得性、简便性和速度。

(一)公共部门中的私营模型:介于置换与调整之间

相较于理论辩论,对测量公共服务质量实践的分析得出了更多高明的见解。例如,超越新公共管理和新公共治理的理论辩论,似乎可以避免两个风险:被动地换上私营工具,或因考虑到调整这些私营工具所需的运营和文化条件而拒绝这些工具的原则。

为此,我们选择分析用于测量私营部门服务质量的主要工具,在有关公共部门的服务质量测量文献中,是如何被对待(被调整或被置换)的。通过公共部门服务质量评价模型的文献综述,我们得以分析这些应用在多大程度上是属于被动地置换上去的,或者是属于另一种情况,即为适应公共部门的特点而对市场工具进行了调整。

(二)公共部门中应用服务质量评价模型概述

在服务管理的早期,研究人员就试图对服务公司的服务质量进行评估、监管和改善。由于服务在本质上是无形的,因此帕拉休拉曼等人(Parasuraman et al.,1985,1988)才提倡研究顾客所感知的质量并运用服务质量评价模型。这一感知质量的测量工具在国际范围内得到应用,原因是:它首次发表于旗舰性营销期刊——《营销杂志》上,并且是倡导评估服务的感知质量的第一个测量工具。经过一系列焦点小组访谈和几次针对大量服务所做的量化研究后,该模型得以改进,这确保了其强大的外部效度。因此,3 万多个应用被开发出来(Buttle,1996)。虽然有关计算方法的问题在文献中引起了大量讨论(Cronin and Taylor,1992),然而,围绕着五个维度——为了理解服务的感知质量而提出的,人们却达成了一致意见。这五个维度分别是:①有形物,如实体设施、设备和人员;②可靠性,指的是切实而准确地提供所承诺服务的能力;③回应性,指员工回应顾客并迅速提供服务的意愿;④有保证,指雇员的能力和礼貌及其传递信任和信心的能力;⑤同理心,指公司对顾客的体贴和个性化关照。

对服务质量评价模型进行概念化是为了测量私营企业所提供的服务的质量。然而,对公共服务的期待、态度和感知具有特殊性。一般而言,服务质量评价模型可以作为理想的感知质量测量模型,但是必须适应每种服务的具体情况。

在大多数情况下,该模型只是被消极地应用于公共部门。虽然进行了微小的调整,但是它们针对的是所研究的具体部门,并未考虑公共服务价值观所特有的维度。的确,法国公共服务的三个原则——平等、持续和可变性并非服务质量评价模型中的变量。如果一个公共组织使用服务质量评价模型来评估公共服务的感知质量,而服务质量评价模型却缺乏公共服务维度,那么,要评价这些公共服务原则的影响就会受到限制。

例如,支撑公共服务的平等原则,指的是一视同仁对待用户的义务,是共和模型和拿破仑一世传统的核心(必须遵循权利和利益的普遍一致性,从而使公民产生团结一致的感觉)。这些法定原则被应用于公共服务的提供过程中,即收费平等、获取权平等、普惠性服务,这与区别对待用户、居民和受益人的做法直接对立。相反地,所有营销概念和技巧都是基于对顾客的不同期望做出的回应,而顾客的这些期望又是以他们做出贡献的能力为基础的。通常而言,旨在对企业的感知质量标准进行全面建模的服务质量评价模型,并不测量平等期望。然而,考虑到平等在公共服务中具有哲学上的、文化上的以及政治上的重要性,如果不将这一重要维度纳入到对期望的研究之中,就忽视了公共服务的一个重要维度。

服务质量评价模型的应用方式有三种:有些研究原封不动地使用服务质量评价模型(Babakus and Mangold,1992;Donnelly et al.,1995;Orwig et al.,1997;Wisniewski,2001;Iyer and Munch,2004)。在这种研究中,公共环境中所使用的私营模型的调整问题并未被讨论,但是奥维克等人(Orwig et al.,1997)却是例外,他们认为“进一步研究所要确定的是,把服务质量评价模型应用于公共领域所表现出的不足之处,是在所研究的领域中出现的个别现象呢……还是在整个公共领域中的普遍现象”(Orwig et al.,1997:66)。

其他研究认为应将服务质量评价模型针对具体研究领域加以改进(Bowers et al.,1994;Carman,1990;Donnelly and Shiu,1999;Gowan et al.,2001;McAlexander et al.,1994;Murrow and Murrow,2002;Nielsen and Host,2000;Ramsaran-Fowdar,2005;Sanchez-Perez et al.,2007;Wisniewski and Donnelly,1996)。他们没有总体考虑公共部门的具体特点,只是考虑了具体的应用背景,随之,这些具体特点就被认为具有片面性:比如,尼尔森和霍斯特(Nielsen and Host,2000)开发了一个通过服务提供者的感知而不是用户的感知来测量市政服务质量的模型。他们因此决定排除雇员们无法评估的“有形性”(tangibity)和“有保证”(assurance)这两个维度。

只有两项研究通过加入公共部门特有的价值观对服务质量评价模型进行了深入改进(Sabadie,2003;Goudarzi and Guenoun,2010)。萨巴蒂尔(Sabadie,2003)提议从满意度和感知正义的角度来考虑公共服务的感知质量的概念化与测量问题。因此,他往服务质量评价模型即顾客模型中加入了一个考虑公共政策具体特性的法定模型。该法定模型包括 4 个维度:

1. 平等待遇:具备同等条件的用户应受到同等对待。

2. 参与度:在定义服务提供时考虑用户或其代表的意见。

3. 投诉管理:建立投诉机制并对投诉进行处理。

4. 透明度:把有关公共服务行为的一般性信息以及应邀处理的具体公共服务信息提供给用户。

萨巴蒂尔(2003)通过测量家庭补助基金(Family Allowance Fund)和法国国营铁路公司(French Railways)的服务质量来实证调查了这些模型的应用。此后他提出了一个测量公共服务质量的公民模型,该模型将顾客模型和法定模型进行了整合。

萨巴蒂尔的方法(Sabadie,2003)是公共服务质量概念化和测量的巨大进步。这是首次运用测量公共服务原则的模型来进行概念化的做法,因此它能使我们看到这些原则对用户是否重要。对家庭补助基金和法国国营铁路公司所做的实证研究证实了这些原则对用户满意度的重要性。但是,萨巴蒂尔采取这种方法的目的是在遵循私营/公有基本原理的基础上,对两种模型进行比较。萨巴蒂尔认为私营模型的任何维度或要素都无法与法定模型的相比较。他也承认对服务的感知质量进行了层级式概念化(Brady and Cronin,2001;Dabholkar et al. ,2000)。在每项公共服务中,两个感知质量模型(顾客模型与法定模型)的每个维度都有其测量尺度(Sabadie,2003:7)。萨巴蒂尔的公民模型(Sabadie,2003)仅仅是对作为构成成分的两个模型运用了叠加方法,因此无法实现概念化或形成一个模型对公共服务质量进行测量。这是萨巴蒂尔感知质量理论概念的主要局限之一。

古达齐和盖农(Goudarzi and Guenoun,2010)提出了一个使公共服务质量概念化的混合模型。他们因此提出,顾客模型与法定模型不能分离。虽然本研究是提议建立一个混合模型迈出的第一步,但它仍然面临严重的方法论局限,因为模型的信度以及聚合与区分效度都未经检验,而且样本量有限。

本文的研究目的在于,避免先入为主地区分服务质量的法定与公共要素,全程重构和验证测量工具,从而超越上述研究的局限性。

四、实证研究:公共服务质量模型构建

实证研究部分旨在建立测量公共服务质量的模型并证明其有效性。我们首先阐述数据的收集过程,之后阐明为构建一个强有力的服务质量测

量模型而进行的所有分析。

(一)数据采集

在实证研究中,我们以柏桑松镇居民为样本建立了用户群。

为获得有代表性的样本,我们特别注意样本人群的选择。为此,我们借鉴了1999年法国国家统计局人口普查时所运用的配额法。使用的基准有三个:性别、年龄和社会职业类别。

我们以电话采访进行问卷调查(采访者是接受过培训的、有偿雇用的学生)。公共服务的非选择特性对选择样本人群所使用的方法产生了影响。有些群体不愿意参与调查。在招募下面三类人群时我们也遇到了麻烦:学生、无业者和工人。因此,我们派遣采访者对上述人群进行了就地(大学、当地就业中心、工厂)招募。在回收的1 092份调查问卷中,我们选取填写了年龄、性别和社会职业类别的760人作为样本。

我们运用7级李克特量表(Likert scales)(1表示完全不同意,7表示完全同意)来测量变量。为落实本研究涵盖的30项内容,我们借鉴了萨巴蒂尔(Sabadie,2003)的研究成果,并在初步定性研究之后对其进行了调整。

(二)数据分析

测量模型按照丘吉尔(Churchill,1979)提出的程序进行构建,根据费奈尔和拉克尔(Fornell and Larcker,1981)的观点做了补充,并根据葛冰和安德森(Gerbing and Anderson,1988)的观点丰富了内容。这一程序是市场营销学和社会心理学中最常运用的。因此,有人建议通过探索性和验证性因子分析提出一个测量模型,再检验其信度和效度以确保其有效性。

1. 探索性和验证性因素分析

我们将样本随机分为两部分,对前半部分进行探索性因子分析($n=379$),对后半部分进行验证性因子分析($n=381$)。

探索性因子分析通过探索性结构方程模型(Exploratory Structural Equation Modeling,ESEM)方法进行。这样就可以在没有对公共和私营因素进行先验区分的情况下,识别出服务质量因素在测试者头脑中的聚合方式。这使我们保有了一个具有4个维度、27项内容的模型,其调整指数令人满意(见附录1)。

(1)第一个因子是私营模型和法定模型的混合物。它包括私营模型的信度维度,以及法定模型的参与度、投诉管理和透明度维度。我们称之为信度—透明度。

(2)第二个因子包括与“有保证”“同理心”以及“服务质量评价模型的回应性”相关的所有方面。我们称之为关系。

(3)第三个因子包括私营模型中的有形性内容。

(4)第四个因子包括与平等待遇有关的因素,我们称之为道德规范。

我们运用效能统计软件对后半部分样本(n=381)进行了验证性因子分析。通过进行验证性因子分析,我们去掉了3项内容(聚合效度低),使公共服务质量模型保留了4个维度和24项内容(见附录表A1)。

2. 测量模型的信度和效度

下一步是评估该测量模型的信度,及其聚合、区分和预测效度。信度指所运用的研究工具前后一致地测量当前概念的程度。信度有两个常见指标:克隆巴赫阿尔法系数(α)(Cronbach,1951)和约里斯克柔系数(ρ)(Jöreskog,1971)。

效度这一概念是社会科学领域所特有的,该领域的研究主题通常包括一个或多个并不总是能够观察到的抽象概念。如果一个量表有助于正确理解所要测量的现象,那么该量表就是有效的。效度有3个类型:聚合效度、区分效度和预测效度。

强信度和聚合效度标准通过克隆巴赫阿尔法系数、约里斯克柔系数和聚合信度柔系数进行评估,结果令人满意,所有内容选项都满足弱聚合效度条件(t检验拒绝环节缺失的风险阈值为1%)。最后,测量模型对数据的调整质量很高。所有结果见表1。

表1　公共服务质量四个维度的信度和聚合效度

	信度—透明度	关系	有形物	道德规范
克隆巴赫阿尔法系数(>0.85)	0.89	0.92	0.85	0.85
约里斯克柔系数(>0.85)	0.90	0.92	0.85	0.88
标准因子权重(>0.5)				
内容1	0.723	0.772	0.805	0.790
内容2	0.642	0.832	0.697	0.794
内容3	0.769	0.854	0.759	0.881
内容4	0.728	0.796	0.800	0.728
内容5	0.609	0.830		
内容6	0.742	0.720		
内容7	0.719	0.766		
内容8	0.701			
内容9	0.707			
平均方差提取值(ρvc>0.5)	0.50	0.64	0.59	0.64

区分效度(见附录2)和预测效度(见附录3)令人满意。通过数据分析,我们可以从4个维度证实公共服务质量测量模型的有效性,该模型的24项内容见附录4。最后,公共服务质量模型比萨巴蒂尔(Sabadie,2003)的模型具备更好的调整性,也更简约。的确,德尔塔 X^2 检验使两个模型产生了显著差异(delta $X^2=34.90$; $p<0.01$; RMSEA=0.049 QSP; RMSEA=0.054 Sabadie; BIC QSP=786.38; BIC Sabadie=845.48)。

本实证研究因此能够证实公共服务的感知质量的第二个混合测量模型的有效性。

五、讨论

公共服务质量模型综合了公共服务的主要原则(法定模型)和私营营销模型(顾客模型)。本研究以萨巴蒂尔(Sabadie,2003)的研究成果为基础,表明了将顾客模型和法定模型合为一个单一服务质量模型的可能性。

这一混合模型的独创性在于,它不是基于理论概念化建立的,而是以实证研究为基础的,这使我们能够了解用户对服务要素的交叉认知。公共服务质量模型表明,公共服务的感知质量由4个主要方面组成。

• 信度—透明度:该维度既指的是公共机构的职责,也指的是履行这些承诺的透明度。目的是做到值得信赖,并且在规定的时间内提供迅捷的服务。还有一个目的是使所做出的决策透明。这个维度还包括用户对所提供的服务有参与解释的权利,而且如果用户认为获取的服务与公共机构的承诺不相符,则可以进行投诉。实证分析表明,虽然这些要素最初来源于顾客和法定模型中的维度,但它们印在了用户的头脑中。

• 关系:该维度关注的是用户和一线雇员之间的互动。同理心、员工的友好态度、个性化关照以及帮助用户的能力和意愿组成了一个有机的整体。实证分析表明,用户倾向于将所有这些涉及与员工之间关系的要素放在一起考虑。

• 有形物:该维度指的是公共机构的实体设施,特别是其舒适、愉悦和现代的特性。因为服务是无形的,所以用户需要依靠有形元素来评估服务质量。

• 道德规范:该方面涉及平等对待原则,指的是公共机构向最需要帮助的人群提供帮助和展现公共服务价值的能力,它并不体现在私有服务的质量模型构建中。

(一)理论上的意义

从理论上讲,本研究的贡献有如下几点。这些结果首先表明,居民对服务质量的公共性和私营性不是分开感知的，而是将它们混在一起感知的。该结果意味着居民既看重政府有遵守私营服务标准的能力，同时又希望政府表现出将这些标准与传统的公共服务价值观融合的能力。

本文所提出的公共服务质量新模型与文献中大多数实证研究结果相背离，后者认为信度是感知质量最重要的变量（European Public Administration Network，2008：24）。本研究将信度、参与度、透明度和投诉结合起来，表明它们在本质上是相互联系的。因此，用户参与市政服务的提供是与综合服务的信度、决策的透明度以及提起投诉的机会相关联的。所有这些元素组成了一个统一的整体。这一从顾客模型和法定模型的维度中演变而来的模型，强调了综合分析的重要性。

这些研究结果可以在对公共机构混合化的理论反思背景下加以解读。这些研究表明，公共机构内部管理原理的合并是通过增添原则和工具实现的，也并未抛弃传统原理。

我们的研究通过对个人感知的分析，照顾到了外部因素，以此对上述反思进行了补充。本文表明，公共政策对象的期待和感知由于综合了公共部门和私营部门各自的特点而混合化了。由于受益人的满意程度是公共部门中所运用的私营部门原理和工具的永久试金石，因此令人吃惊的是，在确定人们对公共服务原则和服务质量的感知和期望时，却很少有人去研究人们对这些私营部门的原理和工具的感知和期望。似乎人们认为公共服务并不会满足于遵守其基本原则，但是却并不期望公共服务完全转向私人部门的操作方法。

这不是一个模型凌驾于另一个模型之上，而是使双方的界限变得模糊，这似乎是实证的趋势。这一研究结果证实了 30 年前劳费尔（Laufer，1985）就分割公共和私营界限的“标准危机”进行的理论分析。正如埃莫莉和吉奥克（Emery and Giauque，2014）所言，虽然混合化在当今的公共管理中很常见（Rondeaux，2014；Buffat，2014），但是通过阐释公共和私营原理而采取的形式和方法的问题仍待研究。正如克莱兹等人（Kletz et al.，2014）的研究所证实的那样，我们的模型的目的是超越已知的原理叠加，更好地找到这些原理要素在连接、吸收和删除过程中的那些关键点。

（二）管理上的意义

本研究对管理产生的一个直接影响是绩效测量系统的设计。有些研究者认为，对感知质量进行测量是公共机构管理控制系统的一个组成部分（Gibert，2000；Kaplan and Norton，1996）。在实践中，经济合作与发展组织许多成员国政府的流行做法是将感知质量看作公共管理绩效的一个指标。法国《公共财政组织法》和英国“卓越公民服务”计划案例反映出,随着绩效方案的出现,测量质量的做法正在增多。由于指标的产生与资源分配制度有关,关于所生成的数据的信度和准确性的问题也出现了,这在管理控制中很常见。

公共服务质量模型为政府提供了含有公共服务质量独特维度的统一的概念化。将其运用到对公共服务的指导和评估中有两个好处:使公共管理者能够控制公共质量的重要方面,并更好地组织内控数据(管理控制)和影响数据(公共政策评估)之间的配置。

公共服务质量模型与追求感知质量的一个综合指标的做法大不相同。的确,通过谋求公共绩效测量轴的平衡,公共服务质量模型使得向“用户”或受益人轴提供指标成为可能。但是,本研究中所用到的维度表明,控制公共服务质量意味着对几个维度进行测量,以便充分考虑质量的不同方面和决定因素。综合感知测量在分析方面潜力较小。它们提出一种“评分”逻辑,这可能导致机械的或背离的行为,尽管满意度或综合质量的问题应该成为评估所分析维度的贡献水平的基准。

该模型提供了一个能够使我们对公共服务的感知质量进行测量和管理的详细指导。上文指出的 4 个维度可用于构建易懂的、连贯的调查问卷,以适用于不同公共服务的用户,并帮助公共官员降低“遗漏”关键要素的风险,这些关键要素有助于用户对质量形成感知(包括道德规范)。这些维度对负责感知质量的公务员具有直接的操作意义,因为它们反映了沟通具有全面和连贯的轴线。例如,信度和透明度必须放在一起来引导和解释(只有当适用规则和挽救措施成为沟通的主题,表明他们正为这一目标而努力时,减少时间限制并在此基础上进行沟通,才会对感知质量产生影响)。最后,我们的模型希望在文化和法律上深受平等原则影响的公共官员不要只是把这些原则看成是用户也认可的不言自明的东西,还要将其看作是服务的感知质量的核心内容,对于这些核心内容他们必须进行测量,并且必须根据感知的质量进行沟通。

除了每个维度获取的分数外,一个关键问题在于明确每个维度对测量服务满意度的指标所做的贡献。这可以使服务代理人更好地接受我们的模型,并且能够使撬动服务质量改进的杠杆成为关注的焦点。

多项研究(Linhart 2007;Perry and Wise,1990;Emery and Martin,2008)都注意到公众代理人的职业身份历经了重大改革。这些研究一致认为,在其所归属的公共服务价值观、所要顺应的现代潮流以及所服务的受益人面前,当今的公务员感到无所适从,同时,他们又担心商业价值观会成为评估其行为的唯一标准。

在这一点上,使用基于混合概念化推出的公共服务质量的感知评估模型，或许不仅能消除代理人对于向用户至上主义转变的担忧，同时也可以通过向官员重申，工作的重心依然是去做对受益人真正重要的事情，以此为管理对话带来新的意义。

(三)局限性和研究途径

本文所提出的测量模型以居民的感知为基础。该模型未能对所提供的服务本身进行评估，而是对用户所感知到的服务进行评估。这意味着，本文不是针对需要改变的操作流程进行的研究，而是针对预料会在组织单位中产生的变化进行的研究。此外，本研究的目的仅在于分析居民感知到的服务质量，然而如果目标是将感知质量的测量整合为一个统一的公共政策评估流程，那么公共政策的其他利益相关者（公务员、联盟和利益集团、商业机构和其他公共机构）的期待和感知也值得一测。

本研究仅对一个市进行了调查，因此研究的外部效度无法保证。然而，对不同类别的地方政府所做的多项研究都证实了公共服务质量具有混合结构。此外，用户的政治观点并未被纳入本研究之中，但是它们会直接影响用户对公共服务的满意度（Van de Walle，2004）或调节公共服务质量和满意度之间的关系。还可以考虑其他的调节变量，如其他用户观点的影响、家庭的政治观点等。另外，本文并未根据居民的社会学和人口学状况对观点的多样性问题进行分析。若能专门探讨一下这些因素，从而对那些热衷于保障服务的平等性的政策制定者施以援手，将会是一件很有趣的事情。

最后，如果能将公共服务质量模型运用到全球（其中，公共机构自身的感知成了分析的对象）和微观（其中，公共服务质量模型是针对各项公共政策或服务量身定做的）层面的行政实践中去，那么找到支持行政官员和服务运用公共服务质量模型的因素将是一条卓有成效的研究路径。

注释

[1]本文中，我们采用了狭义的新公共管理概念，它可被理解为波利特和波克特（2011）所提出的4M模型中的市场化和最小化。随着时间的推移，人们又陆续提出了几种不同的概念化，它们或使新公共管理变成了涵盖公共部门所有管理现代化倡议的框架（Ferlie et al.，1996；Hood and Peters，2004），或使其成为了行政改革的一个选项（Bezes，2009；Pollitt and Bouckaert，2011）。

附录1　探索性和验证性因子分析

在进行探索性因子分析时，我们借助潜变量模型软件（Muthen and Muthcn）运用了探索性结构方程模型对前半部分样本（$n=379$）进行了分析。

因此,我们能够确定公共服务质量的因子架构并生成调整指数。表A1展示了根据凯泽准则(Kaiser Criterion)、乌里萨(Velicer)的最小平均分测验和霍恩(Horn)的并行测验所需要用到的因子数量。

表 A1　　　　建议因子数量

维度测验	因子数量
凯泽准则	4
最小平均分测验	3
并行测验	4

一开始,我们选用了凯泽准则(有4个轴)并对测量工具进行了改进。根据修正指标,我们去掉了3项内容。保留的27项内容就可以对62.5%的总方差进行解释。经过最优斜交旋转轴与保留内容之间的关联性见表A2。

表 A2　　　　每项内容的因子权重

	信度一透明度	关系	有形物	道德规范
FI1	0.777			
FI2	0.609			
FI3	0.713			
FI4	0.759			
FI5	0.610			
FI7	0.712			
T1	0.678			
T3	0.652			
T4	0.627			
T5	0.694			
A1		0.650		
A3		0.721		
R1		0.769		
R2		0.793		
R3		0.767		

续表

	信度—透明度	关系	有形物	道德规范
R4		0.823		
R5		0.867		
R6		0.775		
R7		0.757		
TA1			0.751	
TA2			0.623	
TA3			0.698	
TA4			0.776	
E1				0.738
E2				0.813
E3				0.860
E4				0.819

模型呈现的调整指数完全令人满意。

27 项内容模型的调整指数见表 A3。

表 A3　　27 项内容模型的调整指数

X^2	自由度	近似均方根误差	返回值	比较拟合系数	塔克—路易斯比较拟合指数	标准化方根残差
653.720	318	0.053	0.209	0.946	0.940	0.038

附录 2　区分效度检验

区分效度可以用费奈尔和拉克尔准则(Fornell and Larcker,1981)进行评估。结果未能验证该准则,因为最小方差提取值(0.50)小于最大共同方差(0.68)。表 A4 在对角线中表示的是概念与其测量值之间的共同方差,该表中其余部分表示不同维度间的平方相关性。费奈尔和拉克尔准则的不适用表明需要另外一个测量模型。

表 A4　　费奈尔和拉克尔准则下的区分效度

	信度—透明度	关系	有形物	道德规范
效度—透明度	0.50	—		
关系	0.64	0.619	—	
有形物	0.59	0.618	0.582	—
道德规范	0.64	0.654	0.682	0.651

文献提出两种区分效度检验方法，比费奈尔和拉克尔准则要宽松。我们首先检验了约里斯克(Jöreskog，1971)以及巴克奇和易(Bagozzi and Yi，1988)提出的德尔塔 X^2 测验。不断将每对维度的关联性限定在单元内的模型被德尔塔 X^2 检测拒绝。该结果验证了公共服务质量的4个方面的区分效度。随后，我们通过安德森和葛冰(Anderson and Gerbing，1988)提出的检验方法对区分效度进行了检验，这涉及公共服务质量各维度间的关联性90%的置信区间上限。置信区间的上限在0.821和0.875之间变动，没有一个区间到达1。安德森和葛冰(Anderson and Gerbing，1988)所指的区分效度也得到了证实。表A5是通过巴克奇和易(Bagozzi and Yi，1988)以及安德森和葛冰(Anderson and Gerbing，1988)检验方法得到的区分效度检测结果。

表 A5　　区分效度检验的结果

因子对			巴克奇和易检验(1988)			安德森和葛冰检验(1988)		
			德尔塔 X^2	标准面	ρ	估值	低值	高值
道德规范	<—>	有形物	129.503	1	0.001	0.816	0.758	0.862
关系	<—>	有形物	213.363	1	0.001	0.775	0.715	0.821
效度－透明度	<—>	道德规范	183.823	1	0.001	0.818	0.773	0.855
效度－透明度	<—>	关系	349.823	1	0.001	0.797	0.752	0.839
效度－透明度	<—>	有形物	172.033	1	0.001	0.795	0.74	0.844
关系	<—>	道德规范	177.55	1	0.001	0.835	0.794	0.875

附录3　预测效度检验

我们通过对市政府服务满意度的测量来评估服务质量的预测效度。满意度的四项内容来源于略萨(Llosa，1996)和萨巴蒂尔(Sabadie，2003)的研究。满意度测量的信度较好(克隆巴赫阿尔法系数＝0.8；约里斯克柔系数＝0.87)。图A1表明公共服务质量对用户满意度进行了很好的预测(β＝0.85；R^2＝0.72)。

卡方 =977.670, 自由度=345, 卡方自由度比 =2 834

塔克–路易斯比较拟合系数=0.947 比较拟合系数 =0.951

标准化方根残差=0.049 返回值=0.644

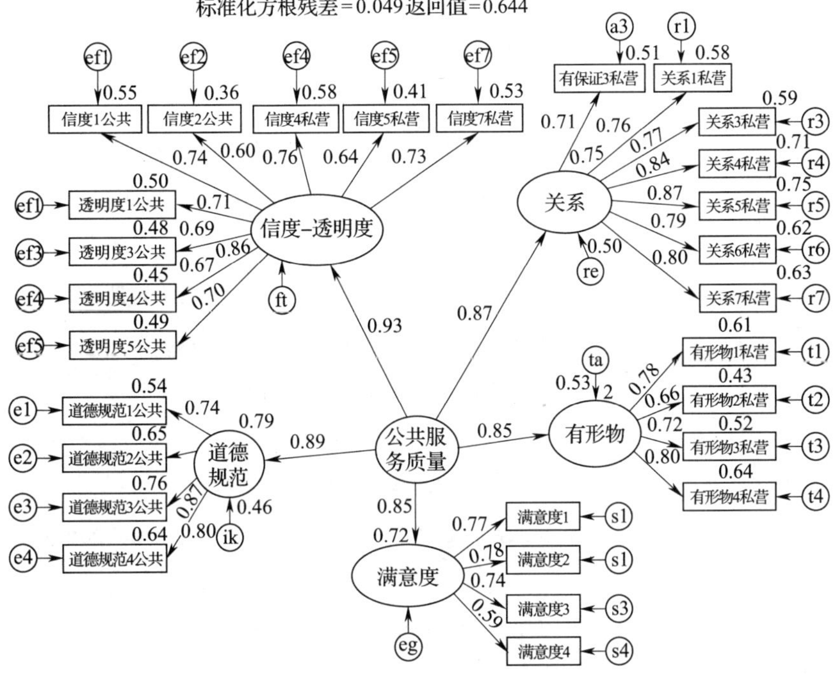

图 A1 公共服务质量对满意度的影响

附录 4 测量公共服务质量模型和满意度的工具(见表 A6)

表 A6 公共服务质量模型的各项内容

信度一透明度维度	
信度 1 公共	××市政府倾听居民的期望
信度 2 公共	居民参与定义××市所提供的服务
信度 4 私营	××市政府值得信任
信度 5 私营	××市政府在承诺期限内提供服务
信度 7 私营	××市政府提供了迅捷的服务
透明度 1 公共	××市政府向居民清楚地解释对他们有影响的决策
透明度 3 公共	你的市政府向居民通告事态进展
透明度 4 公共	如遇问题，××市政府会告知居民可供选择的求援渠道
透明度 5 公共	如有投诉，你的市政府会纠正错误

续表

关系维度	
有保证 3 私营	××市政府的代理人礼貌而友好
关系 1 私营	××市政府只雇用高素质代理人
关系 3 私营	××市政府的代理人提供给你的信息准确无误
关系 4 私营	即使不属于分内职责,××市政府的代理人也尽力为你服务
关系 5 私营	××市政府及其代理人愿意尽最大努力帮助你
关系 6 私营	××市政府的代理人给予你个性化的关照
关系 7 私营	××市政府的代理人了解你的需求
有形物维度	
有形物 1 私营	市政府使用新技术改善其服务质量
有形物 2 私营	市政府的物质服务设施的装饰和审美令人感到愉悦
有形物 3 私营	市政府的物质设施舒适且设计合理
有形物 4 私营	市政府拥有现代化的物质设施
道德规范维度	
道德规范 1 公共	所有居民都享有市政府的平等待遇
道德规范 2 公共	××市政府及其代理人愿意帮助那些特别需要帮助的人
道德规范 3 公共	××市政府保证所有居民都能得到符合其要求的服务
道德规范 4 公共	××市政府及其代理人展现出了公共服务的价值观
测量满意度的项目内容	
满意度 1	总体而言,您对××市政府提供的服务感到满意
满意度 2	当你思考你的市政府的服务方式时,这种感受基本上是正面的
满意度 3	总体而言,××市政府管理有序,服务良好
满意度 4	与其他市相比,××市政府开发了更多有益于其居民的项目

作者简介

马塞尔·盖农(Marcel Guenoun),管理学博士,艾克斯—马赛大学(University of Aix-Marseille)公共管理与区域治理学院(Institute of Public Management and Territorial Governance)副教授。研究领域是地方政府绩效管理和政府与用户关系。他是艾克斯一马赛管理研究中心(CERGAM EA 4225)的成员。

凯纳·古达兹(Kaine Goudarzi),管理学博士,艾克斯一马赛大学艾克斯企业管理学院(IAE Aix)副教授。其专业领域为服务营销与管理。他主要就合作生产、顾客关系管理以及服务质量与满意度监控等方面的主题,从事对公共与私营组织的研究和咨询工作。他是艾克斯一马赛管理研究中心(CERGAM EA 4225)的成员。

让·路易斯·尚东(Jean-Louis Chandon),管理学博士,艾克斯一马赛大学艾克斯企业管理学院的荣休教授。其专业领域为市场营销和数据分析。目前他担任法国高等经济与商业研究学院的研究主任。

参考文献

Anderson JC and Gerbing DW (1988) Structural equation modeling in practice: A review and recommended two-step approach. *Psychological Bulletin* 103: 411–423.

Babakus E and Mangold WG (1992) Adapting the SERVQUAL scale to hospital services: An empirical investigation. *Health Services Research* 26(6): 767–786.

Bagozzi R-P and Yi Y (1988) On the evaluation of structural equation models. *Journal of the Academy of Marketing Science* 16(1): 74–94.

Bezes P (2009) *Réinventer l'Etat. Les réformes de l'administration française (1962–2008)*. Paris: PUF.

Bherer L (2011) Les relations ambiguës entre participation et politiques publiques. *Revue Participations* 1(1): 105–133.

Bowers MR, Swan JE and Koehler WF (1994) What attributes determine quality and satisfaction with health care delivery? *Health Care Management Review* 19(4): 49–55.

Brady M and Cronin J (2001) Some new thoughts on conceptualizing perceived service quality: A hierarchical approach. *Journal of Marketing* 65(3): 34–49.

Buffat A (2014) C'est l'étiquette État, mais comme une PME! Hybridation organisationnelle, sentiments d'appartenance et stratégies identitaires des collaborateurs d'une caisse publique de chômage en Suisse. *Revue Internationale des Sciences Administratives* 80(1): 71–89.

Buttle F (1996) SERVQUAL: Review, critique, research agenda. *European Journal of Marketing* 30(1): 8–32.

Carman JM (1990) Consumer perception of service quality: An assessment of the SERVQUAL dimensions. *Journal of Retailing* 66(1): 33–55.

Chauvière M and Godbout J (1992) *Les usagers entre marché et citoyenneté*. Paris: L'Harmattan.

Churchill GA (1979) A paradigm for developing better measures of marketing constructs. *Journal of Marketing Research* 16: 64–73.

Cluzel-Métayer L (2006) *Le service public et l'exigence de qualité*. Paris: Dalloz-Sirey.

Cronbach LJ (1951) Coefficient alpha and the internal structure of tests. *Psychometrica* 16: 297–334.

Cronin Jr JJ and Taylor SA (1992) Measuring service quality: A reexamination and extension. *Journal of Marketing* 56(July): 55–68.

Dabholkar PA, Sheperd CD and Thorpe DI (2000) A comprehensive framework for service quality. *Journal of Retailing* 76(2): 169–173.

Donnelly M and Shiu E (1999) Assessing service quality and its link with value for money in a UK local authority's housing repairs service using the SERVQUAL approach. *Total Quality Management* 10(4&5): 498–506.

Donnelly M, Wisniewski M, Dalrymple JF and Curry AC (1995) Measuring service quality in local government: The SERVQUAL approach. *International Journal of Public Sector Management* 8(7): 15–20.

Emery Y and Giauque D (2014) L'univers hybride de l'administration au XXIe siècle. Introduction. *Revue Internationale des Sciences Administratives* 80(1): 25–34.

Emery Y and Martin N (2008) Quelle identité d'agent public aujourd'hui? Représentations et valeurs au sein du service public Suisse. *Revue Française d'Administration Publique* 127(3): 559–578.

European Public Administration Network (2008) *La gestion de la satisfaction Client*. Document d'Orientation Européen.

Ferlie E, Pettigrew A and Ashburner L (1996) *The New Public Management in Action*. Oxford: Oxford University Press.

Fornell C and Larcker DF (1981) Evaluating structural equation models with unobservable variables and measurement error. *Journal of Marketing Research* 18(1): 39–50.

Gerbing D and Anderson J (1988) An updated paradigm for scale development incorporating unidimensionality and its assessment. *Journal of Marketing Research* 25: 186–192.

Gibert P (1988) Management public, management de la puissance publique. *Politiques et Management Public* 4(2): 89–123.

Gibert P (2000) Mesure sur mesure. *Politiques et Management Public* 18(4): 61–89.

Goudarzi K and Guenoun M (2010) Conceptualisation et mesure de la Qualité des Services Publics (QSP) dans une collectivité territoriale. *Politique et Management Public* 27(3): 30–49.

Gowan M, Seymour J, Ibarreche S and Lackey C (2001) Service quality in a public agency: Same expectations but different perceptions by employees, managers and customers. *Journal of Quality Management* 6(2): 275–291.

Guglielmi GJ and Koubi G (2000) *Droit du service public*. Paris: Montchrestien.

Hood C and Peters G-B (2004) The middle aging of New Public Management: Into the age of paradox? *Journal of Public Administration Research and Theory* 14(3): 267–282.

Iyer R and Munch JA (2004) Who do you trust? *Marketing Health Services* 24(2): 26–30.

Jöreskog KG (1971) Statistical analysis of a set of congeneric tests. *Psychometrica* 36: 109–133.

Kaplan RS and Norton DP (1996) *The Balanced Scorecard: Translating strategy into action*. Boston, MA: Harvard Business School Press.

Kletz F, Hénaut L and Sardas J-C (2014) Nouvelle gestion publique et enjeux de métier dans les organisations culturelles: une hybridation peut en cacher une autre. *Revue Internationale des Sciences Administratives* 80(1): 91–111.

Laufer R (1985) Gouvernabilité et management des systèmes administratifs complexes. *Politique et Management Publics* 3(1): 25–48.

Linhart D (2007) *Les différents visages de la modernisation du service public*. Paris: La Documentation Française.

Llosa S (1996) Contribution à l'étude de la satisfaction dans les services. Doctoral dissertation, Institut d'Administration des Entreprises d'Aix Marseille.

McAlexander JH, Kaldenberg DO and Koenig HF (1994) Service quality measurement. *Journal of Health Care Marketing* 14(3): 34–40.

Murrow CA and Murrow J (2002) What makes a good nurse? *Marketing Health Services* 25(1): 25–28.

Nielsen JF and Host V (2000) The path to service encounter performance in public and private bureaucracies. *Service Industries Journal* 20(1): 40–60.

Orwig RA, Pearson J and Cochran D (1997) An empirical investigation into the validity of SERVQUAL in the public sector. *Public Administration Quarterly* 21(1): 54–68.

Parasuraman P, Zeithaml V and Berry L (1985) A conceptual model of service quality and its implications for future research. *Journal of Marketing* 49(4): 41–50.

Parasuraman P, Zeithaml V and Berry L (1988) SERVQUAL: A multiple item scale for measuring consumer perceptions of service quality. *Journal of Retailing* 64(1): 12–40.

Perry JL and Wise LR (1990) The motivational bases of public service. *Public Administration Review* 50(3): 367–373.

Peters BG (2008) The Napoleonic tradition. *International Journal of Public Sector Management* 21(2): 118–132.

Pollitt C (1995) Justification by works or by faith? Evaluating the New Public Management. *Evaluation: The International Journal of Theory, Research and Practice* 1(2): 135–157.

Pollitt C and Bouckaert G (2011) *Public Management Reform: A Comparative Analysis*. Oxford: Oxford University Press.

Ramsaran-Fowdar R (2005) Identifying health care quality attributes. *Journal of Health & Human Services Administration* 27(4): 428–443.

Röcke A and Sintomer Y (2005) Les jurys citoyens berlinois et le tirage au sort: un nouveau modèle de démocratie participative? In: Bacqué M-H, Rey H and Sintomer Y (eds) *Gestion de proximité et démocratie participative*. Paris: la Découverte, pp. 139–160.

Rondeaux G (2014) Quelles dynamiques d'identification organisationnelles lors de processus de modernisation? Analyse d'une administration belge. *Revue Internationale des Sciences Administratives* 80(1): 113–132.

Rouban L (1991) Le client, l'usager et le fonctionnaire: quelle politique de modernisation pour l'administration française? *Revue française d'administration publique* 59: 435–444.

Sabadie W (2003) Conceptualisation et mesure de la qualité perçue d'un service public. *Recherche et Applications en Marketing* 18(1): 1–24.

Sanchez-Perez M, Sanchez-Fernandez R, Marin-Carrillo GM and Gasquez-Abad JC (2007) Service quality in public services as a segmentation variable. *Service Industry Journal* 27(4): 355–369.

Siblot Y (2006) *Faire valoir ses droits au quotidien. Les services publics dans les quartiers populaires*. Paris: Presses de Sciences Po.

Ughetto P (2004) La dépense et la valeur: L'esprit économique de l'Etat, enjeu politique. *Le cas des musées*. Revue de l'IRES 8(4): 1–26.

Van de Walle S (2004) Perceptions of administrative performance: The key to trust in government? Doctoral dissertation, Leuven, Katholieke Universiteit.

Varone F and Jacob S (2004) Institutionnalisation de l'évaluation et Nouvelle Gestion publique: un état des lieux comparatif. *Revue Internationale de Politique Comparée* 11(2): 271–292.

Villeneuve J-P (2005) Citoyens, clients et usagers face à l'administration publique. Les balises d'une relation difficile. Working paper de l'IDHEAP 6/2005.

Villeneuve J-P (2009) Citizen's roles in their relationships with public administrations: The premises of a debate. *NISPACEE Journal of Public Administration and Policy* 2(2): 55–70.

Walker RM, Brewer GA, Boyne GA and Avellaneda CN (2011) Market orientation and public service performance: New Public Management gone mad? *Public Administration Review* 71(5): 707–717.

Wisniewski M (2001) Assessing customer satisfaction with the local authority services using SERVQUAL. *Total Quality Management* 12(7–8): 995–1002.

Wisniewski M.and Donnelly M (1996) Measuring service quality in the public sector: The potential for SERVQUAL. *Total Quality Management* 7(4): 357–365.

Construction and validation of a hybrid model to measure perceived public service quality (PSQ)

Marcel Guenoun
Aix-Marseille University, France

Kiane Goudarzi
Aix-Marseille University, France

Jean-Louis Chandon
INSEEC Business School, France

Abstract
Today, public organizations make extensive use of marketing methods and concepts to design, implement and assess the services they deliver to their beneficiaries. The quality of the services offered is at the heart of their concerns. Public sector marketing requires tools that are adapted to the specific characteristics of the context. The main contribution of this research is to propose the construction of a hybrid model to measure perceived public service quality (PSQ), mixing public and private dimensions. It is based on a quantitative study conducted on a sample of 760 inhabitants of the French town of Besançon.

Points for practitioners

Service quality is a cornerstone of government modernization. However, public service quality adds another dimension to the notion of service quality. In addition to those found in the private sector, dimensions specific to the public sector have a significant impact on how the beneficiaries perceive public services. In this article we develop a model to measure Public Service Quality that incorporates the public and private dimensions in a single conceptualization. This research provides practitioners with an operational measurement tool to survey their beneficiaries on public service quality.

Keywords
hybridization, measurement, PSQ, service quality, structural equation models